学以成己

论大学、教育和人生

童世骏 著

华东师范大学出版社

目录

序言 / 1

第一篇　论大学

01　什么才是大学精神？请记住"ECNU" / 3

02　在优雅学府中培育栋梁学子 / 12

03　多一些使命感　多一些积极心态　多一些自省精神 / 16

04　建设独创性和共识性相统一的学术共同体 / 29

05　通过辛勤诚实创造性的学术劳动立德树人 / 33

06　对大学通识教育的几点想法 / 36

07　"教师与学生同成长"的最重要环节 / 42

08　在新时代实现老校长的心愿 / 45

09　打造新时代一流的教师教育 / 47

10　大学应让人感受思想的魅力 / 50

11　"学术共同体"之所以不同于"学术领域" / 53

12　人文学科要为中华民族"内实力"和"软实力"也"强起来"做出特有贡献 / 56

13　发扬和建构中国高等教育的最佳传统 / 60

14　中国高校应当为人类文明做出更大的学术贡献 / 63

第二篇　谈教育

01　办好人民满意的教育必须多方用力 / 69
02　教育现代化离不开教育决策及其研究的现代化 / 75
03　为更好的教育交出合格答卷 / 80
04　提升中国特色教育自信　建设社会主义教育强国 / 82
05　用好"目标"和"指标"的辩证法 / 87
06　用优良党风政风带动教风学风 / 90
07　手脑并用，敬业之德 / 93
08　企业要做科创主体，高校并非只是配角 / 95
09　课堂教学的三项任务和三重境界 / 98
10　尊严教育，让学生真正"长大成人" / 101
11　从叙事出发抵达道理的终点 / 108
12　对教育焦虑做一点哲学分析 / 111
13　不对称主体之间的平等交往何以可能？ / 115

第三篇　忆前辈

01　优秀的先生方能成就优雅的学府 / 125
02　我们的"文脉"是有"师魂"贯穿其中的 / 128
03　一个真正的共同体 / 147
04　冯先生的"不言之教" / 150
05　作为哲学问题的"中国向何处去？" / 154
06　在人生、社会和学术交叉的问题域中不懈探索 / 159
07　向可敬前辈致敬，为光荣事业增光 / 163

第四篇　祝学生

01　未来无论从事何种工作，最根本要求与科研并无不同 / 173

02 对新晋博士们说几句话 / 175

03 以艰苦为底色的快乐,才是真正美丽的 / 178

04 走出校门时,请带着校训一起远行 / 182

05 愿母校的今日因你们的今后而格外耀眼 / 186

06 为美好生活真正有所创造的时刻,终于到了 / 191

07 学术"成年礼"之后,愿你们继续谋"成熟知识与生命热情的融合" / 195

08 不懈奋斗,不辱使命,为民族和社会的发展做出更大贡献 / 199

09 与学术新生代同学共进 / 204

第五篇　道人生

01 讲好自己的人生故事 / 215

02 道德的核心问题是做一个什么样的人 / 223

03 跟随书香回到半个世纪前 / 226

04 说说"我们这代人"的特点 / 228

05 共享音乐盛宴,追忆似水华年 / 231

06 让我们人生的"修改过程"更有收获 / 234

07 记一次与"乌托邦终结"有关的多国之旅 / 237

08 从333教室走出的追梦人 / 248

09 童世骏:"业余哲学家"的回忆和思考 / 254

10 我的职务变了,离解释世界更远,离改造世界更近了 / 263

11 哲学人的理想世界:成事在天,成人在己 / 273

12 感谢让我回到母校学习一门新专业、研究一门新课题 / 277

13 为几万师生服务是我的特殊荣幸! / 280

附录

Ideas of University in China: A Critical Review / 287

中西人名对照表 / 299

Contents

Preface / 1

Part One On University

01 "What Is the True Spirit of the University?" Please Keep in Mind These Four Letters: ECNU / 3
02 Cultivating the Pillar of Our Motherland on the Soil of Our Elegant Campus / 12
03 A Sense of Mission Grounded in a Mentality that Is both Self-Confident and Self-critical / 16
04 Towards an Academic Community that Encourages Original Work Aimed for Consensus / 29
05 The Best Form of Moral Education Is Academic Endeavor that Is Diligent, Honest and Creative / 33
06 Some Ideas on General Education/Liberal Arts Education / 36
07 Growth Is the Common Goal of the Students and Their Teachers / 42
08 Fulfilling the Aspirations of Our Founding President in the New Era of Our Country / 45
09 For a World-class Education of Future Educators in the New Era / 47
10 University as a Place to Experience the Power and Charm of Ideas / 50
11 An Academic Community Is Different from an Academic Field / 53
12 Humanities Should Make Unique Contributions to Achieving the Goal of Strengthening the Nation Not Only Materially but Also Culturally and Spiritually / 56

13	What Is the Best Tradition of Higher Education of China: A Question Whose Answer Needs to be Constantly Renewed / 60	
14	Chinese Universities Should Contribute More to the Human Civilization / 63	

Part Two On Education

01	It Takes All in the Society to Help Build an Education that Meets the Needs of Its People. / 69	
02	Modernization of Education Would Be Hardly Possible without Modernization of Educational Decision-Making and Modernization of Its Researches / 75	
03	Delivering Qualified Answers in Solving the Challenges for a Better Education / 80	
04	Display Stronger Confidence in Our Education by Greater Achievements for a Socialist Country with Better Education both Quantitively and Qualitatively / 82	
05	Apply Properly the Dialectics of Goals and Indicators / 87	
06	Better Conduct of the Party and Administration, Better Conduct of Teaching and Learning / 90	
07	Cultivating Work Ethic with Both Minds and Hands / 93	
08	Universities Are Not Mere Supporting Actors in Scientific and Technological Innovation though Business Is Supposed to Play the Major Role / 95	
09	Three Tasks of Teachers in Classroom and Three Levels of Classroom Teaching / 98	
10	Education of Dignity Is Indispensable to Students' Growing Up in the True Sense / 101	
11	Reasons Are Better Accepted If Narratives Are Better Given / 108	
12	A Philosophical Analysis of Educational Anxiety / 111	
13	How Is Equal Communication among Asymmetrical Subjects Possible? A Question Raised in Reading Dewey's Conception of Education from the Perspective of Habermas's Theory of Communicative Action / 115	

Part Three To Forerunners

01	It Is first of all Our Respectable Teachers Who Make Respected Universities / 125	
02	Our Academic Tradition as a Research University Is Glorified by Our Special	

	Commitment to Education as a "Normal University" / 128
03	Towards a Real Community / 147
04	The Most Important Courses Taught by Professor Feng Qi Are Not through His Words / 150
05	"Whither China?" as a Philosophical Problem / 154
06	Cultivating Diligently in the Intersecting Domains of Personal, Social and Academic Interests / 159
07	Respecting Our Respectable Predecessors and Glorifying Our Glorious Course / 163

Part Four For Students

01	The Fundamental Guidance for Whatever Career Path You Will Take after Graduation Will Not Be Different from What Has Guided You in Your Scientific Research / 173
02	May I Say a Few Words to You, My Newly-Graduated Doctors? / 175
03	Hardship Makes Happiness More Beautiful / 178
04	When You Leave the University, Please Take Along Its Motto with You All the Time / 182
05	May This Day in the History of ECNU Be Dazzled by What You Will Accomplish in the Future / 186
06	Finally Comes the Stage of Your Life When You with Your Own Hands Are Able to Bring Something Really New to a Better Life / 191
07	After This Academic Version of the Rite of Passage, I Hope You Will Continue to "Preserve the Connection between Knowledge and the Zest of Life" / 195
08	Honoring Your Mission with Unwavering Efforts and Making Greater Contributions to the Progress of the Nation and Society / 199
09	Making New Progresses in Learning Together with Scholars of Younger Generations / 204

Part Five On Life

01	Tell a Good Story of Our Own Lives / 215
02	The Central Question of Morality Is What Kind of Persons We Would Like to Be /

		223
03	The Fragrance of Books Brings Me Half A Century Back / 226	
04	Some Remarks on the Features of "My Generation" / 228	
05	In the Melody of Music We Share Our Memories of the Youth that Has Run away like Water / 231	
06	May We All Benefit More from the "Editing Process" of Our Personal Life / 234	
07	A Story about My World Tour Related to the Theme of "the End of Utopia?" / 237	
08	A Dreamer Who Once Sat in the Classroom 303 / 248	
09	The Memories and the Thoughts of a Person Who Used to Be a Professional Philosopher / 254	
10	"My New Job Is Closer to 'Changing the World' and Further Away from 'Interpreting the World'" / 263	
11	The Ideal of Life in a Philosopher's Mind: You May Hardly Control Your "Having", but You Can Surely Control Your "Being" / 273	
12	With Today's Appointment I'm a Freshman on This Campus Once Again / 277	
13	I Am so Lucky to Have Had the Privilege of Serving Tens of Thousands of ECNUers / 280	

Appendix

Ideas of University in China: A Critical Review / 287

Foreign Names with Corresponding Translation / 299

序言

《论语》中孔子与弟子有这样一段对话:"子适卫,冉有仆。子曰:'庶矣哉!'冉有曰:'既庶矣,又何加焉?'曰:'富之。'曰:'既富矣,又何加焉?'曰:'教之。'"

我抄下这段对话的时间,是2020年1月1日清晨五点。十个小时之前,国家主席习近平通过中央广播电视总台和互联网,在2020年新年贺词中宣布:"2020年是具有里程碑意义的一年。我们将全面建成小康社会,实现第一个百年奋斗目标。"

在中华民族的历史上,孔夫子的"富而教之"的千年遗训,大概还从来没有像在今年这样,有那么强的针对性。

当然,"穷""富"的区别及其标准是因时因地而变动的;"富"与"教"之间的关系,也不能机械地做单向理解。事实上,我国曾经在"穷国办大教育"方面取得了巨大成就,也曾经在"教育富民"方面积累了宝贵经验。但是,孔子在"庶"和"富"以后强调"教",启发我们,不仅教育事业的发展需要在教育对象和教育资源两方面具备必要的条件,而且社会的物质文明水平的提高也会带来人民对精神文化生活的更高需求,会要求教育主管部门和各级各类学校在引导和满足民众精神文化需求方面做更多更好的工作。在我国国内生产总值预计将接近100万亿元人民币、人均将迈上1万美元台阶的时刻,我们要解决的主要问题已经不是"上学难",而是"上好学校难"的问题,而学校或教育的"好坏",不仅涉及优质教育资源是否足够分配、是否公平分配和是否高效分配,而且需要对教育资源及其分配方式何谓"优质"、什么是真正意义上的"人民满意的教育"等新的问题有更恰当的理解。当前我国义务教育巩固率、学前教育毛入园率、小学学龄儿童净入学率,以及初中阶段、高中阶段、高等教育的毛入学率,博士生培养规模等指标,都已达到或超过同期中高收入国家平均水平(学术学位博士生规模甚至已超过美国,排世界第一,全口径博士生总规模仅次于美国,排世界第二),我国教育总体发展水平位居世界中上行列。但是,相当严重的教育焦虑仍然蔓延于社会各个群体,各级各类人才的培养质量和高等院校的科学研究水平,与"五位一体"的中国特色社会主义现代化事业的发展需求之间,仍然有较大距离。在这种情况下,站在全面建成小康社会门口的教育工作者们,尤其是对"办好人民满意的教育"承担特殊使命的集体和个人,不仅有理由为教育事业未来会更好的物质条件而欢欣鼓舞,更有理由为未来会更高的教育事业的功能要求而感觉责任沉重。

  作为新中国成立后新组建的第一所社会主义师范大学,华东师范大学从1951年10月16日宣布成立之时起,就把教师教育、教育研究和教育服务作为主要使命。经过将近七十年的发展,华东师大作为一所高水平综合性研究型大学的地位,已经先后通过成为"985"高校和"一流大学 A 类建设学校"在国内外得到了公认。但华东师大的"学术"道路走得再远,也不忘记自己的"师范"初衷,全校范围越来越强的共识,是把能否贡献于(以前的)"教育建国""教育兴国"事业和(现在的)"教育强国"事业、把能否履行好自己对于"教育服务现代化"和"教育自身现代化"的双重责任,作为衡量学校学术发展是否成功的最重要标准。

  从 2011 年 7 月到 2019 年 12 月,我有幸在一个特殊岗位上参与了华东师范大学的建设和发展,从而有条件从一个特殊角度思考中国大学的办学理念和治理结构,观察中国教育的发展进程和主要挑战,总结中国学术的精神传统和经验教训,体会中国学人的奋斗艰辛和成长喜悦。本书就是这些思考、观察、总结和体会的结果。也可以说,本书是我在过去八年半时间内有幸参与的特殊的学习过程的心得汇集。

  尤根·哈贝马斯在上世纪六十年代阐述起源于 19 世纪初的德国大学理念

的当代意义的时候,曾把这种理念在外部环境和内部结构的复杂性都大大增强的当代高等教育中的具体体现,称作是"一些学习过程"。当代中国高等教育既极大地受惠于中国特色社会主义现代化事业的巨大成功,也越来越有责任通过自身的现代化服务于国家的现代化。在这样的背景下承担高校的管理工作,结合中国国情和中华传统探索经典大学理念所要求的几个"统一"(研究与教学的统一、学术研究与通识教育的统一、学术研究与思想启蒙的统一和各个学科分支之间的统一)的实现途径和发展空间,是有幸参与超越特定校园、特定领域甚至特定国界的学习过程。

在这样的学习过程中,华东师大具有鲜明的特色和优势。华东师大创校校长孟宪承先生在1934年出版的《大学教育》一书中概括的"大学三理想",改革开放后担任校长的刘佛年先生在1991年10月揭幕的校训碑上的八字校训,尤其重要的是"智慧的创获、品性的陶镕、民族和社会的发展"的我校"文脉",与"求实创造,为人师表"的我校"师魂"相结合,为发生在华东师大校园内的所有学习过程,在目标、途径和动力等方面提供了非常宝贵的精神资源。

从1978年春天进校做本科生到2019年冬天卸任校党委书记,我在华东师大美丽校园里一直是学校精神财富的受惠者,是学校里发生的各种学习过程的得益者。本书之所以名之曰《学以成己》,既是想表达我对我校办学传统的双重理解("创智"与"修德"不可偏失,"爱群"与"成己"必须兼得),也是想表达这个想法:不仅"办学"像"教学"一样是一种极好的"学习",而且就其最准确的理解而言,前面提到的"富而教之",本来也应该包括"自我教育"的意思。

任何真正有所收获的学习,都发生在不同形式的集体学习过程之中,都离不开工作过程和人生旅程中各位"我师"的帮助。在这里,我尤其要向为本书的成形和修改提供过帮助的同事们和亲友们,表示衷心的感谢。

童世骏

2020 年 1 月 1 日初稿

2020 年 5 月 15 日修改

第一篇

论大学

01 什么才是大学精神？请记住"ECNU"[1]

今年是改革开放40周年,也是改革开放后首批大学生进校40周年。作为当初的77级大学生,也作为如今的哲学工作者和大学党委书记,我想谈谈我在大学学习和工作40年以后,对大学精神的理解。

我先从个人经历讲起。

得知被华东师大录取的消息时,我正在崇明岛的水利工地("开河工地")上。作为农场职工"战天斗地"三年以后,我于1978年4月踏进了华东师大的校门,走入了中学时去长风公园春游途中站在卡车上曾看见过的那一大片浓浓的绿荫。

初进华东师大时,我就知道这是新中国成立以后建立的第一所重点师范大学。只是到了多年以后,在本世纪之初为一家杂志撰写讨论"大学理念"的文章时,我才知道,华东师大的创校校长孟宪承先生曾经是民国时期首批"部聘教授"中唯一的教育学专家;早在1934年由商务印书馆出版的《大学教育》一书中,孟宪承曾对现代大学的精神做出过精辟而系统的阐述。书一开头,作者就写道:

"大学是最高的学府,这不仅仅因为在教育的制度上,它达到了最高的一个阶段;尤其因为在人类运用他的智慧于真善美的探求上,在以这探求所获来谋

---

[1] 本文的基础是2018年5月11日在上海市向明中学做的"东方讲坛·思想点亮未来"(第三季)系列讲座的讲演,发表于2018年9月9日《解放日报》"思想者"栏目。

文化和社会的向上发展上,它代表了人们最高的努力了。大学的理想,实在就含孕着人们关于文化和社会的最高的理想。"

随后,孟宪承仔细分析了现代大学的理想。在他看来,现代大学的理想包括三个方面:第一,"智慧的创获";第二,"品性的陶镕";第三,"民族和社会的发展"。

今天我们都知道,大学的任务是人才培养、科学研究和社会服务这三项,有时候还会加上"文化传承创新"和"国际交流合作"这两项。这五项任务,其实都已经包含在孟宪承关于大学理想的阐述当中。下面我就借助于孟宪承概括的"大学三理想",来表达我对大学精神的理解。

第一条,关于智慧的创获。

孟宪承讲的大学理想,很大程度上就是我们今天所说的研究型大学的理想。研究型大学是把研究作为一项根本任务的大学。中国有两千多所高校,严格意义上的研究型大学只是其中少数。但是,可能是由于过分重视把科研表现当作衡量学校水平的核心指标,也可能是因为哪怕教学型大学,也需要对人才培养和知识传授有专门的研究,现在几乎所有大学都说要重视科研、把科研放到重要位置上。从这个角度来说,孟宪承讲的"智慧的创获",对于大学来说,可能是具有普遍意义的。

孟宪承的这一想法来自19世纪的德国教育家威廉·冯·洪堡,后者是以他和他弟弟名字命名的柏林洪堡大学的创始人。大学和中小学都是传授知识的,而知识不仅是现实的反映,而且是问题的解答。问题至少可以分为两类:一类是已经有答案了的,一类是还没有现成答案的。洪堡从问题的这两种不同类型来区分大学和其他学校,他认为,大学作为高等学术机构,它的特点就是把学术始终看作是跟尚未完全解决的问题打交道,而一般学校则只涉及已经解答了的、已经有明确答案了的问题。孟宪承说,由于洪堡的倡导和柏林大学的引领,"到现在,没有哪一国的大学,教师不竞于所谓'创造的学问'(creative scholarship),学生不勉于所谓'独创的研究'(original research)"。

20世纪的德国哲学家卡尔·雅斯贝斯也持有同样的观点,把教学和研究的统一作为大学的最重要特点。雅斯贝斯说:"按照我们的大学理想,最好的研究者才是最优良的教师。只有这样的研究者才能带领人们接触真正的求知过程,乃至于科学的精神。只有他才是学问的本身,跟他来往之后,科学的本来面目才得以呈现。"

这样一种大学理念在中国的现代大学史上,有非常大的影响。在中国说起大学校长,最有名的是蔡元培。1917年1月9日,蔡元培就任北京大学校长时发表了演讲,演讲中对学生们提出"抱定宗旨""砥砺德行""敬爱师友"三点希望,在阐述"抱定宗旨"时强调说的一句话,在谈论大学理念或大学精神时,人们引用得最多,那就是:"大学者,研究高深学问者也。"

第二条,"品性的陶镕"。

在讲"品性的陶镕"时,孟宪承讲到了另外一种对于大学的理解。根据这种理解,大学最重要的任务不是研究,而是教学,不是创造智慧,而是获得智慧或者传播智慧。

现代大学中重视"品性的陶镕"的传统,主要来自英国。对"大学"这个"理念"也进行过著名论述的,是19世纪英国大学者约翰·亨利·纽曼,但纽曼的观点与洪堡的很不一样。纽曼认为,大学中的教授和科学院中的研究员的才能和职责是很不一样的;研究员的最重要才能是去发现,而教授们的最重要才能是去讲授。在纽曼看来,"发现和讲授是截然不同的职能;它们也是不同的天赋,很少能在同一个人身上同时找到。如果整天从事将他现有知识传播给所有前来求教的人们,一个人是不可能有闲暇或精力去获取新的知识的"。孟宪承未必同意纽曼对大学教授和科学院研究员之间的这种区分,但他非常赞同纽曼所说的教授们要承担起我们今天所说的教书育人的职能,非常赞同通过教授们与学生们组成的师生共同体的面对面交流,来实现"品性的陶镕"的效果。

在下面这段话当中,纽曼用诗一般的语言来强调在大学校园里面,师生之间、同学之间的互动性有多么重要:

"……书本主题的那种特殊的精神和微妙的细节,要迅速地、确定地传达,只有靠心灵与心灵的沟通,只有靠目光、表情、音调和姿态,靠即兴而发的随意表达,靠熟人谈话的意外转折。……任何学问的普遍原则,你都可以在家里从书本中学到;但是那细节,那色彩,那语调,那气韵,那使之活在我们身上的生命,这些东西,你只能从它已经生活于其身上的那些人那里捕捉到。你必须模仿那法语学生或德语学生,他不满足于其语法,而到巴黎或德累斯顿去;你必须以那年轻艺术家为榜样,他渴望到佛罗伦萨和罗马去拜访艺术大师。"

纽曼对于大学的描绘,我们今天读来,既是一种享受,也是一种激励。我们要反省,是不是把大学建设成为这样:"在这个地方,年轻人因为它的名声而为之倾倒,中年人因为它的美而心中点燃激情,老年人因为它引起的联想而加固忠诚……"

纽曼在论述大学理念时,心里想到的可能只是我们今天所说的教学型大学;但它完全也应该成为所有大学的追求目标。孟宪承曾引用过代表英美大学传统的哲学家 A.N.怀特海的一段话,说"大学的存在,就是为结合老成和少壮,而谋成熟的知识与生命的热情的融合",而我认为这种融合既可以发生在教室里、校园中、咖啡馆内,也完全可以发生在实验室里、讨论班中、科学报告厅内。我们甚至还可以说,如果没有这样的师生交往,如果不通过这种交往而追求"品性的陶镕"的目标,一所大学哪怕科研再强,也不是一所完整意义上的大学,甚至就不再是一所名副其实的大学了。

相反,如果一所大学真正在"品性的陶镕"上取得优异成绩,那么它即使是一所教学型大学,其中的教书育人者也一定是对"传道授业解惑"有深入的专门的研究的,而那也是一种特殊形式的"智慧的创获"。经常有人把研究型大学和教学型大学的区别看作好大学和不那么好的大学之间的区别;但如果我们真正重视"品性的陶镕"的意义,重视"教书育人"或"立德树人"的重要性,那么,研究型大学也可能是很平庸的,而教学型大学也可以是很优秀的。

孟宪承在论述"品性的陶镕"的大学理想时,也提到了中国的大学传统。他引用了《礼记·学记》中的这段话:"大学之教也,时教必有正业,退息必有居学……藏焉,修焉,息焉,游焉。夫然,故安其学而亲其师,乐其友而信其道。"包括华东师范大学在内的很多中国大学最近几年都设立了书院,通过住宿制书院的形式来加强师生的自由交流和日常互动,实际上也是继承发扬我们自己的高等教育优秀传统。

第三条,"民族和社会的发展"。

对大学来说,不仅要创获智慧、陶镕品性,而且要服务社会、贡献人类。

关于这一方面的大学理想,孟宪承提到了欧洲诸国创建现代大学时的民族和社会需要的背景,尤其是提到德国哲学家费希特,提到他在柏林大学初创时的名言:"恢复民族的光荣,先从教育上奋斗!"从高等教育的历史上说,同样值得我们关注的,是美国19世纪的《赠地法案》传统,那是指19世纪下半期美国联邦政府和州政府的这么一个做法:通过提供土地或提供出售土地得到的经费来资助建设一批大学,以适应当时美国工业化和民主化对知识和人才的需要。

我们在今天理解"民族和社会的发展"这个大学理想,还应该关注中国自己的高等教育的相关传统。在现代中国,强调大学教育对于民族和社会的贡献,有两种方式,一种是鼓励师生在校园里专心研究和学习,用所得知识、所学本领报效祖国;一种是在形势紧迫、无处放得下一张"平静的书桌"的情况下,走出校门捍卫民族尊严和人民利益。在履行新时代"建教育强国"和"以教育强国"这两大任务的今天,为民族和社会的发展做贡献的大学理想的主要实现方式,是如习近平总书记今年5月2日在北京大学考察时所要求的,"抓住培养社会主义建设者和接班人这个根本"。

上面,我主要是从历史的角度讲大学的理想。下面我想换一个角度,从理论的角度来谈谈大学的理想。在我看来,"智慧的创获""品性的陶镕"和"民族和社会的发展"这"大学三理想",分别包含了一些具体的价值要求。

与"智慧的创获"有关的价值要求,我概括为这样三个:规范、创新、交流。

第一个是规范。你要创获智慧,首先要学会方法、学会标准、学会程序,而这就是我所谓的"规范"。在大学中学习和工作,重要的不再是记住一大堆事实、数据和结论,而是学习和运用做学问的方法,学习和运用判断学问真假的标准,学习和运用提出问题、思考问题和解决问题的程序。

第二个是创新。知识进步不是只靠现有的方法、标准和程序就能够实现的。"创获"的意思既是"获"又是"创","创"是放在"获"之前的,这是大学和其他教育机构不一样的地方。大学教师真正成功的科研,是要解决别人还没有解决过的问题;大学生真正成功的学习,是要学会靠自己去找出问题的解答,最好是想办法借助于自己已有的知识去探寻出对自己尚属未知的那些答案来。

第三个是交流。这也是"智慧的创获"的重要环节。在知识领域，有一个现象是非常重要的，但也是有点奇怪的，那就是，我们作为研究者提出的观点，既要是其他研究者还没有提出过的，同时又必须是其他研究者最后能够同意的，也就是既要有独创性，又要有共识性。这样一种知识，怎么让它产生出来？非常重要的就是交流。这个交流既包括面对面的交流、参加学术会议的交流，也包括通过发表论文在期刊上进行讨论。如果想在大学有一个卓有成效的大学生活，如果想通过卓有成效的大学生活而有一个卓有成效的未来人生，那么，旨在于与同伴们分享成果、更新共识的交流，是必不可少的。

与"品性的陶镕"有关的价值要求，我也归纳为三个：正直、向上和健全。

首先是正直。这一点我想不用做过多解释，一个人知识再多、财富再多，如果不是正直的人，那么对社会是一种伤害，对家庭是一种损失，对个人更是一种最大的遗憾："成事"虽多，"成人"已败。

其次是向上。在这一点上大学和其他学校也没有区别，但也可以说要求更高。毛泽东同志的题词——"好好学习，天天向上"，不仅仅适用于小学生，也适用于大学生。无论师生，大学的最重要价值就是让你有可能天天向上，不断成长。对于人生来说，成长总是有目标、有方向的；但最重要的选择不是选这个目标还是选那个目标，而是选择成长还是不选择成长。在讨论什么是"人民满意的教育"的时候，我们发现一个非常值得重视的现象，就是人们常常太多地用隔壁家孩子的标准来衡量自己家的孩子，而没有看到，人生最重要的目标，其实就是自己的向上成长本身；人生最重要的事情，是经常反省自己的今天是否比昨天更好，是不断追求自己的明天尽可能比今天更好。

第三是健全。"大学"之所以为"大"，不在于物理空间大，而在于文化空间大、社会空间大、心理空间大。清华大学老校长梅贻琦的那句名言，"所谓大学者，非谓有大楼之谓也，有大师之谓也"，也包含着这层意思。"大学"在英文中叫"university"，与"universal"属于同根单词，内在地包含着"普遍""广博"和"全面"的意思。大学理所当然地不仅要培养正直人格、向上人格，而且要培养健全人格。

上面分别讲了"智慧的创获"和"品性的陶镕",现在讲"民族和社会的发展"。大学是小社会;也就是说,大学生活已经是一种社会生活了,但也同时是为走向未来的社会生活做着准备。因此,我们希望未来的大社会是什么样的,我们现在就要努力按那个样子去塑造自己的小社会生活——校园生活、班级生活甚至宿舍生活。与"民族和社会的发展"相关的价值要求,我也把它概括为三个:卓越、公平和优雅。

第一个是卓越。前面引用的孟宪承先生关于大学理想那段话,其实就表达了卓越的意思。说"大学是最高的学府",并不是基于一种静态的层次比较,而是基于一种动态的目标追求:"在人类运用他的智慧于真善美的探求上,在以这探求所获来谋文化和社会的向上发展,它代表了人们最高的努力了。"无论对个体而言,还是对群体而言,只要有这种"止于至善"的追求状态,这个个体或群体就可以说是卓越的而不是平庸的。

第二个是公平。与卓越一样,公平对大学来说也是不可缺少的。如果追求卓越付出的代价是人与人之间勾心斗角甚至你死我活,是群与群之间等级森严甚至彼此隔绝,这样的卓越就不是真正的卓越,这样的校园生活就不是我们想要的校园生活。我们要建设的校园生活和我们准备要去建设的整个国家社会与全球社会一样,都是既要有优秀的品质胜出,也要有人与人之间的友爱——哪怕有竞争,其规则也是公平合理的;哪怕成为弱者,也是会得到关心爱护的。仿照康德的一句名言,我们可以这么说:卓越而不公平是野蛮的,公平而不卓越则是平庸的。大学的理想,既不能是野蛮的,也不能是平庸的,它必须是卓越和公平两者的有机结合。

第三个是优雅。既不野蛮也不平庸,它的结果就是优雅,就是史蒂夫·乔布斯在晚年回顾自己一生时达到的那种状态,就是他说这番话时达到的那种境界:

"我的动力是什么?我觉得,大多数创造者都想为我们能够得益于前人取得的成就而表达感激。我并没有发明我用的语言或数学。我的食物基本都不是我自己做的,衣服更是一件都没做过。我所做的每一件事都有赖于我们人类的其他成员,以及他们的贡献和成就。我们很多人都想回馈社会,在历史的长河中再添上一笔。"

这种既追求卓越,又力求公平的优雅人生,在我看来就是习近平总书记几次说的"精彩人生"。在最近一次学校党代会上,我们提出要使每一位华东师大人,都能因为融入我们这个集体、书写师大奋进之笔,而成就健康、智慧、优雅的精彩人生,就是基于这样的认识。

总结一下上面所说的:与"智慧的创获"有关的价值要求是"规范""创新"和"交流";与"品性的陶镕"有关的价值要求是"正直""向上"和"健全";与"民族和社会的发展"有关的价值要求是"卓越""公平"和"优雅"。这三组价值,加上它们分别阐发的大学三理想本身可以分别表达为"创智""修德"和"爱群",这样,我们一共有四组共十二个价值:

创智、修德、爱群;

规范、创新、交流;

正直、向上、健全;

卓越、公平、优雅。

这四组价值可以说是我们大学的核心价值;在我看来,它们与社会主义核心价值观是高度吻合的。

有同学会说,四组十二个价值,怎么可能记住呢?我告诉大家两个办法,或许有点帮助。

第一个办法,是把每一组价值所包括的三个概念,都看作是具有正、反、合关系的。也就是说,每一组的价值当中,前面两个其实是有点矛盾或张力的,而第三个就是要解决前面两个之间的矛盾或张力。比如,"规范"和"创新",常常就是矛盾的:规范是基于共识的,因此常常是一规范就缺少创新,但一创新就往往会突破规范。但前面我们已经提到,科学研究中的"交流"环节,恰恰是要在分享创新成果的基础上更新科学家共同体成员之间的共识:既不是只顾共识(规范),也不是不顾共识(创新),而是在分享创新的基础上寻求新的共识(交流)。

第二个办法,是把上面阐述的那些价值用英文来表示:

Creativity, Character, Community(创智、修德、爱群);

Normative，Novelty，Networking(规范、创新、交流);

Upright，Upward，Universal(正直、向上、健全);

Excellence，Equity，Elegance(卓越、公平、优雅)。

变成了英文,这些概念不是更难记吗？不要急,我们把它们的顺序稍微调一下:

Excellence，Equity，Elegance(卓越、公平、优雅);

Creativity，Character，Community(创智、修德、爱群);

Normative，Novelty，Networking(规范、创新、交流);

Upright，Upward，Universal(正直、向上、健全)。

大家发现什么奥秘没有？每一组的首字母分别是 E、C、N、U。把这四个字母连起来,ECNU 就出来了。ECNU 是华东师范大学的英文名字(East China Normal University)的缩写。我用华东师范大学英文缩写的字母来概括我对现代大学精神和理想的理解。

谢谢大家!

02 在优雅学府中培育栋梁学子[1]

中国的发展从来就是"富强"和"文明"的双重追求,但这种追求确实是有阶段之分、层次之别的。在当前阶段,我们一方面要大力提升中国发展的精神动力,另一方面要全面落实中国发展的价值目标。"随着经济建设的高潮的到来,不可避免地将要出现一个文化建设的高潮。"毛泽东在新中国成立前夕做出的这个著名论断,今天读起来依然是那么中肯;从高等教育工作者的角度来看,这段话的分量尤其沉重。

经过三十多年改革开放,尤其是最近一二十年国家对高等教育事业的有力推进,我国人口中受过高等教育者已经超过 1 亿。我们有理由为高等教育向国家输送了那么多改革发展的中坚力量而感到自豪,同时也有责任清醒地看到,在高等教育日益普及的中国,"不懂法律"已经越来越不能为人们在职务行为中犯罪作案提供借口,"缺乏教养"也已经越来越不能为人们在日常生活里有失体面做出解释,而在高学历者比例明显超过其在总人口中比例的那些人群当中,其成员在工作伦理、公共道德、生活方式乃至消费习惯、说话风格和行为偏好等方面存在的毛病,则会越来越被人们联想到高等教育领域所存在的问题。

科学研究领域也是这样。据统计,我国科研人员发表的 SCI 论文数和我国科技人员发表论文的被引用次数,最近几年都有很快增长,分别达到了世界第二和世界第七,这当然是高校作为科研人员培养单位和科研项目承担单位的一

---

[1] 本文刊于《光明日报》2013 年 3 月 25 日,发表时稍有改动。

大荣耀。但是,借助于进口仪器而得到的实验数据,局限于现有框架所增加的理论知识,以及无法等同于"中国设计"和"中国创造"的那些"中国制造",都说明我们前面还有很长的路要走;而生态状况的恶化、城市个性的缺失、重大改革的艰难、精英形象的污损等现象,则在一定程度上表明,在专家学者的方案设计和项目论证当中,在高校师生的学术行为和科研业绩当中,还有不少问题有待解决。

为了做出高校对社会的应有贡献,也为了维护公众对大学的应有敬意,高等教育工作者在履行其学术使命的同时,要更加重视自己的精神使命,更加重视在"优雅学府"中培育"栋梁学子"。

"优雅"是"文明"的代名词;如华东师大首任校长孟宪承所说"含孕着人们关于文化和社会的最高的理想"的那种现代大学理想,本来就应该使高等学府成为天下最优雅之处——正像19世纪英国著名学者约翰·亨利·纽曼所描述的,"在这个地方,年轻人因为它的名声而为之倾倒,中年人因为它的美而心中点燃激情,老年人因为它引起的联想而加固忠诚"。在这样的学府中,学生们不仅学习知识,而且提升智慧;不仅体验研究的艰辛,而且享受探索的乐趣;不仅羡慕教授们的学问,而且景仰老师们的人格。在这样的学府中,同事们走到一起来是为了对真、善、美的共同追求,而不是对钱、权、名的你争我夺;他们对真善美理想的追求不只是在口头上、在书本里,不只是在无关乎自己利益或有助于自己得利的时候或场合,而更是在日常生活里,在团队合作中,在涉及自己利益的地方,在自己的利益有可能被要求放弃的时候。这样的学府固然是一个利益共同体,它要求其成员尊重契约,遵守规则,共同维护集体利益,公平分配个人利益;但同时它也是一个情感共同体,它要求其成员相互体谅,彼此谦让,尊老携幼,同苦共乐。尤其重要的是,这样的学府首先应当是一个价值共同体,它要求其成员求真务实、讲理守义、追求卓越、享受创造,而拒绝弄虚作假、唯利是图、拉帮结派、甘于平庸;它要求其成员把是否符合共同追求的价值作为评价标准,以此来衡量个人和小团体的利益是否正当,也以此来判断私人的和小圈子的情感是否重要——一句话,这样的学府要求其成员把"卓越"与"和谐"有机结合起来,为了追求卓越而齐心协力,并通过追求卓越而加强团结。

在上述意义上的优雅学府中传道授业的学者们,以及追随他们求学问道的学生们,为人或许低调但一定不失自信,处事或许从容但一定不失进取。尤其是,在关键时刻,在涉及集体荣誉、学术尊严、民族大义、天下兴亡的时刻,他们定会挺身而出,义无反顾,把"妙手写文章"的智慧,融进"铁肩担道义"的气概之中。习近平等同志在党的十八大后参观《复兴之路》展览时驻足细观李大钊同志的"狱中自述",以一种特殊的方式号召全国人民,包括高校师生,学习烈士那"矢志努力于民族解放之事业,实践其所信,励行其所知"的感天动地的不朽精神,以及先生在自述最末一句("钊夙研史学,平生搜集东西书籍颇不少,如已没收,尚希保存,以利文化")中所表达的那种超越生死的文化情怀。毛泽东称李大钊为"我真正的老师",梁漱溟称李大钊为"我的至熟至熟之友";在这位身为北大教授的中共创始人身上,我们看到的是"优雅"气质和"栋梁"精神的完美结晶。

如果说,"优雅学府"的核心是"卓越"与"和谐"的统一,那么,在这种学府当中培养起来的"栋梁学子",其核心则是理想主义和理性主义的融合。十八大报告号召青年"在投身中国特色社会主义伟大事业中,让青春焕发出绚丽的光彩",同时也要求"培育自尊自信、理性平和、积极向上的社会心态",从而一方面继承和发扬了李大钊曾经提倡的"本科学的精神,为社会的活动,以创造少年中国"的伟大理想,另一方面也针对了李大钊曾经批评的"尚情而不尚理"和"任力而不任法"的不良习气,或邓小平多次反对的"蛮不讲理""强词夺理"的恶劣作风。大学教育的任务包括许多方面,其中最重要的一项,是培育富有理想的理性主义者和尊重理性的理想主义者:他们"不懈怠",因为美好的社会理想和人生理想都激励着他们,要永不满足,不断进步;他们也"不折腾",因为科学理论和健全常识都告诉他们,只有通情达理才能说服人,只有脚踏实地才能办成事;他们更"不动摇",因为他们知道,如果总是左顾右盼、畏首畏尾,梦想始终只是梦想,理想不会成为现实。

在优雅学府中培养栋梁学子,既是当代中国大学的社会主义性质的内在要求,也是当代中国大学的民族精神基因的现代表达。习近平同志曾在纪念李大钊诞生120周年座谈会上讲话,说"在他身上,凝结着中华民族传统美德,体现着中国知识分子的优秀品格"。杨振宁先生曾在其好友邓稼先逝世十周年之际撰文,说"邓稼先是中国几千年传统文化所孕育出来的有最高奉献精神的儿子"。五四后来华讲学十个月的英国哲学家伯特兰·罗素在其《中国问题》一书中有一段话,或许可看作对李大钊和邓稼先所代表的那种堪称中华民族精华、世界文明瑰宝的大学精神的独特注解:"中国人温文尔雅,只追求正义和自由。他们的文明比起我们的更能使人类快乐。他们有一场充满活力的年轻改革家运动,如果稍微假以时日,这些改革家就能使中国复兴,其成就会比我们称为文明的那种破损机制,好上百倍。"

03 多一些使命感 多一些积极心态
多一些自省精神[1]

——访华东师范大学党委书记童世骏

一、大学需要多一些使命感

《世界教育信息》：人们对大学往往寄予厚望，您如何看待现阶段大学的使命？德国哲学家哈贝马斯提出现代高等教育应该履行四个职能：科学研究和未来科研人才的培养、通识教育、为职业人员做学术准备并生产技术性知识，加上文化自我理解和思想启蒙。您认同这一说法吗？

童世骏：中国发展到现阶段，高等教育尤其是大学，承担的使命可能特别重要。

今年是建党九十周年和辛亥革命一百周年，恰好也是华东师范大学建校六十周年。我在华东师范大学的党委全委扩大会上讲了这么个想法，即我们要回顾学校的历史，把它和中国现代化发展的历史联系起来。从20世纪开始一直到现在，我们的民族复兴道路走得很艰难，当然也取得了辉煌的成就。今天，我们可以很自豪地说，我们不仅解决了挨打的问题，而且解决了挨饿的问题。我们不仅站起来了，也差不多要富裕起来了。但是我们现在还没有解决一个问题，用有些学者的话来说，就是我们可能还没有完全避免"挨骂"的问题。特别

---

[1] 本文刊于《世界教育信息》2011年第10期，由该刊记者邓明茜、熊建辉撰写。

是现在我们的经济实力强了,如果很多事情做得不好,对人类的未来没有承担足够的责任,那我们就可能挨骂。

我们需要多一些使命感。过去,毛主席曾经在多个场合表示,中国的领土和人口规模都很大,但是我们对人类的贡献和这个比例远不相称,我们为此而感到惭愧。五十多年过去了,今天来读共和国创始人的这些话,我们依然不轻松。虽然我们已经站立起来,差不多也要富裕起来,但我们恐怕还不能说真正地自豪起来。就大学来说,有一个很实际的比较。华东师范大学和美国的纽约大学建立了密切合作的关系。根据有关排名,纽约大学在美国国内排名第23位,华东师范大学在中国国内的排名差不多也是第23位。但是在全球大学排名中,纽约大学是第31名,华东师范大学却没有进入前500名。我们感到很惭愧。我国的经济发展水平已经紧挨美国,但是两国的高等教育差距依然是那么大,这是不应该的。中华民族有辉煌的历史,又占世界人口那么大的比重,我们真正要为人类做出与我们的人口规模和地理空间相称的贡献,就要靠教育。

党中央、国务院很早就提出了科教兴国、人才强国的发展战略。从研究型大学来说,科教兴国的"科"和"教"与我们都有密切关系,而科教兴国和人才强国的结合点就是高等教育。这是我们今天认识大学的价值和任务的一个重要基础。恰恰在今天,我们的物质基础也好,文化共识也好,甚至制度空间也好,都为高等教育的发展提供了很多条件。在这样的情况下,大学必须做很多事情而且也可以做很多事情。越是可以做很多事情,"必须"和"应当"的分量就越重。

近几十年来,我国一直在快速发展,有些方面甚至实现了跨越式发展,高等教育就是如此。大家已经发现了发展过程中的很多问题,但有些问题此前可能还没有到提出来的时候或者还不具备解决的条件。现在,国家高度强调要提高教育质量,胡锦涛同志在清华大学百年校庆上的讲话中也提到,我国高等学校要把提高质量作为教育改革发展最核心最紧迫的任务。他提出,全面提高高等教育质量,必须大力提升人才培养水平,增强科学研究能力,大力服务经济社会发展,大力推进文化传承创新。这四个"必须"和我以前讨论过的德国哲学家尤根·哈贝马斯提出的现代大学几大功能其实是对得上的,我们可以从中找到大学工作相当重要的连接点。

孟宪承先生是华东师范大学的第一任校长,这几天我正在看他的全集。我国的大学由教育家举办的不少,但很少有大学既是由教育家又是由教育学家创立的。华东师范大学就是这样一所大学。她的创立者孟宪承先生是教育家,从基础教育到高等教育都有很丰富的办学经验;同时他也是教育学家,在高等教育、大学教育方面有很丰富的翻译和著述。他曾经用三句话精辟、准确、完整地概括出大学的理念,这就是"智慧的创获、品性的陶镕、民族和社会的发展"。参考他的著作中提到的一些英文表述,我们把这一理念表达为英语的三个"C":"Creativity, Character, Community"。华东师范大学有很多值得我们自己自豪的传统,这是其中之一。我们已经把这三个"C"作为华东师范大学办学理念的英文概括,对外更好地明确华东师范大学的形象,推动国际交流与合作。

在这一办学理念中,智慧的创获(Creativity)体现出研究型大学重视研究的特质;品性的陶镕(Character)很大程度上是指大学通过本科通识教育来培养学生的品性;民族和社会的发展(Community)则强调大学要为社会服务。这三方面本身是互相交融的,而且,其中还包含了如今十分强调的大学的文化传承创新功能。比如,智慧的创获可能更多的是说知识,但智慧不仅仅是知识,价值的真善美更是智慧的集中体现;至于品性的陶镕,个体无法独立完成,它需要一个氛围,文化在其中就特别重要;民族和社会的发展不仅仅是经济的发展、物质的复兴,也是文化的复兴。我们现在很有针对性地提出大学需要承担文化传承创新这一功能,而在孟校长提出的大学理念中,文化传承创新的含义包含在每句话里面。我们应该通过对固有办学理念的更新和落实,踏踏实实地承担现代大学的四个功能。华东师范大学深厚的积淀、长久的文脉、文化的传承创新对我们这样的学校来说特别有意义。

二、大学要努力把各项功能作为有机的整体进行融合

《世界教育信息》:对于不同类型的大学来说,比如研究型大学、教学研究型大学和教学型大学,您认为上面提到的许多功能能够合理并存吗?华东师范大学在兼顾研究和教学工作方面有什么经验?

童世骏:办学和做其他许多工作一样,不能满足于说我们既要怎么样,又

要怎么样。这样的话说起来容易，但关键是"既要"和"又要"彼此之间发生矛盾怎么办，如何找到结合点。比如，为什么会听到很多呼吁，强调人才培养，特别是本科教学？这是因为很长一段时期内，大学教师们都在忙于科研、忙于适应市场的需要等诸如此类的事情，忽视了本科教育。这说明，大学如果做得不好，这几项功能之间是会发生矛盾的。

怎样把人才培养、科学研究、社会服务和文化传承创新这四个功能结合为有机的整体？一个重要的观点是，恰恰要从进一步提高人才培养的质量和水平的角度来理解我们为什么要做好科学研究、社会服务等方面的工作。现在各学校之间对优秀生源的竞争非常激烈，对优秀师资的竞争非常激烈，对社会资助的竞争也非常激烈。大学要在这些竞争中占据优势地位，非常重要的砝码就是，学校的科研成果要足够尖端，社会服务或者说社会业绩要足够大，文化形象要足够好。这些方面做好了，学校有了更好的发展基础和空间，反过来才会更有利于人才培养。研究型大学都会有一批老师专门从事科研工作，我们要认识到他们对教学的作用，而这意味着大学当中专职从事科研工作的人员，其学术水平必须足够高，他们对人才培养的间接支持才足以弥补其在直接从事本科教学方面的相对欠缺。

在实际操作上，科研工作和教学工作也是可以找到一些融合途径的。我们总结了几点经验。一是让优秀的科研人员去上课，承担一定的教学任务。二是把优秀的科研成果纳入教学内容。三是把教学过程本身作为研究的对象。教学过程本身成为研究的对象很有价值，现在网上可以找到很多非常有意思的教学资源，它们不是通常意义上的科研成果，而是由教学研究成果转化成技术的结果。四是把科学研究的过程作为教学的重要内容，让学生体验研究的快乐，体会研究的境界，这可能要比直接传授科研成果对人才的培养更加重要。因为在这个过程中，学生不仅学习了研究方法，培养了科学的思维方式，而且也经历了个性的陶镕，包括学术兴趣、能力和习惯的养成，敬业精神、团队合作精神等的体验。五是通过特别出色的研究成果对优质生源、优秀师资和优厚资助的吸引来帮助教学，帮助人才培养。

在科研工作和教学工作或者说人才培养工作的关系上，我们还有自己的特点。作为师范大学,教师教育一定是我们的重点,它是学校的传统,也是政府对我们的重点要求,但更重要的是,我们不能把教师教育这个重中之重和我们综合性研究型大学的定位对立起来。第一,综合性研究型大学的诸多学科基础对推进教师教育非常有利而且非常重要。在我们这样的学校,做教师教育研究也好,人才培养也好,条件和其他师范大学是不一样的,因为我们有综合性研究型大学的基础。第二,我们可以注意到现在的两个趋势,一是人才培养的重要性在 21 世纪特别突出,尤其是高端人才培养的重要性要远远超过 20 世纪;二是跨学科研究已经成为学科发展的普遍情况。今天,我们列举一下最尖端、最重要的科学革命成果,还是量子力学、相对论等 19 世纪末 20 世纪初的成果。其实这是因为科学发展到一定的阶段以后,在最基础的层面很难突破,现在主要就是靠学科交叉融合,推动科学进一步发展。把人才培养的这个科研问题和跨学科研究的这种研究方式结合起来看待,教师教育对我们这样的学校就不仅是政府强调要做的事情,不仅是学校的历史传统,而且是我们诸多学科自身发展的一个时机。教师教育的定位和我们发展综合性研究型大学的目标是完全吻合的,不是"既要"和"又要"的问题,而是密切地结合在一起。推动学校往更高的水平发展,我们觉得有压力,但我们也有信心可以找到一些既符合人才培养内在规律,又比较适合我们条件的发展方式。

三、努力形成把批判精神和反省精神结合起来的大学风气

《世界教育信息》:知识分子往往是文化传承创新的领头人,他们也因此赢得了社会广泛的尊重。但如今社会上对一部分知识分子出现了诸如"砖家""叫兽"之类的戏称,大学的专业研究人员以及大学自身的声望和十年前相比可能有较大幅度的下降,您认为问题出在哪里?我们的大学能够在多大程度上承担起文化理解和思想启蒙的作用?

童世骏:这个现象怎么看?我是个乐观主义者,我总希望在一些新的社会现象中找到积极的意义。举个例子,我有次坐飞机碰到一对老年农民夫妇,两个人在飞机上像在家里一样吵架,看到服务员推食品过来就想多要几份,老头居然还往地上吐痰。他们的行为在很多人看来都会觉得很不文明。但是换一

个角度想,他们可能是家族第一代坐飞机的人,他们还来不及把吐痰的习惯改掉就已经有条件坐飞机了,这是国家多大的进步!现在高等教育大规模的发展也是如此,一些原来可能没有条件进入大学队伍的人现在也进来了。原来高等教育的门槛可能比较高,精英人数比较少。但现在高等教育的发展,包括科学研究的发展需要更多的人进来,一些人可能还不完全满足条件,但是也需要他们进来。这本身是发展的结果,我们的科研队伍在壮大,教育事业在扩大,这个现象也还是可以做积极方面的解读。

另外,媒体的监督使得这些现象被传播给了更大的社会群体。读过《围城》的人都知道,知识分子从来就不是只由崇高人士构成的,这一群体中各种各样的人都有。过去媒体没那么发达的时候,知识分子的崇高形象会先入为主,老百姓也没有那么多的渠道了解除了身边以外的事情。所以现在大家看到那么多不好的现象不完全是因为我们的教师突然变糟糕了,不是这样。

有时,恰恰当我们对某件事情深恶痛绝、社会舆论对此痛心疾首的时候,蕴含其中的改变的希望也越大。最糟糕的情况不是对某个现象深恶痛绝,群起而攻之,而是对这种现象熟视无睹,听之任之。我想我们还没糟糕到这种地步。对不好的现象群起而攻之的社会舆论现象本身有很积极的意义。但是我们在批判这种现象的时候,千万不要觉得社会不良现象和自己没有关系。我们每个人都有各种各样的缺点,在批判各种现象的时候可能还要把自己放进去。

有一次我在南京一所大学讲课,学生们批判现在的官风和党风。我说这些问题确实存在,但是我们现在的干部队伍很大部分就是由我们历届的大学生组成的,我们能不能从现在开始发誓,自己毕业以后永远不像批判的对象那么做。人们总有一些借口去做自己也批评的事情,我想那是因为自己把警戒性放得很低,否则不会到那种非要同流合污不可的地步。有人可能觉得如果不同流合污就会受到压力,就会吃亏,比方说就得不到升迁的机会。但这算什么理由?为什么要跟着一起做坏事,来解决对个人而言其实是很小的得失问题?如果大家都能这么思考问题,我想我们对社会现象的批判就可以很大程度改变社会现实。现在我的感觉是,对丑恶现象痛骂的程度和对自己严格要求的程度好像还没有完全对应起来,大学教育也要解决这种问题。

对于各种教育问题或者社会问题,可能我们现在指责得多,而且是自己的同胞互相指责得比较多,不少人会把自己国家的很多事业说得一无是处,但是我们有没有去想,我们指责的很多事情其实是我们自己在做,是我们自己和周围那么多的同志在做?我不是说社会上、官场里、校园中没有问题,也不是说问题不严重,也没有说不应该批评,我只是觉得我们在批评一些现象的时候,可能还要更多地往自己身上来想问题,我们最好把这种批评和对我们自己的严格要求结合起来。我们的教育要尽力形成这样一种风气,使大家把批判精神和反省精神结合起来,让大家能够更多地反省,而不是一味地批判,好像所有的坏事都是别人干的,自己完全是好的。现在这个问题很严重,人人讲起开后门都很愤怒,但自己碰到一点小事,第一个念头就是找熟人,没有内疚也没有犹豫。人无完人,但是做不合规矩的事情时有没有内疚之心是不一样的。有内疚之心,意味着做事情会有分寸一点,会对其他人多一些理解,会多从长远角度、从教育上来着手解决问题,而不是发几句牢骚就完了。教育要促成品性的陶镕,这很重要。

《世界教育信息》:很多人觉得个人的品性可能更多受遗传的影响,甚至家庭教育也比大学教育对个人的影响更大。对于品性的陶镕,大学到底能起多大作用?

童世骏:从任何一个点上来看,我们总会觉得这个点对于整个面来说是那么微不足道,但是一个面是由无数的点组成的。我不知道你们的父母有没有受过大学教育,但是你们自己都接受过大学教育,你们的孩子和没有受过大学教育的家庭的孩子就会不一样。你们办的刊物,还有社会上各种各样的媒体很多都是由受过大学教育的人来做的,如果我们把我们所接受的大学教育体现在各个方面,无形之中我们的生活环境就会改变。

四、大学要么建在文化中心,要么把自己建成文化中心

《世界教育信息》:英国著名高等教育思想家纽曼曾强调大学最好设在城市,因为那里是文化活动、文化场所和文化名人的聚集处,是无法取代的知识媒介。但在现实情况中,越来越多的大学开始往城市的边缘甚至是完全的郊区转

移,您如何看待这种现象?

童世骏: 我非常赞成纽曼认为大学要建在文化中心的观点。现在有越来越多的大学都往郊区转移,这确实是一个问题。但对于这种现象我有两句话要说,大学要么建在文化中心,要么把自己建成文化中心。

在国外,好多大学并不在大城市,但是只要它们在一个地方建校,那个地方就会成为文化中心。我在德国的马堡待过半年,马堡大学在德国十分有名,它共诞生了9位诺贝尔奖获得者,西方哲学史上著名的马堡学派就是以这座大学命名的,在德国乃至世界流传甚广的《格林童话》的作者格林兄弟也出自马堡大学。马堡整个城市只有大概8万人,这些人如果不是大学里的人,就是为大学服务的人。城市虽小,但是人们的文化层次和文化生活很丰富。

美国著名的西北大学离大城市芝加哥的距离,就相当于华东师范大学闵行校区和上海市中心的距离。但是没有关系,只要西北大学在那里,它就成为文化的中心,络绎不绝的人会来,各种各样的活动会在那里举行。我觉得我们下一步就要在这方面下功夫。我们已经搬到闵行了,再来讨论华东师范大学要不要离开中山北路中心校区没有意义,我们要下定决心把这里办成文化中心。我们现在和上海交通大学闵行校区紧挨着,如果还办不成一个文化中心,办不成一个上海的亚文化中心,那是我们没有出息。

五、大学要为更多贫寒家庭子弟提供接受高质量教育的机会

《世界教育信息》: 现在社会上有一种声音认为进入国内重点大学的贫寒家庭的大学生比过去减少了,您对这种看法有什么想法?大学如何能给贫寒学子提供更多教育机会?

童世骏: 对于贫寒学生的大学入学机会,就华东师范大学来说,我认为是朝着更好的方向在发展。第一,免费师范生制度本身就是要让更多贫寒家庭的子弟能够上得起大学。第二,国家的经济发展提高了学校接纳贫寒学生的能力,过去国家对大学的投入主要表现为规模的扩大,现在大学的规模基本稳定,国家强调提高教学质量,在这种情况下,生均拨款会增加,学校会有更大的力量来提供奖学金,接纳贫寒家庭的子弟。第三,我们现在有理由期待

高等教育能够争取到更多的社会投入。中国经济发展到现在,改革开放以后第一代创业有成的人很多已经进入考虑余生以及如何处置财产的阶段,这为高等教育争取更多的社会支持,为贫寒学生提供更多入学机会提供了客观条件。

当然,所有的这些客观条件并不等于主观努力。如果我们对社会平等的理解、对人与人之间关系的理解没有相应改变还是不行。假如我们觉得穷人就该受穷,富人就该有钱,这会很糟糕。可能在这方面我们甚至还得向西方资本主义国家学习。我现在比较关注国外大学的情况,像哈佛大学的福斯特校长,她在2011年毕业典礼仪式演讲中就很自豪地讲,今年入学的新生中有20%的人是来自年收入6万和6万美元以下的家庭,60%～80%的人受到学校的资助。这说明基本上只要有才能,哈佛大学就能给学生提供入学机会。在这样的大学中,Equity(平等机会)和Excellence(卓越教育)是统一的。社会要有发展前途,有人认为要靠精英教育或者贵族教育,其实不是这样。最重要的财富——人力资源——蕴藏在广大的人民当中。

我女儿前年去湖南支教,她回来就说,农村孩子的机灵劲一点不亚于城市小孩,甚至比城市小孩还要活泼。我们想象一下,如果他们能得到高质量的教育,将会成为多么丰富的人力资源。Equity 和 Excellence 是可以统一起来的。前面谈到的好几条理由都可以给我们信心。对我们来讲,我们要说服政府和社会更多地投入教育,使更多贫寒家庭子弟可以接受高质量的教育。

国内外许多大学校长的毕业典礼致词也给我很多感慨。国外很多校长借这个机会对全社会讲话,这些话有的要讲给政府听,有的要讲给家长听,有的要讲给校友听,有的要讲给校董听。他们通过毕业典礼讲话来争取社会对大学更多的理解和支持。但我看到国内这几年大学校长的致词,向全社会表达大学精神的意识不够强,而讨好学生的比较多。我觉得其实这个时候我们还是老师,还是要教育学生,给他们提要求,提希望。

《世界教育信息》:您认为作为学校的领导应如何摆正自己的角色,应该以什么样的形象来对学生起到很好的教育作用?

童世骏:我们自己在提倡的一些价值,自己要努力去实现它。对于华东师范大学来说,就是我刚才讲的三个概念:创获智慧,陶镕品性,推动民族与社会的发展,这些我们自己都要去勉力实践。

六、通过开放促进大学改革

《世界教育信息》:2011 年 3 月 28 日,上海纽约大学正式奠基陆家嘴,开始高等教育的全新尝试。您认为上海纽约大学在实现其建成世界一流研究型大学的目标上有什么有利条件?您如何看待纽约大学和华东师范大学之间的合作?

童世骏:最重要的条件就是,纽约大学已经是一所世界一流大学,通过与之合作,我们可以共享办学理念、办学师资和办学的国际空间。

华东师范大学有优秀的历史传统,我们是 1959 年全国 16 所重点高校中的一所,1986 年 33 所全国高校首批试办研究生院,我们是其中之一。但是近几年在争取国内体制内的条件时,我们差一点就被关在"985"高校门外了,后来经过特别艰辛的努力,总算取得了成果。经过这样一个过程,我们也体会到,体制内有好多因素我们难以把握,所以在国内努力的同时我们还要动脑筋利用国际空间,在国际舞台上追求发展。华东师范大学是一所在国际交流方面有文化优势和人力优势的学校,即使是在有众多强校的上海,这也是我们的优势。

就像经济领域一样,高等教育现在的改革也已经进入了深层次,越是这个时候越难以用常规的方式来推进。在经济领域有一个非常好的说法,"通过开放来促进改革,通过开放来巩固改革成绩",比如发展外资企业、合资企业等,通过推进全球化进程来推动改革。高等教育领域大概也到了这么一个阶段,同样要求我们通过进一步开放来推动进一步的改革。

具体来讲,纽约大学和华东师范大学还有一个共同点,我们的国内排名几乎是一样的。从积极方面看,这个排名说明我们的办学质量还是不错的;但从消极方面看,最优秀的大学并不觉得我们和他们在同一个水平上。纽约大学在美国也憋了一股要上进的劲头,她是美国这几年成长性最好的大学之一,我们之间的合作有一些很投缘的地方。

七、改革创新、脚踏实地,推动学校向世界一流水平发展

《世界教育信息》:华东师范大学即将迎来60周年校庆,您曾经在这所大学求学,如今在这里做教授,现在又成为学校的党委书记,可以说亲眼见证了华东师范大学的成长和变化。在您的成长过程中,华东师范大学给您留下了什么深刻的印象?如今华东师范大学新一轮的发展要仰仗您这一代人,对于学校未来的发展,您觉得最需要强调的是什么?

童世骏:我读小学比较早,因此我作为77级一员进大学时还不到20岁,可以说整个成年时期的成长就是和华东师范大学在一起。进入大学前,我在农场里待过三年,那三年对我也很有帮助。刚拿到华东师范大学的录取通知书时我很意外,是政教系的录取通知书,那个时候我不大喜欢政教系,而且当时我的政治科目考试成绩很差,大概是全班倒数第二名,可能因为我要表达自己的一些观点,和标准答案不太一样。但是进入了政教系以后,我才知道自己很幸运,政教系的主任是冯契教授,他是新中国成立以后创立了自己哲学体系的极少数中国哲学家之一。这就是华东师范大学的特点,她会给你一些"突然",让你发现出乎你平时印象的分量重的东西。我们的俞立中校长前段时间就跟香港媒体说,华东师范大学大概是中国最不浮躁的一所大学。我的理解是,我们非但尽量不做名不符实的事情,我们还常常有点实过其名,比较内敛,比较"蠢"一点,沉得住气。但是在快速发展的时候,从小平同志所说的"什么错误都可以犯,丧失机遇的错误不能犯"的角度来看,这种优点也是缺点。我的前任张济顺书记是一位非常敬业、非常执着的领导,与俞校长一起带领学校可以说是百折不挠,知其不可为而为之,正是凭着这种精神,我们才得以进入"985"高校二期工程行列。如果我们意识到自己的弱点,把百折不挠的精神也发扬出来,我觉得学校会有非常好的前途。

关于学校将来的发展,我概括了三句话。

首先,以世界一流大学的精神来理解我们的发展目标。说实话,我们和世界一流大学差得太远,我们有些学科是世界一流的,但是整体上我们和世界一流大学差距很大。我概括了世界一流大学的精神:"服务人类,追求卓越。"在中

国,我们首先服务中国人民,通过服务同胞来服务人类,但同时要拥有世界公民的胸怀,要用全球标准来理解卓越、追求卓越。我们要以这种世界一流大学的精神来理解我们的发展目标,处理好快速发展和内涵发展的关系、人才培养和大学其他功能的关系、教师教育和综合性研究型特色的关系、个人成长和集体发展的关系。

其次,以改革创新的精神来破解难题。我们有很多难题,我认为最重要的有三个:一是怎么整合资源;二是怎么评价绩效,现在大学排名多,大学里的工作考核和科研考核也存在很多争议;三是怎么落实权力和责任,只有宏伟目标、宏伟蓝图,不落实权力责任是不行的。

最后,以脚踏实地的精神做好党的工作。这是中国大学的一个政治优势,我们不要把它弄成了包袱。在大学发展的现阶段,需要有一个先锋队,以积极饱满的精神状态创新制度、突破难题、攀登高峰。党的工作不是一句空话,胡锦涛同志讲的"精神懈怠"的危险大学里也有。将来我们的后代会来查我们这一代干了什么,我们要意识到毛主席说的"这使我们感到惭愧"的问题还没有解决。五十多年过去了,我们能说现在不惭愧了吗?还是很惭愧。

八、希望《世界教育信息》发展成为一份有品位、高质量的刊物

《世界教育信息》:《世界教育信息》杂志明年将迎来创刊 25 周年。25 年来,杂志始终坚持服务于"教育面向现代化、面向世界、面向未来"。最后请您对杂志在新时期如何更好坚持"三个面向",加强外国教育信息研究,促进我国教育事业科学发展,以更好服务我国教育界,特别是高等教育面向世界提一点看法和建议。

童世骏:我第一个建议是多提供信息,特别是更有针对性的信息。刚才讲整合资源,每个大学都在讲资源缺,看看怎么尽可能多地争取资源,现有资源怎么尽可能用好,减少浪费。还有评估绩效的问题,现在有各种各样的评价,但如何做得更有针对性,更有互补性?还有管理重心下移的问题,怎么下移,下移后有哪些问题,对这些问题最好都提供给读者有针对性的信息。第二个建议是体现品位,希望刊物本身是有品位、有质量的,不要让读者轻易地感觉到它是粗糙

的,是有低级错误的。比如翻译国外的东西,我自己也做一点翻译,深有体会。有的杂志刊登的翻译文章质量一塌糊涂,自然科学我不知道,人文社会科学的翻译,不知道在哪个地方就上当了,有的干脆就翻错了,质量低下的情况很严重,希望我们刊物在这个方面不要出问题。

04　建设独创性和共识性相统一的学术共同体[1]

"学术评价"与"学术共同体"可以说是两个相互定义的概念;没有学术共同体的学术评价,没有学术评价的学术共同体,两者都是徒有其名的。一方面,一位学者的学术论文的篇数和字数,乃至论文发表的刊物档次、论文发表后的被引次数,以及一个单位的科研项目数量、科研经费数目、获奖数量和进入人才计划的人数等,这些数据在个人申报高级职称、单位参加学科评估的时候,确实都非常重要,但对这些数据的统计,完全可以由秘书甚至工友来做,或者由计算机软件来做,而用不着劳驾同行专家。学术评价的核心,应该是同行专家或学术共同体成员对某学者之学术能力的判断、对某成果之学术贡献的判断、对某群体之学术分量的判断。另一方面,诸多学术同行坐在一起谈的如果只是获得多少科研经费、拿到多大领导的批示,怎样发表更多外语论文,等等,虽然听起来都与学术有关,但却并没有对学术共同体来说具有"构成性意义"的那个要素,亦即对学术成果的质量评价。

学术评价至少运用两个方面的标准,一个是学术成果的真理性,一个是学术成果的重要性(或相关性、意义),这两点与学术共同体有内在关联。把学术共同体成员聚拢在一起的,是追求真理和解决问题这两个目标。以马克思主义和美国实用主义为代表的知识论中的"实践转向"之前,人们会把"追求真理"看作认识过程的唯一目标;而"实践转向"之后,人们又会把"解决问题"看作认

---

[1] 本文刊于《探索与争鸣》2016年第3期。

识过程的唯一目标。但其实,这两个目标对于认识过程来说是同样重要、不可相互替代的。人类生活当然是一连串产生问题和解决问题的过程,但问题的种类各有不同,解决问题的方式也各有不同;科学认识或学术研究之解决问题的特征,就在于通过获得具有真理性的知识来填补人类的知识匮乏,进而解决因为这种匮乏而造成的相关问题。这种问题可以是纯粹理论性的,但常常是具有不同程度的实践性的。自然科学领域有一句老生常谈,那就是,常常是最初似乎只满足理论兴趣的科学发现或发明,后来被证明是具有重大实用价值的,如经典数学和现代数学之于经典力学和量子力学,以及经典力学和量子力学之于现代技术和当代技术。在人文社会科学领域,知识的社会性和功利性更加明显一些,因此学术成果的重要性或相关性和意义在评价成果价值的时候会有更重分量。但成果之意义再大,也要建立在成果之为真理这一点的基础之上。更何况,最重要的研究成果,恰恰是在突破研究者特定社会地位和阶级归属的局限而追求真理的情况下获得的。马克思在《资本论》序言中说"政治经济学所研究的材料的特殊性质,把人们心中最激烈、最卑鄙、最恶劣的感情,把代表私人利益的复仇女神召唤到战场上来反对自由的科学研究"[1],但马克思并没有把科学研究与阶级利益的关系绝对化;稍后他就写道:"但在这方面,进步仍然是无可怀疑的。"在举了几个例子,说明统治阶级的一些成员也承认"在奴隶制废除后,资本关系和土地所有权关系的变化会提到日程上来"以后,马克思写道:"这并不是说明天就会出现奇迹。但这表明,甚至在统治阶级中间也已经透露出一种模糊的感觉:现在的社会不是坚实的结晶体,而是一个能够变化并且经常处于变化过程中的有机体。"[2] 马克思尤其赞扬"像英国工厂视察员、编写《公共卫生》报告的英国医生、调查女工童工受剥削的情况以及居住和营养条件等等的英国调查委员那样内行、公正、坚决的人们"[3],他们的研究报告为马克思提供了用以分析资本主义经济的宝贵材料。

---

1 卡尔·马克思:"《资本论》第一版序言",《马克思恩格斯文集》第5卷(《资本论》第一卷),中共中央马克思恩格斯列宁斯大林著作编译局编译,人民出版社,2009年,第10页。
2 同上书,第10—13页。
3 同上书,第9页。

最能说明学术评价与学术共同体之间密切联系的,是知识进步所需要的那个看似矛盾的方面——学术成果既具有独创性,又具有共识性,只有在一个高水准的学术共同体当中,才可能实现统一。学术研究当然要具有独创性;"研究"之区别于"学习",就在于虽然它们都着眼于解决问题,但前者所解决的应该是原则上尚未被别人解决了的问题,而学习至多是模仿或重温别人已经经历过的解决问题过程(所谓启发式教育)。但学术研究成果到底是否具有真理性,既不能依靠"真理就是主观与客观的符合"这样的"真理定义",也不能依靠"知识在实践中证明其真理性"这样的"真理标准",因为如果对用"标准"来考察是否符合真理之"定义"的整个"过程"本身不加以重点考虑的话,任何个人都可能声称自己的认识是经过"实践检验"而"符合现实"的。只有在努力以真理性知识来解决问题的一群人——也就是"学术共同体"——当中,一个人说自己"掌握了解决问题的真理性知识",是必须经受住学术共同体当中其他人的质问,才能站得住脚。正是从这个角度来说,在有关真理的哲学讨论当中,不能只有关于"真理之定义"的讨论和关于"真理之标准"的讨论,还必须加上有关"真理之认可"的讨论;而回答真理之认可问题的那个理论——"真理的共识论"——因此与回答真理之定义问题的"真理的符合论"、回答真理之标准问题的"真理的效用论"一样是不可缺失的。随着自然科学研究越来越关注远离感性直观的微观世界问题,越来越关注需要多人力投入和多学科参与的复杂问题,真理的共识论和它所回答的真理之认可问题,更加值得我们重视。在人文社会科学领域,谈论真理之为"符合"的含义更加复杂(如艺术理论的真理性),谈论真理之是否得到实践验证的含义更有争议(如毛泽东直到最后还坚信他的"继续革命"理论是经受了他所发动的"文化革命"的实践检验的),更需要走出独白的真理观,代之以对话的真理观,把认识主体理解为包括但超越诸多认识个体的学术共同体。只有在这样的学术共同体当中,学术成果的"独创性"和"共识性"之间才能保持一种"必要的张力":它鼓励学术共同体成员的独创,但并不仅仅局限于诸多独创成果的"百花齐放",而也要求"百家争鸣",让每一家都尽可能在其他家的质问面前捍卫自己,套用恩格斯的话,都必须在"理性的法庭"面前证明自己的存在理由。如果一个学术共同体的成员都是真正把"追求解决问题的真理性知识"作为其最重要的成员资格的话,最后得到学术共同体成员之共识的,就恰恰是他们认为最具有独创性的学术成果,而不会是平庸伪劣之作。

正因为学术评价与学术共同体之间的这种密切关联,马克思在《资本论》第一版序言末尾的那句名言,是同时包含了两个部分的:"任何的科学批评的意见我都是欢迎的。而对于我从来就不让步的所谓舆论的偏见,我仍然遵守伟大的佛罗伦萨人的格言:走你的路,让人们去说罢!"[1] 在这个序言中,马克思花了许多笔墨来说明其方法而不仅仅是观点的独特性——对作为一个学者的马克思来说,他的观点和方法的独特性是希望得到读者们理解和认可的。在《资本论》第二版跋中,马克思说他对第二版所做的修改和补充,不少是根据其朋友(汉诺威的路·库格曼医生)的建议而做的。马克思深知这本书在工人阶级读者和资产阶级读者那里会有不同遭遇,指出"《资本论》在德国工人阶级广大范围内迅速得到理解,是对我的劳动的最好的报酬"[2],但这并不意味着马克思不关心工人阶级以外的读者对《资本论》的反应。马克思嘲笑资产阶级学者起初企图用沉默置《资本论》于死地,然后,借口批评该书,开了一些药方"镇静资产阶级的意识"[3]。马克思罗列了学术界对该书的各种各样的评价,高度评价彼得堡出版的一个俄文译本的质量,并且大段引用一位作者的话,在他看来这位作者特别能理解和欣赏他的方法。马克思做这些都足以表明,即使是马克思这样一位阶级意识和斗争精神都很强的经济学家,也希望能找到一个把独创性和共识性统一起来的学术共同体。

---

[1] 卡尔·马克思:"《资本论》第一版序言",《马克思恩格斯文集》第5卷(《资本论》第一卷),中共中央马克思恩格斯列宁斯大林著作编译局编译,人民出版社,2009年,第13页。
[2] 同上书,第15页。
[3] 同上书,第18页。

05 通过辛勤诚实创造性的学术劳动立德树人[1]

从高校教师和高校管理工作者的视角看，提倡辛勤诚实创造性的劳动精神，是高校加强哲学社会科学道德和学风建设的重要途径。辛勤诚实创造性的学术劳动，不仅是高校产出高水平学术成果的必要前提，而且是高校培养高质量人才的必要前提。

由学术研究、学术传播、学术管理和学术服务等所构成的学术工作，是一种特定形式的劳动。学术工作者作为学术劳动者，也是工人阶级的组成部分，这个观点，是邓小平同志1978年3月18日在全国科学大会开幕式上的讲话的重要精神，也是2004年3月中共中央《关于进一步繁荣发展哲学社会科学的意见》中引用和发挥的江泽民同志关于哲学社会科学及其研究者与自然科学及其研究者四个"同样重要"的论述的重要精神，更是习近平同志关于哲学社会科学工作的"5·17"讲话的重要精神。2018年是改革开放40周年，把学术工作作为学术劳动来对待，是继续推进改革开放的题中应有之义。

哲学社会科学领域的学术劳动同自然科学技术领域的学术劳动相比，既有共同点，也有差异性。哲学社会科学领域的学术劳动的专业语言与日常语言的隔阂较浅，专家意见与公共问题的交接较紧，专家发言与普通公众的接触较多。因此，对于"举旗帜、聚民心、育新人、兴文化、展形象"的使命而言，哲学社会科学领域的教学科研人员比自然科学技术领域的教学科研人员更具有社会上的

---

[1] 本文刊登于《中国社会科学报》2019年1月4日。

"关键少数"的影响力和示范性。

哲学社会科学领域的学术劳动应当是辛勤的。为此,我们要处理好学术兴趣和非学术兴趣、个人工作和集体工作的关系。从哲学社会科学管理的角度来说,要尽可能激发哲学社会科学工作者的岗位兴趣,关心其个人发展,鼓励创新工作。对哲学社会科学工作者来说,特别是在科研任务不符合个人兴趣、个人为集体项目默默贡献等过程中,要经得起考验。

面对重大理论和实践问题,需要多人、多学科甚至多单位的集体协作。最近一二十年来,哲学社会科学领域的集体项目越来越多,但学风问题往往出在集体项目当中。从学术劳动应该是"辛勤的"这个角度出发,我们要避免这样两种情况:一种是因为自己只是集体项目的普通参与者,就敷衍了事;一种是因为项目是自己争取来的,就把项目承包给别人,坐享其成(当然也可能是在出现学术不端问题的时候负连带责任)。

哲学社会科学领域的学术劳动应当是诚实的。为此,我们要处理好学术工作的内在价值和外在价值、个人价值和集体价值的关系。哲学社会科学中的基础研究和应用研究,在研究的目的、论证的理由和表现的形式等方面存在较大差异,但都应该将追求真理、不说假话作为基本原则。应提倡通过科学研究解决实践问题,而不仅是解决理论问题;通过科学研究实现社会价值,而不仅是满足个人兴趣。同时,要防止因过于重视科学研究的功利价值而导致粗制滥造,防止把学术研究的价值,不仅归结为学术成果的实践应用价值,而且归结为学术成果的社会功利效果("帽子""票子"和"位子")。

为确保学术劳动是诚实的劳动,必须强调学术研究的真实性原则与人民性原则相统一,党组织和管理部门的利益与最广大人民群众的利益相统一。因此,要杜绝在学术评价中,为小集体利益无原则地护短、遮丑,防止在智库研究中结论先行,为论证某个观点不顾事实、不论对错,从而避免此类行为给科学研究和人才培养的事业、给党和人民的事业,带来比自然科学和工程技术中造假作弊更严重的损害。

从研究方法的角度看,当代社会从事由表及里、去伪存真的研究工作,还要强调把"不唯上、不唯书、只唯实"的态度与"交换、比较、反复"的方法相结合,并且不仅要落实在主体的素质和能力层面,而且要落实在主体间的规则和制度层面。

哲学社会科学领域的学术劳动应是创造性的,为此要处理好创造性研究和非创造性研究之间的关系、创新的条件和创新的目标之间的关系。哲学社会科学领域的不同学科各有分工,各有所长,但在不同意义上都应当有创新的成分(包括翻译、校点和写教材、做科普等),没有创新便不可能有高质量成果。

关于创新,要讨论的不是"要不要创新",而是"如何才能创新";重要的不是提高对创新重要性的认识,而是为真正意义上的创新营造有利条件。除了在已经很重视的理想引导、利益激励这两方面继续加大气力,我们还要在没有引起足够重视的一些方面,如工作伦理、岗位兴趣、集体荣誉感等,下更大力气。在这些方面下大力气的一个重要途径,是贯彻落实"百花齐放、百家争鸣"的重要方针。

学术研究离不开学术争论,但重要的问题不仅是争论什么,而且是如何争论。就微观的学术管理(其重点在学术内容方面)而言,要处理好学术规范与学术创新以及与之相关的专业和业余、独创和共识的关系。就宏观的学术管理(其重点在学术工作者方面)而言,要处理好学术问题和政治问题的关系、学术研究和观点宣传的关系:越是强调"研究无禁区,宣传有纪律",就越是要敞开内部渠道,鼓励意见争论,珍惜真知灼见。

在强调学术劳动是一种创造性劳动时,有必要对"话语创新"做一点分析。在我国理论界,"话语"概念已经从批判性概念转变为描述性概念,又进一步从描述性概念转变为规范性概念。这个转变过程有其正当性和复杂性。就"话语"概念而言,我们在揭露对方的思想和理论是一个背后隐藏着控制性权力的"话语"的同时,要避免因为把"话语"作为描述性概念甚至规范性概念,而从一开始就让别人把我们的思想和理论只是当作一种与权力相关的话语,而并非与真理有关的知识。

哲学社会科学工作者要承担起立德树人的光荣使命,首先要通过自己的勤劳、诚实和创新的学术劳动,成为一个有德之人。能否让自己成为一个大学者,是很没有把握的事情,但让自己成为一个好学者,则是在每个人的责任和能力范围之内的,值得我们在整个学术生涯中为之不断努力。

06 对大学通识教育的几点想法[1]

第一，中国大学的通识教育，应该博采各国高教传统之众长。

在现代世界，一个国家的高等教育体系，通常包括研究型大学、教学型大学和实用型大学三种类型。如果我们把研究型大学当作典型的现代大学的话，这里面通常也包括三个组成部分：研究生院、本科学院和专业学院。高等教育的三类学府，以及其中的研究型大学的三个部分，大致分别对应于德式的、英式的和美式的三种大学理念。

相对来说，强调研究与教学相统一的德国式大学理念，会强调通识教育的最重要内容和目标之一是培养敬畏学术、献身学术的精神。这种精神恰恰是要通过高质量的专业教育实现的。即使一般意义上的"通识教育"，也就是关于世界、文化和人生的一般知识的传授，大学教育之所以区别于公民教育，也在于它是具有相当程度的研究性的——不仅仅是这些课程应该是由对课程内容有研究的教授来上，而且是指选这些课程的学生应该以研究者的姿态参与到课程中去。

通识教育所传授的不仅仅是知识，而且也是智慧，因而它不仅仅诉诸理智，而且也诉诸情感和信念。因而它的载体不仅仅是文字，甚至也不仅仅是图像和声音。大学通识教育离不开融洽的师生关系、美丽的校园环境、活泼的文化生活，都是出于这个缘故。这种意义上的通识教育，与以约翰·纽曼为代表的"英

---

[1] 本文刊于《通识教育评论》2019年第6期。

式"大学理念比较接近。

美国赠地学院传统,以及很大程度上由这种传统所构成的"教育革命",使得"服务社会"和"教育平等"成为大学理念的重要成分,使得大学承担起满足社会的工业化、民主化对于实用知识和公民能力的需要的责任。根据这种大学理念,实用知识和公民能力(以及公民德性)应该成为通识教育的重要内容,"务实"和"平等"应该成为通识教育所要培植的重要价值,面向大众的 general education(通识教育)因而得以区别于面向精英的 liberal education(博雅教育)。

中国大学的通识教育,我觉得应该博采众长,兼收并蓄。我校首任校长孟宪承在 1934 年概括现代大学理想的时候,自觉地把"品性的陶镕"和"民族和社会的发展"的理念与《礼记·学记》里表达的中国教育传统、现代中国大学师生参与社会改革的实践结合起来。蔡元培先生虽然在阐述北京大学的研究型大学理念的时候强调这个理念的西方来源(尤其是上面所说的德国大学理念),但当他在 1922 年高度评价毛泽东起草的《湖南自修大学组织大纲》的时候,说它"以学者自力研究为本旨,学术以外无他鹜的""合吾国书院与西洋研究所之长而活用之",则实际上把中国古代的书院传统与孟宪承所说的"智慧的创获"这个大学理念也密切关联起来。从这个角度讲,我们在中国推进通识教育,可以很自然地把中西教育的最佳传统结合起来。

在中国做通识教育,还必须强调马克思主义的指导。马克思主义不仅是高校工作的指导方针,也是高校通识教育的指导思想。马克思主义是关于社会进步和人的全面发展的学说,包括通识教育的整个大学教育都是以社会进步和人的全面发展为目的的,而通识教育尤其对于人的全面发展有重要意义。此外,马克思主义是人类文明的结晶,也具有与时俱进的品格,因此通识教育不仅符合马克思主义,而且本身就应该把马克思主义作为其组成部分。

第二,中国高校通识教育应该超越精英教育和平民教育之间的简单二分。

前面提到面向大众的 general education 与面向精英的 liberal education 之间的区别。从平民教育与精英教育的理念差别来谈论"普通教育"与"博雅教育"之间的区别,我想套用哲学界熟知的一个说法:否定精英价值的通识教育是空洞的,而否定平民价值的通识教育是盲目的。不同学校的通识教育当然会有不同特点,也有不同重点,但真正适合现代社会的大学通识教育,尤其是真正满足当代中国社会进步需要的大学通识教育,应该是超越平民教育和精英教育之简单二分的。

在这点上我想华东师大的通识教育是有一点特殊优势,至少是可以有一点特殊优势的。华东师大虽然不再是传统意义上的师范大学,但我还是喜欢我们的"求实创造,为人师表"的校训,因为高等教育,特别是像华东师大这样的高校的教育,确实是要培养能在社会公众面前发挥广义的"为人师表"作用的人。但正像毛泽东在给他的母校湖南第一师范的题词中所说的那样,"要做人民的先生,先做人民的学生"。自以为精英,鄙视普通人民,不愿意向人民群众学习,就不配做人民的先生——不仅是道德上不配,而且也可能是能力上不配。我的老师冯契先生有一个很著名的概念,叫作"平民化的自由人格",这是他对现代中国思想史上的"圣凡之辩"或"尊卑之辩"的精辟回答。要实现"平民化的自由人格"的育人理想,专业教育和通识教育缺一不可,而跨越不同专业、超越特定功利目的的通识教育,尤其重要。

从师范大学的育人使命出发,有助于我们对这种超越平民教育和精英教育之简单二分的通识教育,有一种简洁明了的理解。我觉得,无论是大学教育本身,还是我们作为特色和优势的教师教育和教育研究,都要求我们特别重视在学校里形成一种好的"师生关系",并且争取把这种"好的师生关系"向社会公众辐射开去。在华东师大作为一所师范大学进行通识教育,尤其可以从这个角度去理解它的意义。

好的师生关系,在我看来具有以下特点。第一是"讲道理"。师生关系的形成不是靠亲情、利益和权势,而是靠知识和道理。第二是"求进步"。很少有一种人际关系,像师生关系那样把"求进步"作为其内在原则。毛泽东给小学生题词"好好学习,天天向上",其实也是适用于大学的。第三是"有尊卑"。中华民族讲究"师道尊严",主张"尊师重教",是以承认师生之间这种尊卑关系为前提的。当然,在现代社会,承认这种意义上的尊卑,实际上也意味着承认我们每个人都有的那种基于理性和德性的尊严和高贵,承认我们在理性和德性面前根本上是人人平等的。但这种平等只有作为学习过程的结果才是现实的,在学习过程的起点上或过程中,这种平等还只是潜在的。也就是说,要把尊严和高贵从潜在的变成实际的,是要通过修养、学习、努力才能得到的。第四是"重学习"。中华民族历来特别重视学习,这是师生关系在中国之所以那么重要的最重要理由。而且,正如孔子所说:"好仁不好学,其蔽也愚;好知不好学,其蔽也荡;好信不好学,其蔽也贼;好直不好学,其蔽也绞;好勇不好学,其蔽也乱;好刚不好学,其蔽也狂。"也就是说,人身上的很多优点,如果离开了"好学"的话,是会变成缺点的。教育的目的并不只是应培养"好人",而是要培养"成人",而这一点必须靠学习来实现。套用曾经很著名的一个说法,只有"讲学习",才能懂得如何以恰当的方式处理好往往会发生矛盾的"讲正气"和"讲政治"之间的关系。

我希望,通识教育在华东师大除了要实现在其他高校同样的有关知识传授、能力训练尤其是价值培育的功能之外,还应该着力在校园形成以讲道理、求上进、有尊卑、重学习为特点的人际关系,并且努力让这样的人际关系向校园之外辐射,从而使得从华东师大校门走出的人们,在如习近平总书记在十九大报告中所要求的"培育自尊自信、理性平和、积极向上的社会心态"的工作当中,也能起到"为人师表"的作用。

第三,通识教育当中的经典阅读应该体现高校育人目标之下特有的问题意识。

通识教育不局限于经典阅读,但经典阅读确实是通识教育的一种重要方式,因为阅读经典就是阅读者对自己所属共同体的最优秀成员的倾听;经受以阅读经典为核心内容的通识教育,就是让年轻的心灵经过倾听而不仅仅是言说,分享而不仅仅是创造,通过充实和反省、思考和行动,而得到健康的成长和成熟。

经典阅读是重要的,经典内容的多样性、互补性、启发性和开放性,也是重要的。仅仅抽象地说,古与今的经典就是缺一不可的,中与外的经典也是缺一不可的。衡量"缺"不"缺"的标准,是当代中国高校培养目标下凸显出来的问题意识。

整个中国教育体系的育人目标都是培养德智体美劳全面发展的社会主义

建设者和接班人,而高等学校的育人目标,应该是培养具有上述品质和能力的充满年轻活力的成熟人格。为帮助大学生实现从比较不成熟到比较成熟的转化,通识教育中的经典阅读要针对年轻学子们在这个成长过程中的实际的精神需要,针对他们实际的思想问题。青年学生日新月异地成长着,不可避免地有一个自我之"认同"的问题。青年学生走出家庭、来到校园并准备走向社会,势必有一个社会之"规范"的问题。青年学生对自己生活于其中的乡村和城市,对自己从书本上了解的故土和异乡,充满着好奇和疑惑,因此就有一个世界之"意义"的问题。经典阅读要履行世俗意义上的精神教育的职能,就必须帮助青年学生顺利地形成认同、内化规范、理解意义,使他们今后能作为一个独一无二的个体在一个团结和谐的社会中生活和工作,在大千世界中体会到意义和美妙。满足这种意义上的精神需求,既是满足青年学生在特定时代、特定社会、特定年龄阶段的现实需求,也是满足他们作为成长中的人类个体所拥有的共同的永恒的需求。

正是从这个角度来说,经历数千年检验、得到几十代人肯定的文学作品、史学典籍和哲学论著,是青年学生最好的精神养料——当然,需要强调的是,要使历代经典在当代校园发挥这样的作用,千万不能忘记把这些典籍扎扎实实地放在读者们所生活于其中的当代语境当中。毕竟,对我们和我们的学生来说,"我是谁"的问题,"我应该怎样行动"的问题,"这世界对我意味着什么"的问题,都是发生在我们这个经济全球化、交往信息化、文化多样化和各国人民未来命运一体化的当代世界之中的。

再具体一点地说,我尤其想强调经典著作的多样性对于满足不同处境的人们和不同阶段的人生的不同需要的重要性,以及对于满足同一个人或同一个群体的不同方面的需要的重要性。李大钊曾经于1923年4月在复旦大学做讲演,其中的一些论述,对我们今天的通识教育也很有启发。李大钊说:"人们要过优美的、高尚的生活,必须要有内心的修养。史学、哲学和文学都与人生有密切的关系,并且都有他们的好处,从不同的研究,可以得到相同的结果,与我们以不同的修养。"李大钊认为,文学教我们"发扬蹈厉",史学教我们"踏实审慎",哲学教我们"扼要达观",而这"三者交相为用,可以使我们精神上得一种平均的调和的训练与修养"。我曾在给学生的讲课中引用了我自己的老师冯契先生在 63 岁、76 岁和 80 岁时给友人的信中的三段话,对其中"价值""理想"和"责任"三个概念做了一点发挥。这三个概念的丰富含义,对于年轻学子来说,如果不通过大量经典阅读,只通过听讲座,谈体会,是无法真正理解的。

通识教育中阅读选自不同学科、不同文化、不同时代和不同思想传统的伟大经典的重要性,我还想借助于冯契对古今中西的一些比较来做一点说明。冯契珍视中国哲学的辩证思维遗产,但认为它只有与西方已经相当发达的实证科学和形式逻辑结合起来,才能成为现代意义上的科学方法,并且避免蜕变成空话和诡辩;冯契重视西方哲学所强调的"自愿原则",但不仅强调自愿的意志选择要获得自觉的理性指导,而且认为意志的专一性或坚定性品格与意志的自愿性品格缺一不可。冯契认同中国文化的理性传统,但提出不但要防止"以理杀人"的独断主义,而且要防止因为克服独断主义而走向虚无主义,尤其要防止独断主义的唯我独尊与虚无主义的没有操守的独特结合:拿独断主义吓唬别人,拿虚无主义纵容自己。冯契先生的这些观点,是他自己研读古今中外大量典籍,思考其中包含的大量问题的结果;通识教育的一个重要内容,是引导学生在自己所处的特定语境中跟随前辈和老师进行阅读和思考,从所读所思当中逐渐获得他们自己的经得起批判推敲的意见、观点和立场。

07 "教师与学生同成长"的最重要环节[1]

高校的中心任务是"人才培养"。根据"师生与学校共发展,教师与学生同成长"的办学理念,广义的"人才培养"工作既包括学生思政工作,也包括教师思政工作,教师思政工作可以说是确保"教师与学生同成长"的最重要环节。

习近平总书记在论述社会主义核心价值观培育和践行时,在论述党风廉政建设时,经常强调"关键少数"的作用,这对于我们在高校做思想政治工作有重要启发。从某种意义上说,教师不仅在社会上,而且在校园内,都是"关键少数"。华东师大的校训"求实创造,为人师表",不仅是对每一位学生尤其是师范生的要求,而且首先是对每一位教师的要求,尤其是对教师中的党员的要求。教师中的党员甚至可以说是"关键少数"中的关键少数。做好教师思政工作的关键,就是发挥好上述意义上的"关键少数"的作用。

"关键少数"不仅是一个描述性的概念,而且是一个规范性的概念。真正称得上"关键少数"的人,不仅要有符合一些客观的经验性的身份标准,而且要符合一些经过努力才能达到的规范性的身份标准。教师思政工作的目的,就是要教师们真正符合"为人师表"的要求,让党员教师真正符合"先锋队成员"的标准。

"关键少数"的示范作用发挥得好,"立德树人"就会事半功倍,因为对道德意义上的学习或成长来说,最重要的不是有关行为的知识的获得,而是行为标

---

[1] 本文刊于《文汇报》2018年9月10日"文汇时评"栏目,发表时稍有改动。

准、行为习惯和行为爱好的树立和养成,是把普遍规范运用于特殊情境的能力和技艺的培育和训练,而这种树立或培育的最佳途径,是发挥具有说服力和感染力的活生生的榜样的作用,或者说,是让人们心悦诚服地接受合适榜样的现身说法、言传身教。做好教师思政工作,就像做好学生思政工作一样,发挥榜样的作用,发挥像黄大年、钟扬和我校陈吉余、何积丰等优秀教师的先进典型示范作用,特别重要。

"关键少数"不仅是一种责任,而且是一种荣誉。激发党员教师乃至全体教师的荣誉感,是教师思政工作的最重要途径。在党风廉政建设中,虽然通常的工作推进步骤依次是让人"不敢腐"、让人"不能腐"、让人"不想腐",但在那些职业尊严普遍比较高的人群中,通过强有力措施来激励和维护职业尊严感,其中既包括用强有力措施来荣耀这种群体的杰出成员,也包括用强有力措施来惩戒"害群之马",从一开始就让人出于职业尊严感和人格尊严感而普遍地、持久地"不想腐",是党风廉政的最有效途径。同样,在教师这样一个理应特别受人尊敬的群体中,尤其在中国这个有尊师重道悠久传统的国家里,让教师们出于职业尊严感、人格尊严感和对于民族福祉、人类进步的使命感而普遍地、持久地"不想渎职""不愿庸俗""不甘堕落",也是师德师风建设等工作的最有效途径。

"关键少数"的荣誉感是与责任感相联系的,而责任感的唤起、加强和维系,是与特定责任的实实在在履行连在一起的。对于教师来说,再高的物质待遇和精神地位,都不能代替他们在学生那里感受到的发自内心的好奇、羡慕、爱戴、模仿和崇敬。孟子之所以把"得天下英才而教育之"作为"君子三乐"之一,之所以把这条列在"仰不愧于天,俯不怍于人"之后,就是这个道理。同样,我们通常所说的"教学相长",也不仅仅适用于智育——如孟宪承先生曾引用英国怀特海的话说的那样,"大学的存在,就是为结合老成和少壮,而谋成熟的知识与生命的热情的融合";"教学相长"的道理,同样(甚至更加)适用于德育——借用梅贻琦先生的比喻:"学校犹水也,师生犹鱼也,其行动犹游泳也,大鱼前导,小鱼尾随,是从游也。"大鱼带着小鱼游,不仅会使小鱼更快学会游泳,而且会使大鱼更加享受游泳,会使大鱼游得更加自如、更加快乐、更加持久。让教师们尤其是青年教师们在任课教师、研究生导师、辅导员等身份之外,还以"班主任""书院导师""双创顾问"等身份积极参与各个环节的学生思政工作,不仅有助于做好学生思政工作,而且有助于做好教师思政工作。套用一个经常使用的比喻:教师参与教书育人、立德树人的亲身实践,看上去只是"大手"在牵着"小手",但实际上"小手"也在领着"大手",因为"大手"在牵着"小手"的同时,也牵着更多的荣誉感、尊严感和责任感,因此可以说经过手中的"小手",自己也被一只更大、更温暖、更有力的无形"大手"牵着。

08　在新时代实现老校长的心愿[1]

把书院作为本科生教育的一个主要平台,是我校近年来人才培养模式改革的一项重要举措。新时代人才培养的目的,说到底是为同学们(如习近平总书记所说的)"在实现中国梦的伟大实践中创造自己的精彩人生"做好准备;为了实现这个目的,孟宪承书院的师生们凭借自己的理想、勇气和智慧,把 2012 年以来的书院建设历程,也书写成了一个精彩故事。本书的作者们都是这个故事的主角;从他们对《我和书院的故事》的书写中,我们可以清晰地看到,为孟院本科生未来"精彩人生"所做的"准备"过程,本身就是同学们和他们的老师们、辅导员们"精彩人生"的重要篇章。

以孟宪承老校长来命名我校的第一个书院,是学校对这个书院寄予厚望的一个重要象征。孟宪承不仅是于 1951 年 10 月宣布成立的华东师大的首任校长,也不仅是我校的两所前身学校——成立于 1879 年的上海圣约翰大学和成立于 1925 年的光华大学——的骨干教授,他还是 1942 年由当时的民国政府公布的首批 28 位"部聘教授"中唯一的教育学家。在 1934 年由商务印书馆出版的《大学教育》一书中,孟宪承对现代大学精神做了精辟表述——"智慧的创获""品性的陶镕"和"民族和社会的发展"。从某种意义上说,在全校师生当中,孟宪承书院的师生们对继承和发扬学校的这份宝贵精神遗产,具备着更好的条件,也承担着更大的责任。

---

[1] 本文是《我和书院的故事》一书的序言。

对于孟宪承书院的师生们来说，孟校长对"品性的陶镕"的论述，可能是印象最深的。孟校长说："大学是一个学校，师生应该有学校的群体生活。而且，从来大学的师生，被当作社会的知识上最优秀的分子(elite)，是反映着社会的最美的道德的理想的。"孟校长引用一个叫约翰·亨利·纽曼的牛津学者的话，说得更加生动："假使给我两个大学：一个没有住院生活和导师制度而只凭考试授予学位的，一个是没有教授和考试而只聚集着几辈少年，过三四个年头的学院生活的，假使要我选择其一，我毫不犹豫地选择后者。"纽曼所在的英国牛津大学，以及同样著名的英国剑桥大学，被公认为现代意义上的大学书院的起源和典范。但在孟校长看来，我国古代教育理论经典《礼记·学记》早就表达了类似的教育理念："大学之教也，时教必有正业，退息必有居学……藏焉，修焉，息焉，游焉。夫然，故安其学而亲其师，乐其友而信其道。"

孟校长若泉下有知，一定很想知道，他所推崇的这个融合了中西高等教育优秀传统的书院理念，在当代中国的条件下，在中国特色社会主义大学的办学过程中，在扎根中国大地、建设世界一流大学的实践中，会有怎样的体现，会引发怎样的探索，会得到什么高度的升华。记载了2012年以来孟宪承书院生动实践的《我和书院的故事》一书，可以看作对这个问题的生动回答。

从孟宪承书院今后的发展来看，从孟院陆续成立的(以及将来要成立的)几个书院的未来发展来看，这种回答是初步的，也是开放的，是将会在未来的书院建设中不断得到充实、更新和提升的。华东师大是一所以教师教育和教育研究为传统特色和优势的综合性研究型大学，而"为人师表"的校训精神不仅对于所有师范生，而且对于所有学生甚至所有师生都具有指导意义——从这两点来看，孟宪承书院作为一个最初以师范生为主体的书院，其发展历程和建设经验，对于全校各专业各类型的人才培养，都具有显而易见的示范和启示作用。就此而言，我尤其想借撰写这个序言的机会，向孟院同事们的辛勤劳动、创新工作和卓越贡献，表示衷心的感谢。

09　打造新时代一流的教师教育[1]

为贯彻落实《中共中央 国务院关于全面深化新时代教师队伍建设改革的意见》决策部署，教育部等五部门近日印发实施《教师教育振兴行动计划（2018—2022年）》。《计划》的发布，为振兴教师教育和培养高素质教师队伍，吹响了振奋人心的集结号。

教育是国家繁荣、民族进步的基石，是奠基工程。教师是教育发展的第一资源，具有极端重要的地位。党的十九大报告提出，"中国特色社会主义进入新时代，意味着近代以来久经磨难的中华民族迎来了从站起来、富起来到强起来的伟大飞跃"。这里所说的"强起来"具有丰富含义，它不仅指国家硬实力更强，而且指国家软实力更强；不仅指捍卫国家主权的外实力更强，而且是体现民族素质的内实力更强。在所有这些方面，尤其在增强国家软实力和民族内实力方面，传承文化和培养人才的教育事业都特别重要，教育工作的主体即教师的作用因此也特别重要。正是在这个意义上，党的十九大报告提出"建设教育强国是中华民族伟大复兴的基础工程，必须把教育事业放在优先位置"之后，明确要求"加强师德师风建设，培养高素质教师队伍，倡导全社会尊师重教"。面对加强教师队伍建设、振兴教师教育的重大工程，作为进入"双一流"建设工程的"一流大学（A）建设学校"，华东师大深感使命光荣，责任重大。

华东师大是新中国为培养百万人民教师而成立的第一所师范大学，改革开

---

[1] 本文刊于《中国教育报》2018年4月4日。

放尤其是进入新世纪以来,始终坚持在高水平综合性研究型大学的建设中确保教师教育和教育研究的重点地位。2007年,学校积极响应国家师范生公费教育政策,成立了由学校主要领导负责的教师教育改革与推进委员会,在学校层面谋划教师教育工作和统筹全校教师教育资源;2013年,启动实体化书院制改革;2014年,开始实施教育部卓越中学教师培养改革项目"德业双修的卓越中学教师开放式养成计划";2015年,建立了统筹全校教师教育资源实体性质的教师教育学院;2016年,组建华东师大基础教育集团,基本形成了集通识教育、专业教育、教师教育和养成教育于一体的卓越教师培养体系,同时还逐步实现教师教育从传统的"本科师范"向"学术本科+教育硕士"转型,进一步探索培养高层次、高质量、高素质教师教育新模式。教师教育改革探索也取得了较好成效,"基于教师专业发展理念的教师教育课程群建设"项目获国家教学成果二等奖;"着眼'卓越教师'的师范生培养模式探索与实践"项目获国家教学成果一等奖。

在贯彻落实《教师教育振兴行动计划(2018—2022年)》过程中,华东师大将进一步解放思想,总结经验,提升观念,推进实践。

教师教育必须是研究型的。在目前教师教育的本科阶段和研究生阶段同时并重的基础上,逐步加大教育硕士和教育博士培养力度。在提高未来教师文明传承能力的同时,着力加强他们的创新能力培养和创新人才培养能力的训练;要进一步加强教师教育和教育研究之间的协同,依托大教育学科平台优势,高起点高水平启动"教师教育学"学科建设,实现教师教育研究成果向教师教育实践有效转化。

教师教育必须是开放型的。要下更大力气广泛吸引既学业优秀又素质全面、既专业兴趣浓厚又发展潜力强劲的优质师范生源;要打破师范生和非师范生之间的身份壁垒,打通师范教育和非师范教育专业疆域,为各专业学生中最适教者成为最乐教者和最善教者创造条件;要充分利用各学科优质教学资源和先进教育理念,助推教师教育水平和质量提升;也要充分利用华东师大国际化办学条件,拓宽未来教师的国际视野,加强他们的跨文化交流能力,并着力培养具有在国际环境中从教能力的未来师资。

教师教育必须是服务型的。教师要能履行其在整个社会的"为人师表"使命,就必须愿意和善于为学生和公众服务。因此,教师教育必须把师德师风教育放在首位,培养"有理想信念、有道德情操、有扎实学识、有仁爱之心"的卓越教师和未来教育家。不仅要在教师教育过程中提倡服务精神,而且要履行好华东师大教师教育工作本身的服务功能:在高质量完成教师岗位职前培养任务的同时,做好教师岗位职后培训工作;在高质量完成大学本部教师教育任务的同时,做好基础教育附属学校和其他关联学校指导工作;在高质量完成本校教师教育任务的同时,做好面向全国的教师教育示范基地建设、中学校长培训中心工作和中西部相关院校对口支援工作;在高质量完成教师教育实践任务的同时,为全国教师教育事业做好实证调查、理论研究、决策咨询和质量评估等专业服务。

教师教育还必须是引领型的。要把教师教育放在华东师大落实扎根中国大地,建设一流大学的光荣任务的核心地位上,把建设"世界一流师范大学"作为华东师大的奋斗目标。要充分发挥华东师大在文理基础学科、体育艺术学科和信息科技学科等方面的学科优势,在一流教师教育专业建设和一流相关领域学科发展之间建立更加密切的联系,让它们在声誉、资源和专业力量方面形成良性互动,让教师教育在推动学校整体发展的同时,从"双一流"建设最新成果中不断获益。要把"一流专业教育"与"一流教师教育"结合起来,把教师教育领域内容创新与方法创新结合起来,把理论创新和实践创新结合起来,脚踏实地为培养造就党和人民满意的师德高尚、业务精湛、结构合理、充满活力的高素质专业化创新型教师队伍贡献自己的力量。

10   大学应让人感受思想的魅力[1]

前几天,华东师大邀请原中国工程院院长、上海市的老市长徐匡迪与学生进行对话,并请教育界和教育学界的知名专家进行讨论,活动主题为"智慧点亮城市"。现在,我们举行为期十天的首届思勉人文思想节,主题是"思想改变世界",两个活动都是想把华东师大的校庆办成智慧和思想的庆典。

马克思有句名言:"哲学家们只是用不同的方式解释世界,而问题在于改变世界。"前几天,我在跟国外一位同行写信时说:"我调动工作了,我的工作从主要是解释世界转成主要是改变世界了。"马克思把解释世界、改变世界区分开来,并且强调改变世界的重要性。我完全同意,但是我想补充一句,当我们作为一个哲学家、学者、文化人,作为某一领域的专家谈论改变世界的时候,当我们在当前这个知识经济的时代、体验经济的时代、互联网的时代、符号消费或者文化消费的比重越来越超过实物消费的时代,来谈论改变世界的时候,应该看到,改变世界的一种方式,恐怕恰恰就是解释世界。学术之所以重要,学者之所以重要,学术活动之所以重要,可以从这个角度来加以理解。

然而,思想要能够真正改变世界,它必须是以学术作为基础的。前辈王元化先生在1990年代有一个非常重要的思想——就是我们要有"有学术的思想"和"有思想的学术",也就是说把"思想"和"学术"统一起来。从某种意义上讲,

---

[1] 本文是作者2011年10月10日为华东师大首届思勉人文思想节所做的开幕致辞,经姜泓冰整理和编辑后发表在《人民日报》2011年10月20日。

在我们这个时代,最不缺少的是思想,最缺少的大概也是思想。

说最不缺少的是思想,大家可以从无数的博客文章、微博文章中,从互联网中,看到无穷无尽的意见、无穷无尽的观点,每天都有大量的问题引出大量的思想。我常常赞叹许多不知名作者写的微博文章,它们具有很高明的思想。但从另外一个角度来讲,我们这个时代最缺的也是思想。因为真正意义上的思想,配得上我们这个时代、我们这个民族的思想,恐怕不是有感而发的东西,不是一时兴起的表达,而是要有扎实的学术研究作为支撑的,要有严格的学术论证作为基础的。学者的意见之所以值得重视,是因为它们不仅仅是"意见",而是有待论证的假说,是已经经过了一定程度的推敲和检验的论点。我们举办思想节的目的,就老师和学者来说,就是通过表达出来的思想来展示思想背后的学术力量;从学生来讲,我希望有更多的同学不仅分享讲演者的思想,而且通过感受思想的魅力而进入学术的殿堂,准备从事学术这一崇高的事业。

要提供有学术的思想,或者说要形成有学术的思想,必须做大量阅读、做很多思考、下很多苦功夫。同时,真正的思想又是有吸引力的,是能够给人快乐的。一方面,读书人的最大快乐是通过学习而获得的。另一方面,如果在你学习、做学问的过程中,不享受快乐,这个学问就不是真正的学问。大学里举办思想节,也是让同学们有这样一个机会来感受学术、思想的快乐,让我们在一个节庆的气氛当中体会学术和思想的魅力。

正因为有这样一种魅力,有这样一种学术和思想的结合,21世纪的中国和一百年以前、一百五十年以前的中华民族是完全不一样的了,虽然还存在许许多多问题。今天正好是辛亥百年,所以,我稍微讲几句孙中山先生是怎么读书的。这是我在网上找来的资料,在这里借用一下。孙中山先生曾有个绰号——"孙大炮"。这个绰号显然是有点贬义的,说他"爱吹牛",或者说只会说大话。胡适先生由此也认为孙中山能说会道,肚子里学问不一定多。但是有一次他去拜访孙中山先生之后,却改变了想法。那次拜访,两人先坐了一会儿,后来孙中山有事走开一段时间,胡适等了一会儿后就站起来,去翻孙中山放在书架上的书,看看这些书放在那里是不是摆样子。他抽了一本看看,里面写满了批注,又抽了第二本,也是写满了批注。他一连抽了好几本,都是这样。回来后,胡适对人讲:"孙先生可是一门不可轻视的大炮!"

  今年又是中国共产党建党九十周年。中国共产党的创始人之一李大钊先生是北大的教授、图书馆主任,是管书的,也读了许多书。大家去看李大钊文集,就会看到他的读书之勤。他对文史哲的重要性有非常好的见解。我念一段他的话:"凡一种学问,必于实际有用处,文学、史学都是如此。但是,用处是多方面的。得到了一种知识,以此知识为根据去解决一种问题是用处;以所有的学识成一著作与学术界相商榷,以期得到一个是处,也是用处。"得到一个是处,这本身是一个用处,这个见解是非常高明的。但是,李大钊接下去说:"最要紧的用处,是用它来帮助我们人生的修养,却有极大的关系。人们要过优美的、高尚的生活,必须要有内心的修养。史学、哲学和文学都与人生有密切的关系,并且都有他们的好处,从不同的研究,可以得到相同的结果,与我们以不同的修养。"

  在辛亥百年之后,在中国共产党建党九十周年之后来回顾我们中华民族不同的学术传统和政治派别,可以发现,在对人文学术的理解方面,其实是有很多深层次的共识的。这里,我分别说两段孙中山先生和李大钊先生关于学术的理解。孙中山先生在1923年元旦发表的《中国国民党宣言》中有一段话,虽然不是在讲学术,但对今天我们理解学术颇有启发:"内审中国之情势,外察世界之潮流,兼收众长,益以新创。"李大钊先生则谈到了新旧思潮的冲突和矛盾,他认为新旧思潮的冲突其实本身不是问题,成问题的是这些思潮是不是讲道理。如果双方都讲道理,那么这种思潮的争论是非常有价值的。李大钊先生希望这两种思潮"一面要有容人并存的雅量,一面更要有自信独守的坚操"。这对我们今天做学问也是一个很好的启示。

11 "学术共同体"之所以不同于"学术领域"[1]

尊敬的各位嘉宾:下午好!

"思想改变世界,人文塑造心灵",第三届思勉人文思想节就要开幕了。我谨代表华东师范大学党委、行政班子领导,向思想节的开幕表示热烈的祝贺,向各位来宾的到来表示诚挚的欢迎!

记得是2011年10月10日,"首届思勉人文思想节"开幕的时候,我在开幕致辞中谈了"思想"和"学术"的关系。今天我想讲讲"学术领域"和"学术共同体"的关系。

"学术领域"和"学术共同体"这两个概念,顾名思义,都与学术研究有关。"学术领域"告诉我们有关学术研究的"做什么",而"学术共同体"告诉我们有关学术研究的"谁在做"。

单就学术领域而言,是一群人在解题,还是一组或若干组集成电路在解题,并没有原则区别。当然,现在的计算机还不能代替人来进行真正具有创造性的思维,虽然它最高运算速度已经达到几十个千万亿次;但即便哪一天计算机能进行创造性思维了,我还是认为,一群这样的计算机虽然能够在一个学术领域中工作,却无法在学术共同体当中工作。

理由很简单,学术共同体是社会共同体的一种类型;或者说,一个特定的学术共同体,从一个研究院,到一个课题组,是整个社会共同体当中的一分子。就

---

[1] 本文是2015年5月6日作者在第三届思勉人文思想节上的开幕致辞。

像社会共同体只能由活生生的人来构成一样,学术共同体也只能由活生生的人所组成,由一个个活生生的老少学者、男女同行所组成,由一个个活生生的大学老师和大学同学所构成。

之所以要区别"学术领域"和"学术共同体",是因为我们可能都有这样一种体会:我们的学术工作的意义,不仅对于我们所属的学术领域有意义,而且对于我们所属的学术共同体有意义;衡量学术工作的意义的参照系,不仅是他或她所在的那个学术领域,而且是他或她所在的那个学术共同体。

对于"学术领域"来说,最重要的是学术工作的结果,而不是学术工作的过程;对于"学术共同体"来说,学术工作的过程与学术工作的结果同样重要,或许更为重要。

对于"学术领域"来说,最重要的是科学研究,而不是人才培养;对于"学术共同体"来说,人才培养与科学研究同样重要,或许更为重要。

对于"学术领域"来说,最重要的是哲学家卡尔·波普尔所说的客观精神的"世界3";而对于"学术共同体"来说,生活于"世界1"即物理世界中的活生生的人们的生命体验,或者说这些人们在主观精神的"世界2"中发生的认知评价、喜怒哀乐,具有最重要的价值。因为正是这些体验,决定了我们的个体生命有没有尊严、我们的有限生命具何种意义。一个不仅让我们自己的生命更有意义、更有尊严,而且让我们的同胞的生命因为我们的工作而更有意义、更有尊严的学术共同体,是中华民族伟大复兴的"中国梦"的题中应有之义。

今天开幕的思勉人文思想节,是思勉院这个学术共同体的重要活动,也是华东师大作为一个学术共同体的重要活动。思勉高研院以现代学术大家吕思勉先生的名字命名,它是我校重点建设的高等人文研究机构。几年来,思勉高研院通过一系列高端学术活动,展示了有思想的学术和有学术的思想的创造活力,也展示了传统文化与现代方法相结合的独特魅力。

大学校园是年轻学子们求学问道的地方,也是各位同学体验生命乐趣的地方。你们不仅要学会在学术领域当中探索、耕耘,而且要学会在学术共同体中生活、分享。今天开幕、下周三闭幕的第三届思勉人文思想节,请来了许多你们平时只在书本里、屏幕上和老师同学言谈间才能相遇的著名学者。我在这里感谢他们拨冗出席,感谢他们为我校师生提供一道道人文大餐,也希望同学们通过参加思想节的丰富多彩的活动,不仅对人文学术领域独有的问题和范式有更深入的理解,而且对身为人文学术共同体成员的荣幸和责任有更具体的感受。

昨天晚上,我收到挪威卑尔根大学 G.希尔贝克(Gunnar Skirbekk)教授的一封邮件,我觉得与今天的思想节,与我的致辞,有点关系,我在这里与大家分享一下希尔贝克教授邮件的主要内容,是德国哲学家尤根·哈贝马斯对希尔贝克的一部极为成功的哲学教科书的评价;顺便说一下,我和郁振华、刘进有幸成为这本书的译者。

哈贝马斯写道:

I have read Gunnar Skirbekk's History of Philosophy in the first German translation of 1993 — it was a translation from the fourth Norwegien edition of 1987. These dates alone are telling. There are good reasons for the fact, that these two volumes are both best-sellers and long-sellers: they present us with the most interesting and innovative history of Western Philosophy I know of. The author is an original mind who never writes in the style of a mere history of ideas but presents each of them as a result of interconnected problem-solving processes.

哈贝马斯夸奖希尔贝克的两卷本哲学史著作是一本既畅销又长销的著作,夸奖他是一位具有原创力的思想者,说他写的不仅仅是一部思想史,而是一系列的相互交织的解决问题的过程。

借用哈贝马斯的话,我希望,通过参与思想节的活动,同学们能享受在这里所发生的一个个 original minds(原创的心灵们)向我们展示的充满美感的智力活动,能更加胜任今后可能加入的一个一个 interconnected problem-solving processes(相互关联的解决问题过程),能不仅成为那些 best-sellers and long-sellers(畅销书和长销书)的更好的阅读者,而且成为这类经典著作的未来的书写者。

到了那一天,在你们写完一本自己觉得是 THE book 的书的时候,请别忘了在书的前言或后记提一下:2015 年 5 月 6 日下午,第三届思勉人文思想节隆重开幕。

谢谢大家。

12 人文学科要为中华民族"内实力"和"软实力"也"强起来"做出特有贡献[1]

尊敬的各位老师、各位同学：

大家上午好！

第五届思勉人文思想节即将开幕，我谨代表华东师范大学，向本届思想节的开幕表示热烈的祝贺。

人文学术在华东师范大学教学研究的整体格局中，具有特殊地位。自华东师大的前身大夏大学、光华大学等算起，近百年来，这里涌现了一大批真正的思想者和人文学术大家。吕思勉、冯契、陈旭麓、王元化、施蛰存等大师的身影，并未离我们远去，他们在各自学科中所做出的杰出贡献，是华东师大人文学术传统中最值得珍视的部分，也一直召唤着一代又一代的人文学者，在新的领域进行持续不断的耕耘和创造。

人文学科的繁荣，既要扎根本土，又要适应环境。本次思勉人文思想节，是中共十九大宣布"中国特色社会主义进入新时代"以后的第一次思想节；在新的语境下，人文学科建设有了新使命，思勉人文思想节也有了新意义。

在党的十九大上，习近平总书记说："中国特色社会主义进入新时代，意味着近代以来久经磨难的中华民族迎来了从站起来、富起来到强起来的伟大飞跃。"

---

[1] 本文是2019年4月5日作者在第五届思勉人文思想节上的开幕致辞。

"强起来"的第一个意思,当然是指国家的"硬实力"更强大,也就是我国的经济实力、科技实力、国防实力和综合国力更加强大。就这层意思上的"强起来"而言,人文学科的贡献比较间接,那就是通过人文学者的努力,尽可能使为实现这些目标做直接贡献的人们,工作得更有目标,生活得更有意义。

但"强起来"还有第二层意思,它不仅指"硬实力"更强,而且指"软实力"更强,其含义与通常所说的"文化自信"大致重合。在这个意义上,人文学科可以做的贡献比较直接;人文学科领域有更多更好的创造,本身就会是我们国家的文化软实力得到加强、我们人民的文化自信得到增强的关键性标志。

"强起来"还有第三层意思,它不仅指国家的外力更强大,而且指人民的内心更强大。我们通常所说的"人民对美好生活的向往",不仅仅指向更加富裕的物质生活,而且指向更加公平的社会生活、更加繁荣的文化生活,尤其是更有尊严的精神生活。

高校的全部工作,人才培养、科学研究、社会服务,而不仅仅是文化传承创新,都要为实现上述意义上的"强起来",做出自己应有的贡献。

我们正处在知识经济时代,那么,我们如何在用知识创造越来越多财富的同时,通过高校的人才培养功能,去阻断而不是强化贫困代际传递?

我们正处在信息科技时代,那么,我们如何在信息科技让我们步伐越来越快、足迹越来越远的同时,通过高校的科学研究功能,去缩小而不是拉大不同地区和不同人群之间的隔阂?

我们正面临人工智能之水平的迅速提高和运用的迅速推广,那么,我们如何在让机器人替我们承担越来越多工作的同时,通过高校的社会服务功能,去温暖而不是冷却人与人之间的关系?

我们即将迎来全面建成小康社会的决定性胜利,那么,我们如何在告别物质贫困以后,通过高校的文化传承创新功能,不仅给人以更强的物质力量,而且给人以更强的精神力量?

要为解决上述四个问题做出贡献,高校的每个学科都有用武之地。相对来说,人文学科对于实际解决上述问题,很大程度上就像是开战前的宣传队、战斗中的补给队和战场上的卫生队,为中国特色社会主义建设主力军的官兵们鼓舞士气、补充能量、治疗创伤。

但我想强调的是,人文学科的最重要职能与其说是实际地解决上述问题,不如说是深刻地理解上述问题,以及明确地提出上述问题。提出问题是解决问题的一半;当代社会条件下有关代际公平、群际沟通、人际温情和自我认同的种种问题,如果能得到及时发现,如果能找到清晰表述,如果能引起普遍重视,那么,问题的解决,也就为时不远了。

要承担起在当代世界感知重大问题、表述重大问题和聚焦重大问题的职能,人文学科不能离群索居,不能抱残守缺,不能对科学技术的迅猛发展视而不见,不能对生活方式的深刻转型麻木不仁。新技术是当今社会许多问题之所以发生的重要根源,新技术也是当今社会许多问题之得到感知、表述和解决的宝贵资源;人文学科要对中华民族精神世界"强起来"有所贡献,必须与新技术密切结合,必须把自己变成新人文。

我想,本届思勉人文思想节以"新技术、新人文"为主题,恐怕就是出于这方面的考虑。

"新人文"不可能限于单一的学科,它要求我们打破学科间的壁垒,跨越学科间的界限。思勉人文高等研究院正是这样一个跨学科的研究平台。自2007年成立之时起,以吕思勉先生命名的这个研究机构一直是我校着力打造的一块人文学科的学术高地,同时,它也以培养、积蓄真正的优秀研究人才为目标,致力于人文学术的长远发展。与自然科学和社会科学相比,人文学术的发展程度,在更大程度上取决于能否形成一个有特色、可持续的学术传统,能否造就一批真正具有原创力的学术大家,以及能否吸引和影响一代代最优秀的年轻学子。

由思勉人文高等研究院主办的两年一届的人文思想节,可以说是基于上述理解在人文学术发展方面所做的一个有益的尝试。

在接下来的12天里,思勉人文思想节将带给我们全新的思想体验,它将以8场名家演讲、3个主题论坛、1场新作研讨和2部话剧演出充分展示"数字时代的新人文"的魅力,彰显对于"中国智慧与人类未来"的深刻思考,60多位作家、学者、评论家将贡献他们不同凡响的精彩见解。

最后,我预祝第五届思勉人文思想节取得圆满成功,也希望在座的各位老师和同学们在今后的12天里,能尽情享受思勉人文高研院带给我们的这一场思想和学术的盛宴。

13 发扬和建构中国高等教育的最佳传统[1]

习近平总书记今年五四在北大考察时,提出"办好中国的世界一流大学,必须有中国特色"的要求。我校参与建设的上海纽约大学,在其主页上说是以"汲取中美这两种不同高等教育的最佳传统"作为其核心理念的。总书记和上纽大从不同角度向我们提出了同一个问题:在建设中国特色优秀大学的过程中,什么是我们要充分发扬的中国高等教育的最佳传统?

从我校及其前身学校的校训来看,从上海圣约翰大学的"学而不思则罔,思而不学则殆",经过大夏大学的"自强不息"和光华大学的"格致诚正",再到我们自己的"求实创造,为人师表",中国土地上的这些现代高等学府,其实一直在努力把来自西方的大学制度与中国本土的文化传统相结合,不同程度上形成了自身的办学特色和传统。从高等教育的先行者来看,我校首任校长孟宪承在1934年概括现代大学理想的时候,是自觉地把"品性的陶镕"和"民族和社会的发展"的理念与中国传统密切结合起来的,而蔡元培先生虽然在阐述北京大学的研究型大学理念的时候强调这个理念的西方来源,但当他在1922年高度评价毛泽东起草的《湖南自修大学组织大纲》的时候,说它"以学者自力研究为本旨,学术以外无他鹜的""合吾国书院与西洋研究所之长而活用之",则实际上把中国古代的书院传统与"智慧的创获"这个大学理念也密切关联了起来。

---

[1] 本文的基础是2014年6月11日作者在华东师大党委中心组学习会上做的报告,稿子整理后刊登于《华东师范大学》校报上。

那么,我们应如何发扬中国高等教育的最佳传统呢?我认为要处理好三个层面的关系。

首先是"学习"与"贡献"。以虚心学习为基础争取对人类有所贡献,以有所贡献为志向而真正有效地学习。同样是在今年5月,习近平同志在北京说"办好中国的世界一流大学,必须有中国特色",在上海说"中国要永远做一个学习大国",这两者在根本上是高度统一的:"我们要认真吸收世界上先进的办学治学经验,更要遵循教育规律,扎根中国大地办大学。"

其次是"做人"和"做事"。即使在我们的高等教育传统还未完全成型的时候,中国人就已经可以通过个人修养和事业成就对全人类的高等教育事业有所贡献。比如容闳,这位中国留学第一人虽然思想和行为都深受西方影响,但其修养和品行却赢得国际友人对中华民族的高度评价:"一个能够产生这样人物的国家,就能够成就伟大的事业。"再如邓稼先,我非常赞同杨振宁先生对这位两弹元勋的评价:"邓稼先是中国几千年传统文化所孕育出来的有最高奉献精神的儿子。""邓稼先是中国共产党的理想党员。"当前,在国际合作办学的过程中,我们可能会使用西方的课程,甚至使用西方的语言,但我方师生所展现的品格,所创造的成果,也在时时告诉我们的合作伙伴,"究竟怎样的是中国人"(鲁迅语)。

第三,制度和文化。中国特色的优秀大学,要靠具有中国特色的现代大学制度予以保障,尤其要通过制度建设和文化培育的互补努力,来确保人才培养的中心地位,来处理好党政学之间的横向关系和校院系之间的纵向关系,来搞好学术共同体的自身建设。在这个过程中,我们既要维护办学的政治前提,又要发挥办学的政治优势,尤其要重视通过发挥办学的政治优势来真正有效地维护办学的政治前提;要处理好追求卓越与维护和谐这两个目标的关系,如总书记要求的"在落细、落小、落实上下功夫",通过制度安排和日常实践,使全校师生在耳濡目染中感知并践行社会主义核心价值观。

上面两个问题,有关中国高等教育最佳传统的"是什么"的问题和"如何做"的问题,要真正回答好,其实都要求我们把对传统的"发扬"与对传统的"建构"结合起来。目前,我们真正能够自信地向外人推介、让后人传承的高等教育传统,应该说尚在建构当中;在这种情况下,发扬传统的实质是建构传统,建构传统的前提是发扬传统。中国人的尚贤好学、尊师重教、经世致用、因材施教、有教无类等优秀传统,是中华民族在总体上所具有的"尚贤的民本主义""重情的团体主义""务实的理想主义""辩证的理性主义"和"好学的世界主义"等优秀传统在教育领域的体现,而这些传统其实都要靠我们细心呵护才能永葆活力。要处理好这些传统当中所包含的各对关系,避免顾此失彼或从一个极端走向另一个极端,就要通过更新这些传统来延续这些传统。

以"经世致用"为例,陈寅恪早年在哈佛留学时就指出,国人"唯重实用,不究虚理"的传统既有长处也有短处;对科学研究来说,这种传统的消极作用尤其值得关注。但同样是面对这个传统,身为北大教授的中国共产党主要创始人之一李大钊,却注重对它的重新阐释,既肯定"凡一种学问,必于实际有用处",又强调"用处是多方面的"。我非常赞同李大钊对"用处"的全面理解,他其实是从"物我关系"方面强调"得到了一种知识,以此知识为根据去解决一种问题";在"人我关系"方面强调"以所有的学识成一著作与学术界相商榷,以期得到一个是处";在"吾我关系"或"自我关系"方面强调"从不同的研究……与我们以不同的修养"。我认为在对"用处"的这种全面而深刻的诠释的基础上,我国的"经世致用"传统是完全可以对中国的高等教育和科学研究事业起到非常积极的作用的。

最后我想说的是,我们有很好的传统,但是常常丢失,而高等教育的任务,大学建设的任务,就是把我们的优秀传统辨认出来,继承下来,推广开来。

14 中国高校应当为人类文明做出更大的学术贡献[1]

高校是我国哲学社会科学的主力队伍;为了贯彻落实习近平总书记在哲学社会科学工作座谈会上的重要讲话精神,高等学校,尤其是文科比重较大的综合性大学,有必要在以下方面特别用力。

首先,用力于把问题导向和目标导向结合起来,为追求真理、服务人民而提出问题和研究问题,同时又通过高水平地解决问题和回答问题而体现政治优势和文化自信。

习近平总书记从民族复兴和人类进步、用马克思主义指导中国实践和在中国土地上发展马克思主义、对马克思主义既要反对教条主义又要反对实用主义等多个角度,论述了哲学社会科学工作的意义和任务,同时又强调哲学社会科学的研究要直面社会现实中的问题,哲学社会科学的管理要直面这个领域中的问题。从某种意义上说,这是在建党将近百年之时,对建党之初中国思想界有关"问题"与"主义"之争的又一次回答,值得我们高度重视。为贯彻落实习近平总书记重要讲话精神,我们尤其要下大力气办好马克思主义学院,加强马克思主义学科的总体建设和思想辐射,在加强马克思主义立场观点方法对各个相关学科教学科研的指导作用的同时,使马克思主义理论在吸取各个学科研究成果和提炼中国特色社会主义实践经验的基础上,得到进一步充实更新和丰富

---

[1] 本文刊于《文汇报》2016年5月27日。

发展。

其次,用力于把科学研究和人才培养统一起来,把哲学社会科学研究所获得的知识、所运用的方法和所体现的价值,作为大学教育的核心资源充分发挥作用。习近平总书记在座谈会上不仅讲了哲学社会科学领域的科学研究,而且讲了这个领域的人才培养;不仅讲了面向文科学生的专业教育,而且讲了面向全体学生的人文教育,对高校工作具有直接的指导意义。为贯彻落实习近平总书记重要讲话精神,我们在办学活动中要进一步重视哲学社会科学的作用发挥和水平提高,尤其是重视通过教师在学生面前展示的高水平的调查和研究、讲课和指导、论著和教材、启发和示范,扎扎实实地提高未来的建设者和接班人们的人文素养和理性精神。在高等教育已经进入大众教育阶段的当代中国,提升大学生的人文素养和理性精神,是为提升全民族全社会的人文素养和理性精神所采取的关键措施。

第三,用力于把学风建设与学科建设统一起来,一方面把科学理论成果和优良学术传统化为研究方法和学术德性,另一方面用更好的方法和德性促进更好的知识生产和知识传播。

习近平总书记对哲学社会科学领域存在的问题分析得很透彻,对解决这些问题的要求提得很明确。贯彻落实总书记的重要讲话精神,我们尤其要重视改善学术评价制度及其执行状况,让学术评价的正确导向通过学术评价的合理标准和正当程序而发挥作用;尤其要重视提高学术研究的队伍素质和工作能力,不仅靠个体能力和个人努力,而且靠团队合作和集体智慧,力求产生出真正能经受实践和历史检验、能获得党和人民认可的学术成果;尤其要重视知行合一、言行一致,不仅靠名家大师的个人魅力,而且靠学者群体的公共形象,包括他们在解决理论问题和实践问题、处理群己关系和义利关系、运用学术标准和遵守学术程序的过程中经受考验的学术追求和人生理想,赢得人民群众的敬重和后辈才俊的向往,并在这样的基础上加强哲学社会科学可持续发展的队伍基础和社会基础。

第四,用力于把学术事业的本土使命与国际使命统一起来,既推动中华文明创造性转化和创新性发展,又提出解决人类问题的中国方案,向世界呈现一个为人类文明做出更大学术贡献的中国。

今天的哲学社会科学的教学和科研，早已经是在国际范围内进行的了，而中国高校也无疑是我国参与国家间人文对话交流的主要力量。哲学社会科学领域国际合作的规模的增长，包括我国人文社科学者国外发表学术论著的数量的增加，必须与质量的提升相伴随。为了贯彻落实习近平总书记的重要讲话精神，为了让中国声音在世界上听得到、听得懂、听得进，我们既要运用好中国的话语权利，也要提升好中国的话语权利，在提高国际表达的内容质量的同时，改善国际表达的说话方式和传播形式，避免"说什么"所传递的信息与"怎么说"所传递的信息相互矛盾。最为重要的是要下更大力气钻研中国问题，提炼中国经验，用好中国资源，让中国智慧体现在研究的成果当中而不只是研究的前提当中，体现在今人的论著当中而不只是古人的典籍当中，体现在对重要问题的独到解答当中而不只是对别人成果的事后解释和评价当中。

1956年，毛泽东同志两次提出"中国应当对于人类有较大的贡献"。习近平总书记在哲学社会科学工作座谈会上的重要讲话，可以说是对毛泽东这句名言发表六十周年的最好纪念。毛泽东当时的期待，"进到二十一世纪的时候，中国的面目更要大变"，我们已经实现了；为了在这样的时刻既肩负起自己的世界历史责任，又牢记毛泽东在表达了"中国应当对于人类有较大的贡献"的决心之后马上做的"但是要谦虚"，"不但现在应当这样……永远应当这样"的嘱咐，我们必须通过在民族土壤上的勤勤恳恳、扎扎实实的学术耕耘，为人类文明贡献出实至名归、问心无愧的学术成果。

第二篇

谈教育

01 办好人民满意的教育必须多方用力[1]

"美好生活"有不同方面,生活之"美好"与教育之"满意"之间的关系,也要从不同方面去理解。

人生活在客观世界之中,生活在人际关系之中,生活在人生旅程之中,因此,"美好生活"涉及"物我""人我"和"自我"这三种关系,这三种关系分别构成了人的"物质生活""社会生活"和"精神生活"的核心。就"物我关系"而言,生活是否美好,既取决于生活资料是否富足,也取决于生态环境是否宜人;就"人我关系"而言,生活是否美好,既取决于人际关系是否融洽,也取决于人际比较如何进行——在人与人之间进行比较的时候,我的生活美好程度与别人的生活美好程度是相关的还是不相关的,是正相关的还是负相关的,是零和的还是非零和的。就"自我关系"而言,生活是否美好,既取决于人们对自己人生的理解是向上的还是向下的或静态的,也取决于人们对自己生活的理解是单向度的还是多向度的,是基于何种价值观念的。

目前中国教育中不让人满意的那些现象,如升学压力过重、择校压力过重、学生学业负担过重、家长陪读负担过重等,很大程度上既与客观上教育发展的不平衡不充分有关,也与主观上教育观念的不平衡不充分有关。客观上教育发展的"不充分",是指优质教育机会在面上供不应求;客观上教育发展的"不平衡",是指优质教育机会在点上供给不均、供给不公。主观上教育观念"不充

---

[1] 本文刊登于《光明日报》2018 年 4 月 3 日,转载于《新华文摘》2018 年第 12 期。

分"的一个重要表现,是把人生是否"美好"只用单一指标来衡量,并且把人生不同阶段做手段与目的的截然二分,进而基于这样的人生观来理解教育与人生的关系。主观上教育观念的"不平衡"的一个重要表现,是把社会上的人际关系普遍看作你多我少、我赢你输的零和博弈,进而从这种角度来理解社会的教育机会分配方式和自己的教育需求满足程度。

客观上教育发展的不平衡不充分对办人民满意的教育的制约性,人们谈得比较多。在这种情况下,对主观上教育观念的不平衡不充分,有必要予以足够的重视。因为,假如我们在思考"什么样的人生是美好"的问题时都只有一个衡量指标——从前往往是"学而优则贵",而今天往往是"学而优则富";假如我们只有在比别人"更富贵"的时候,才觉得自己是"真富贵"了;假如我们只是基于这样的人生观来理解教育与人生的关系,那么,我们或我们孩子的人生中的每一个进步,包括受教育过程中的每一个进步,都可能因为别人或别人家孩子有更大进步,而被抵消掉。

尤其严重的是,如果我们不仅把人生是否成功、是否美好只用对物质财富和社会地位的占有程度来衡量,还把教育是否令人满意只用它是否给我们带来更多的财富和更高的权位来判断,而且把人生旅程截然分成手段和目的两个部分,把一部分人生仅仅作为手段,把一部分人生仅仅作为目的,那么,我们更容易发现,在把自己的一部分人生或我们的孩子的一部分人生作为手段牺牲掉了之后,这种牺牲并没有为我们换来真正意义上的美好人生,原因很简单:牺牲了人生中不小部分的那个人生,已经是一种残缺的人生,而不是美好的人生。

因此,为了满足人民群众对美好生活的追求,向人民提供满意的教育,我们需要在主客观两方面同时用力。

从客观方面来说,我们要在基础教育全面普及、高等教育基本普及,职业教育迅速发展,学前教育、特殊教育、继续教育等各类教育也取得突出成绩的基础上,进一步提高教育供给的质量和效用,增加优质教育供给的数量和种类,扩大优质教育的惠及范围和服务针对性。

从主观方面来说,我们要更清楚地了解人民群众对教育的实际需求及其变化趋势。在过去的十年中,我国人民的物质生活、社会生活和精神生活水平均有了大幅进步;人民的教育需求既是这些进步的原因,也是这些进步的结果。在过去十年中,有关教育的年限和空间,教育的起点和终点,教育的内容和形式,教育的种类和品质,以及受教育的动机和目的、功能和体验,尤其是教育资源和教育机会的提供方式,教育与职业生活和日常生活的关系,等等,人民群众的理解和需求,都发生了一些重大变化。对于人民群众教育需求的这些变化,教育领域的决策者和研究者不能满足于在经验中得到印象,或满足于在思想中进行推论,而要下决心进行扎扎实实的调查研究和分析研究。

必须指出,了解人民对教育的数量、种类和质量的需求,与了解人民对食物的数量、种类和质量的需求,在方法上有很大的不同。尽管我们对自己要吃什么样的食物的需求也会受到其他人对食物的需求及其满足状况的影响,但这种影响与我们的教育需求可能受到其他人的教育需求及其满足状况的影响相比,要小得多。我们现在通常把教育列入民生领域,但教育不仅是民生问题,而且是文化问题。我们也可以说,教育更多的是一种文化消费而不是一种物质消费;教育需求更多的是对恩格斯在《自然辩证法》中所说的"享受资料"和"发展资料"的需求,而不是对"生存资料"的需求。在这种情况下,教育需求总体上是超越人的自然属性而依赖于人的社会属性的,教育需求在内容、质量和数量等方面的变化,会在很大程度上受人所处的社会文化状况的变化的影响。从这个角度说,满足人民对美好生活的教育方面的需求,比满足人民对美好生活的许多其他方面的需求,更是一种系统工程,更加需要多方用力。

从人民群众的教育观的角度来思考"让人民满意的教育"与"人民群众对美好生活的向往"之间的关系,特别要关注以下四个问题。

第一,人民看上去越"满意"的教育,会不会恰恰是越偏离真正意义上的美好生活的教育?尤其对特定地区而言,假如这个地区的人民只希望孩子考高分、进名校、挣高薪,而这个地区恰好财政状况很好,政府于是花很多钱来满足这种教育需求,那么,结果很可能就是应试教育越来越严重,素质教育、职业教育、特殊教育和继续教育等则越来越萎缩。

第二,理论上符合"美好生活"要求的教育,会不会恰恰是现实中并不让人民尤其是学生家长们"满意"的教育?比方说,有些地方政府把一些普通高校改为高级职业学院,以便适应该地区的产业需求和就业需求,但报考这些学校的学生很少,公众对这样的学习评价也不高。

第三,许多人其实是明白何种教育是真正符合"美好生活"的、是真正值得人民满意的,但为什么他们在实际生活中却常常会更愿意选择那种对他们来说并不满意的教育呢?比方说,常常可以看到一些人在会议发言时说应试教育太偏、学业负担太重,批判功利教育、教育不公,但在实际生活中,他们却往往忙着为自己的孩子或孩子的孩子择校、拜师、参加这个那个辅导班培训班。

第四,即使宏观层面上教育政策和办学思路没有问题,发生在教室里的教学活动、发生在师生间的教育行为和发生在学生间的在校生活,却仍然可能是离"满意的教育"距离甚远的。学生间的"霸凌"现象,常常是有家庭和社会方面的原因的;学生在教室里感受到的不受关心、不受尊重,也往往反映了教师的工作能力、职业素养和岗位责任心方面的种种缺憾。因此,为更美好的生活提供更满意的教育,不仅要在主观和客观两方面同时用力,而且要在宏观和微观两方面同时用力;加强和改善家长教育和教师教育,加强和改善教师队伍建设和师德师风建设,是办人民满意的教育的核心工作。

从人民群众的教育观的角度来理解"人民满意的教育"与"人民群众对美好生活的向往"之间的关系,进而解决由于教育观的不平衡不充分所造成的教育问题,需要在学生及其家长、社会及其管理部门、学校以及教育主管部门几方面同时用力。

就学生及其家长而言,要形成正确的教育观念,避免对教育目的做片面理解,避免对教育机会分配只做零和理解。同时,哪怕我们的教育目的并不是功利主义的,也不是物质主义的,不是从零和博弈的角度去看待教育机会的分配和利用,我们在教育观上仍然有一个重要工作,那就是处理好人生中的目的和手段的关系,避免把人生过程断然分为两截,一截是目的,一截是手段,把人生的一部分(青少年)贬低为只是人生的另一部分(成年)的手段甚至代价。

就社会及其管理部门而言,要形成合理的教育文化,避免加重对教育目的和教育机会的错误理解。从常理来说,如果没有外在的压力,在改革开放以来中国教育取得如此大的发展的情况下,人们对于优质教育机会的争夺,不至于长期发生激烈的零和博弈。但在当代中国,因为生活方式尤其是工作岗位的选择过分依赖于一个人是否获得优质教育机会,特别是过分依赖于一个人是否具有获得优质教育机会的外在标志——高学历文凭、名校文凭、名校的高学历文凭,等等,对优质教育机会的激烈的零和竞争就很容易成为一种常态,并没有因为优质教育资源供给的实际上越来越丰富而显得有减缓趋势。因此,对社会及其管理部门来说,为了解决因为对教育目的和教育机会的错误理解而妨碍办人民满意的教育的事业,有必要减少社会对社会成员之择优机制与社会成员的优质教育机会之获得与否的过于紧密的联系,而在择优过程中加重一个人的真才实学相对于其求学经历和文凭证书的分量。在通过有效措施为办人民满意的教育提供合适的社会条件和文化环境的同时,社会及其管理部门还应该在全社会范围大力倡导爱科学、爱劳动的社会公德和自主学习、终身学习的教育理念,从而在改善社会的择优机制的同时,改善社会成员对择优机制的适应方式。

学校以及教育主管部门是办人民满意的教育的主体,但根据上面的分析,学校以及教育主管部门对目前相当严重的使人民对教育"不满意"的问题所要承担的责任,其实并不像通常想象的那么大。在现实生活中,家长们常常是一面抱怨这所学校让孩子熬夜、吃苦,一面抱怨那所学校压力太轻、对学生不够负责;政府常常是一面谴责学校分数挂帅、排名至上,一面却为本地区出了高考状元而兴高采烈。面对这样的情况,我们有理由说,现在的教育之所以还不够让人民满意,恐怕并不是(或并不主要是)因为学校和教育主管部门太不争气,太不给力。

说这样的话,并不是要在分析中国教育还不尽如人意的原因时回避学校和教育部门应该承担的责任,而是想指出:要使中国教育从不完全令人民满意到完全令人民满意,学校和教育部门的主要责任其实并不在表层,而在更深的层次。我国已经不仅全面普及基础教育,而且即将实现高等教育普及化,因此,对社会的择优机制负有责任的人们,可以说都不仅受过教育,而且受过很好的教育;他们有什么价值观,他们对教育功能和教育机会有什么理解,直接影响了社会的择优机制会发生什么作用,影响了中国社会会有怎样的教育文化。同样,他们对社会的择优机制以何种方式加以应对,也会影响他们的孩子们所在学校的价值取向和运作倾向。当然,学校乃至整个教育部门在办人民满意的教育方面有许多工作要做,但是其中最重要的工作,可能是对学生,对未来的社会成员、政府官员和孩子家长,同时也对教育者、教育决策者和教育管理者自己,进行更加正确的价值观教育,包括更加正确的教育观教育。

02 教育现代化离不开教育决策及其研究的现代化[1]

邓小平在1983年题词"教育要面向现代化,面向世界,面向未来",其中"未来"是时间概念,"世界"是空间概念,"现代化"则是一个既包括又超越了时空概念的价值概念:它是迄今为止的中外文明的结晶,也是从今往后的人类进步的目标。尽管学术界对"现代化"的概念有多种理解,也有许多批评,但如果我们像S. N. 艾森斯塔特那样把"现代性"的核心理解为一种"深度的反思性"[2]的话,是有足够理由把"现代化"作为一个正面价值来"面向"或追求的。

这种意义上的"现代化",可以进一步理解为在汲取了数百年现代化经验教训之后形成的那种全方位的而非单向度的"理性化"。这种意义上的理性化,既要求用高效率方式来实现既定目标(如M.韦伯所说),也要求用经得起"理性法庭"审判的价值来界定目标(如恩格斯所说)。前者的典型表现是T. 帕森斯列为西方现代化进程之第一大进步的"工业革命",后者的典型表现是帕森斯列为西方现代化进程之第二大进步的"民主革命",而帕森斯列为西方现代化进程之第三大进步的"教育革命",在他看来则是为前面两次革命所追求的目标提供了最重要的实现条件:"它相当成功地获得了社会主义当中所强调的机会均等。它预设了一个市场体系,一个相对独立于政府的法律秩序,以及一个摆脱了宗

---

[1] 本文刊登于《教育发展研究》(半月刊)2015年第1期。
[2] S. N. Eisenstadt: "Multiple Modernities", in Daedalus, Winter 2000, Special Issue on Multiple Modernities, p. 3.

教和种族控制的民族国家。"[1] 对帕森斯的这个观点我们如果能赞成的话,教育促进现代化(提供理性工具)和教育自身现代化(体现理性价值),就可以看成同一个过程的两个方面。

教育与现代化之间的这两种形式的联系,在西方多多少少是以自然的方式发生的,但在中国这样一个被迫进入现代化进程的国家,这种联系的发生,则很大程度上要采取自觉的方式。毛泽东在上世纪20年代初曾明确反对B.罗素在中国倡导的把教育(以及实业)作为推动中国现代化之关键的观点,认为罗素"用教育的方法"来改造中国与世界的观点,是"理论上说得通,事实上做不到"[2]的。但在宣布新中国成立的前一天,毛泽东则明确表示,中央政府"将领导全国人民克服一切困难,进行大规模的经济建设和文化建设,扫除旧中国所留下的贫困和愚昧,逐步地改善人民的物质生活和提高人民的文化生活"[3]。

尽管新中国六十多年的教育事业都是在党和政府主导下发展的,但与中国教育服务于国家现代化这个任务相比,中国教育本身的现代化的任务,毕竟要迟一些才引起学界、公众和官方的普遍关注。[4] 这既是一种遗憾,因为教育现代化的程度不足,会妨碍对国家现代化建设的贡献;同时也是一种幸运,因为我们在今天大力推进教育现代化,一方面可以在思想认识上得益于改革开放以来有关现代化的理论研究和实践探索的丰富成果,另一方面可以在实践步骤上得益于中国经济成功在物质基础和技术条件方面形成的较好基础。

在这样的条件下来理解教育现代化,我们可以兼顾器物、制度和观念三个层次,避免仅仅从办学条件、办学体制和办学理念中某一方面来理解微观层面上的学校工作改善,也避免仅仅从资金投入、技术升级、制度改革和理念更新中

---

1 Talcott Parsons: *On Institutions and Social Evolution: Selected Writings*, Edited and with an Introduction by Leon H. Mayhew, The University of Chicago Press, Chicago and London, 1982, p. 331.
2 毛泽东:"致蔡和森等(1920年12月1日)",《毛泽东书信选集》,人民出版社,1983年,第5页。
3 毛泽东:"中国人民大团结万岁",《毛泽东文集》,第5卷,人民出版社,1996年,第348页。
4 关于这个过程,详见杨小微、孙阳、张权力:"教育现代化:从梦想走向现实",《教育科学研究》2013年第11期。

的某一角度来理解宏观层面上的教育事业进步。

在这样的条件下推进教育现代化,我们可以兼顾普及、提高和赶超三个任务,避免具体工作中"规范""创新"和"特色"之间的彼此冲突,也避免在指导思想上"公平""质量"和"活力"之间的顾此失彼。

在这样的条件下推进教育现代化,我们也可以兼顾东部、中部和西部三个板块,设法对U.贝克等人所说的"简单现代化"与"反身现代化"(reflexive modernization)的挑战[1],同时做出不同应对,避免因为在一些地区重点解决"现代化不足"的问题,而忽视在另一些地区甚至在所有地区也要开始重视"现代化不当"的问题。

在这样的条件下推进教育现代化,我们还可以对教育发展过程中的数量与质量、指标与内涵、规范与特色、统一与多样、国际性与民族性等关系问题有更全面的理解,对教育发展环境中的资本、劳动和知识的关系,对其中的国家、社会和市场的关系,乃至现实、理想和实践的关系,有更深刻的把握。

贝克等人所提出的"反身现代化"命题,其本意是指在西方社会,早先的现代化结果成了今天的现代化前提,诸如工业化、城市化、全球化、信息化等过程,在造成财富总量增加、居民生活改善、人际交往便捷和人的活动空间扩大的同时,也造成了收入不均和环境污染等各种问题、人口流动和信息安全等各方面的挑战。由于经济全球化和交往信息化的影响,起源于西方的矛盾重重的现代化进程,已经深刻影响世界各国,包括中国在内。当代中国教育要为应对这些问题和挑战提供人力资源,要为实现富强、民主、文明、和谐等国家价值提供智力支持。为了胜任这样的任务,同时也作为整个国家现代化事业的组成部分(教育发展显然不仅有助于经济建设和政治建设,而且其本身也同时属于社会建设和文化建设的范畴),中国教育本身也要经历价值上和能力上的不断更新;尤其是,它一方面要成为自由、平等、公正和法治等社会价值的示范领域,另一方面要成为勤劳、敬业、爱国、诚信等个人价值的培育园地。

---

[1] Ulrich Beck, Wolfgang Bonss and Christoph Lau: "The Theory of Reflexive: Modernization Problematic, Hypotheses and Research Programme", in *Theory, Culture & Society* 2003 (SAGE, London, Thousand Oaks and New Delhi), Vol. 20(2): 1–33.

现代化在任何国家,尤其是发展中国家都是一项极其复杂的社会工程,在中国这样一个不仅幅员辽阔、人口众多,而且传统丰富、地区差别极大的国家,尤其如此。在中国,当有些地区还处在"简单现代化"阶段的时候,有些地区却早就进入了"反身现代化"时期;由于市场经济和信息技术的作用,哪怕是"简单现代化"任务还欠债很重的那些地区,也都在不同程度上面临着"反身现代化"的机会和挑战。这就使得中国的现代化进程不仅在时空上严重参差不齐,而且在结构上极其错综复杂。同样一些概念,如"公平""效率"和"活力","人民满意的教育"和"党和人民满意的好老师",等等,在不同地区往往有大不相同的含义;同样一些任务,如教师队伍建设、教学质量提高,基础设施改造、信息技术应用,等等,在不同地区也往往有非常多样的内容。

上述意义上的教育现代化,对政府的教育决策的要求之高,是可想而知的。在当代中国的教育决策领域,超越常识、直觉和经验的"科学决策",超越个人意见和私下商量的"民主决策",尤其必要。能否实现科学决策和民主决策,在这里都不仅是领导者个人作风问题,也不仅是领导者个体能力问题。科学方法能解决技术问题,甚至能解决策略问题,但无法解决利益协调和利益取舍问题,尤其是无法解决价值导向和价值排序问题,而在教育领域,技术问题、策略问题往往是与利益问题和价值问题高度交织的。为了解决事关千家万户、千秋万代的教育发展战略问题和教育管理政策问题,必须进行跨学科的合作、多主体的协同和多资源的配置。为了解决错综复杂的利益问题和价值问题,为了发挥多方面的优势和活力,我们要全面了解城乡居民的心态和意见,有效集中群众和专家的智慧,而面对众多群体的不同想法,面对理解这些想法的多个角度,也需要把民主与科学结合起来,一方面让科学具有人文关怀,仔细回应各种需求,另一方面让民主具有理性品质,有效体现真实民意。所有这些都意味着,不仅教育现代化是一个系统工程,而且教育决策也是一个系统工程;教育事业要成功地实现现代化,教育决策就要先实现现代化。像整个国家的现代化一样,教育现代化和教育决策现代化也需要"赛先生"(科学)和"德先生"(民主)的全力参与和通力合作。

教育现代化需要教育决策现代化,教育决策又进一步需要教育决策研究的现代化。前面说过,"现代化"的核心意义是"理性化",而理性化作为一种决策方法,要求每一项决策都要有能说服人民群众的理由作为依据,而这种"理由"的最重要来源,是客观、系统而具有可批判性和可重复性的科学研究。科学方法运用于社会领域,产生了许多不同于自然科学的特点,因为社会领域的研究主体往往与其研究对象有亲疏不等的物质联系和精神联系,而这种联系往往对社会研究中的事实与规范的关系、描述与预测的关系、因果说明与意义诠释的关系产生重大影响,会使得人们对社会领域中的数据和理论、假说和验证、现实与理想、计划与行动等关系问题,形成比自然领域中复杂得多的理解和判断。但是,社会科学研究,包括教育研究和教育决策研究,与自然科学研究在一点上是根本一致的:两种研究都是由诸多研究者在一个学术共同体当中进行的;两种研究者都不仅与研究对象打交道,而且与研究同伴打交道;只有经过研究同伴之间的分工与合作、讨论与争辩,才能够确定研究成果是否经得起实践检验,是否符合客观的事实,是否符合学术共同体及其所属的社会共同体所珍视的那些核心价值。

  本期杂志所刊论文,就是上述意义上的学术共同体的合作产物,是上海市教育科学研究院和华东师范大学、中国教育科学研究院、清华大学国情研究中心、中国科学院中国现代化研究中心以及有关高校、地方教育科研机构的科研工作者们共同研究的劳动成果,在这里把它们发表出来,期望引起从事教育决策和教育决策研究的所有人们的关注,接受大家的审查、批评和指正。这些研究一定还有不足和瑕疵,但我希望,课题组的研究在方法上是符合教育决策研究现代化的要求的,因而在总体效果上是有助于推进教育决策现代化,进而是有助于推进整个国家的教育现代化的。

03　为更好的教育交出合格答卷[1]

习近平同志在十九大报告中提出,加快一流大学和一流学科建设,实现高等教育内涵式发展。我国高等教育在实现"大众化"目标以后不久就迅速逼近"普及化"门槛,中国人民期盼的"更好的教育"中当然包含着"更好的高等教育";作为一所以教师教育和教育研究为优势特色的研究型大学,华东师大既要为"更好的基础教育"培养合格师资,也要为"更好的高等教育"交出合格答卷。

办人民满意的高等教育,前提是对我们的教育对象有更深入的认识。大学生虽已成年,但在很大程度上仍是孩子,我们要对作为成年孩子的大学生的身心成长负责。大学生既要完成学习任务,也开始承担公民角色,我们要尊重其人格尊严。大学生在学校既接受教育,又接受服务,我们要确保作为服务对象的大学生的合法权益。说到底,今天在校园里学习成长着的大学生,走出校门以后将承担建设国家服务人类的光荣任务。因此,华东师大尤其要培育大学生对己对人的责任能力。

办人民满意的高等教育,必须进一步提高办学质量。党的十八大以来,我国高等教育发展成绩是举世瞩目的。从这个意义上说,我们可以理直气壮地拥有"教育自信",甚至"高教自信"。但分析国际国内形势,既要看到成绩和机遇,更要看到短板和不足、困难和挑战。同时,也使我们更加自觉地把高校的内涵建设和特色建设,作为扎根中国大地办世界一流大学的核心任务。

1　本文刊于《光明日报》2017年10月26日。

办人民满意的高等教育,关键是有一支让人民满意的教师队伍,以及与教师水平相匹配的管理和服务力量。在这方面,我们要充分发挥师范大学的人才培养优势,把"求实创造,为人师表"作为全体教职员工的规范要求。我们还要进一步把这种人才培养优势转变为教师队伍建设优势,让"教学相长"的道理不仅适用于知识领域,而且体现在思政教育领域。这些年来,我们把思政课程教育和课程思政教育结合起来,把以专业院系为主体的第一课堂教育和以住宿制书院为主体的第二课堂教育结合起来,把校园内外、网络上下的丰富多样的教育形式结合起来。我们的实践表明,老师们在指导学生的时候,不仅对"聚天下英才而教育之"的"君子之乐"有更深体会,而且对"智慧的创获、品性的陶镕、民族和社会的发展"的事业成就有更多感受。

办人民满意的高等教育,还需要对人民、对高等教育的需求进行恰当引导。我们既要"牢牢把握社会主义初级阶段这个最重要的国情",又要"进行具有许多新的历史特点的伟大斗争"。可以说,这个双重任务的一个重要内涵,就是恰当合理引导人民的教育需求,包括合理引导人民的高等教育需求。现在,我国社会主要矛盾已转化为人民日益增长的美好生活需要和不平衡不充分的发展之间的矛盾。但正像在其他许多领域一样,高等教育领域的供给压力越来越不是数量上的,而是质量上的、结构上的。我们的"制度自信"的一大表现,是我们的社会主义国家可以更有力量来承担"化民成俗"的任务,用社会主义核心价值观教育人民,并且用社会主义核心价值观来引导教育需求,来理解什么样的教育才是让人"满意"的。

04 提升中国特色教育自信 建设社会主义教育强国[1]

党的十九大报告提出建设教育强国的宏伟目标,这成为新时代我国教育事业改革发展的方向。建设教育强国是我国建成社会主义现代化强国的应有之义,也是实现中华民族伟大复兴中国梦的必然要求。在迈向教育强国的关键时期,必须确立和提升教育自信,这是我们坚持发扬中国特色、继往开来改革创新的重要前提。回答如何确立和提升教育自信的问题,说到底是要具备教育自信的知识前提,坚定教育自信的立场依据,保持教育发展的高度自省,夯实教育自信的能力基础,提升教育自信的传播智慧。

一、教育自信的知识前提

教育自信是否具备,取决于是否了解我国教育发展的历史成就和战略形势。习近平总书记指出,当今世界,要说哪个政党、哪个国家、哪个民族能够自信的话,那中国共产党、中华人民共和国、中华民族是最有理由自信的。[2] 新中国成立以来,特别是党的十八大以来,中国教育事业实现跨越式发展,成就举世瞩目,同样,当今世界,中国教育也最有理由自信。中国在一穷二白的基础上,在不到60年的时间里建成世界最大规模的教育体系,保障了亿万人民群众受

---

[1] 本文刊于《清华大学教育研究》2018年6月。
[2] 习近平:《在庆祝中国共产党成立95周年大会上的讲话》,《光明日报》2016年7月2日。

教育的权利,推动教育总体发展水平进入世界中上行列,培养了数以亿计的劳动者,支撑起世界第二大经济体的崛起奇迹。目前,我国新增劳动力平均受教育年限超过13.3年,接受高等教育比例超过45%,高等教育办学规模和年毕业人数居世界首位,占世界高等教育总规模的比例达到20%,正逐步由人口大国迈向人力资源大国;我国已成为亚洲最大、全球第三的留学目的国;高中阶段毛入学率达到87.5%,高等教育毛入学率达到42.7%,超过中高收入国家平均水平;学前三年毛入园率达到77.4%,小学净入学率达到99.9%,初中阶段毛入学率达到104.0%,九年义务教育巩固率达到93.4%,普及程度超过高收入国家平均水平;我国中小学互联网接入率达到94%,全国6.4万个教学点实现数字教育资源全覆盖;我国已建成世界上规模最大的职业教育体系,全国1.2万余所职业院校开设了约10万个专业点,基本覆盖了国民经济的各个领域,大规模培养了高素质劳动者和技术技能人才。

对我国教育改革发展历史性成就的清醒认识,是确立和提升教育自信的知识基础。对我国教育事业妄自菲薄的观点,往往来自对我国在普及义务教育、发展职业教育、提升高等教育和加强学前教育、特殊教育和终身教育等方面的成就,并不了解;对我国教育为取得这些成就所付出的艰苦卓绝的努力、所战胜的前所未有的挑战、所面临的极端复杂的环境,并不了解;对我国在一些重要教育指标上与同类国家相比较所具有的发展速度优势、发展规模优势和民众受惠优势,并不了解。

二、教育自信的立场依据

教育自信是否坚定,取决于是否真正具有"四个自信"。习近平总书记2018年在北京大学师生座谈会上的讲话指出,"要把中国特色社会主义道路自信、理论自信、制度自信、文化自信转化为办好中国特色世界一流大学的自信",同样,应该把"四个自信"转化为中国特色社会主义教育自信。"四个自信"是教育自信的根本依据,教育自信则是"四个自信"的重要体现。

一方面,中国教育之所以取得历史性成就,是因为社会主义道路把人民群众的物质文化生活水平提高和人的全面发展作为根本目标,是因为马克思主义理论为把握人才培养规律和处理与教育相关诸多问题提供了科学指导,是因为社会主义制度在全面普及基础教育、迅速提升高等教育、大力发展职业教育和及时拓展其他教育等方面显现出巨大优势,也是因为数千年中华文明在教育方面积累了极其丰富的智慧和经验。另一方面,新中国成立以后,尤其改革开放以来,中国共产党坚持不懈地致力于发展中国特色社会主义教育事业,把提高人民群众的教育水平作为社会主义优越性的最重要表现之一。在党的十九大报告中,习近平总书记明确提出"建设教育强国是中华民族伟大复兴的基础工程,必须把教育事业放在优先位置,加快教育现代化,办好人民满意的教育"。因此,只要真正相信中国共产党的奋斗目标和领导能力,就一定会对我国教育事业的未来发展充满信心。

三、教育自信的态度支撑

教育自信是否清醒,取决于是否同时具有教育自省。习近平总书记强调我们党的"社会革命"使命与"自我革命"使命是有机统一的,表现在实际工作当中,就是高度自信和高度自省的有机统一。

我国教育事业的发展,从发展速度来说,很有理由自信,但从发展质量来看,很有必要自省。城乡学前教育资源短缺的问题依然突出,入公办园难、入普惠性民办园难、就近入园难的压力依然很大;高中阶段教育资源不足,大班额、超大班额现象还比较普遍,经费投入机制尚不健全,普通高中负债面高达70%以上。我国教育事业从总量规模来说,很有理由自信,但从人均水平和公平程度来说,很有必要自省。我国已建成世界最大规模教育体系,但区域间、城乡间、校际间、群体间教育资源配置仍存在很大差距。我国教育事业从回顾以往发展成就的角度看,很有理由自信,但从展望未来发展前景的角度看,又很有理由自省。我国教育投入突破3万亿元大关,为教育现代化提供了有力支撑,但投入依然以政府为主,社会教育投入不足,经济新常态背景下公共财政教育经费面临增量配置困境,建设教育强国面临挑战。在教育发展的不同时段、不同地区,教育公平和教育质量的关系、教育公平和教育效率及教育活力的关系,有时会让我们觉得有足够理由去加强自信,有时又会让我们觉得有不少理由去加强自省。只有在充分承认我国教育事业发展面临的问题和挑战的情况下,时刻保持教育自省,我们的教育自信才是全面的、深刻的、令人信服的。

四、教育自信的能力基础

教育自信是否巩固,取决于我们是否善于在追求伟大目标的同时加强优势、发现问题和解决问题。我们要以"目标导向"的思路强化"四个自信",通过更加坚定而成功地走社会主义道路(比如强调教育的公共性和公益性),通过坚定而有创造性地运用马克思主义理论指导工作(比如,尊重人的全面发展的目标和规律),通过更加坚定而智慧地运用社会主义制度优越性(比如,集中力量办教育、集中力量办大教育、集中力量办好教育),更加坚定而全面地发扬中华民族优秀教育传统(比如,"文以载道、以文化人","因材施教","有教无类","传道授业解惑","师道尊严","尊师重教、崇智尚学"等),来为教育自信提供更加扎实的基础。我们也要以问题导向的思路去强化"四个自信",也就是说以实事求是的态度对待存在的问题(有关教育的公平、质量、效用、活力等);在周密调查研究的基础上(了解有关教育的数据、民意、专家意见),形成符合教育和学习规律、符合人民意愿和党的意志、符合社会主义初级阶段客观条件的解决问题方案;坚定不移地推进教育现代化、建设教育强国,扎扎实实地缩小与发达国家的教育之间的差距,缩小与人民群众对更美好生活的愿望之间的差距,缩小与社会主义现代化强国建设的需要之间的差距。

五、教育自信的传播形式

中国特色社会主义教育自信能否在世界范围内获得共识,取决于我们是否善于运用国际通行方式,来总结和传播我们自己的独特经验。中国特色的教育话语很重要,但"话语"的说服力取决于传播的技巧,更取决于传播的内容。

从技巧上说,要熟悉教育领域的国际话语,要了解国际传播的受众心理,打造易于为国际社会所理解和接受的新概念、新范畴、新表述,引导国际学术界展开研究和讨论。要有意识地加强培养具有国际视野、熟悉国际规则的高端人才,有计划地派驻国际组织,提高国际组织中中国代表的比例,增强中国在国际舞台上的话语权和影响力。要鼓励教育研究机构参与和设立国际性学术组织，支持和鼓励建立海外中国教育研究中心，支持国外研究机构和学者研究中国教育问题。从内容上说，要通过对中国教育的研究，构建中国教育理论体系，提炼出有助于解决在国际上具有相当普遍意义的教育问题的中国智慧、中国经验和中国方案。中国积累了诸多经过实践检验的成功经验，比如党领导教育的制度优势、上海基础教育的特色尤其是数学教育方面的成功经验、教师的教研制度和培训方式、大中小学德育的一体化等。再如我国提出的"素质教育"概念，已成为专有名词，被译为"Suzhi Education"，得到国际学界认同并被收入英国教育大辞典。要抓住改革开放40年的时间节点，对这些成功经验加以深入挖掘和梳理总结，积极构建能够解释中国教育发展实践的理论体系。

05　用好"目标"和"指标"的辩证法[1]

《中国教育现代化2035》,以及同时发布的《加快推进教育现代化实施方案(2018—2022年)》,在系统阐述教育现代化总体目标的基础上,细化了目标,分解了任务,排列了步骤,提出了措施。也可以说,党中央国务院关于中国教育的这两个最新的纲领性文件,一方面用"指标"来展开"目标",另一方面用"目标"来统帅"指标",很好地体现了"目标"和"指标"之间的辩证法。

教育现代化是一个宏大的社会工程,其合理性的首要前提,是它具有非常明确而系统的价值目标。《中国教育现代化2035》提出了八大基本理念,分别涉及教育活动功能("更加注重以德为先,更加注重全面发展")、教育服务供给("更加注重面向人人,更加注重终身学习")、教育教学方式("更加注重因材施教,更加注重知行合一"),以及教育事业决策("更加注重融合发展,更加注重共建共享"),对教育现代化目标做了科学而融贯的阐述。

但普遍的、抽象的价值目标,必须转化为可操作、可验证的实证指标;这种转化本身就是作为"社会现代化"之核心的"行动合理化"的要求。对于教育现代化来说,没有从价值目标向实证指标的转化,就无法从理论转到实践,无法把理想变成现实,甚至无法区别目标本身到底是幻想的还是真实的。以"实现基本公共教育服务均等化"的目标为例,为实现这个目标,我们要确保不同人群的受教育机会均等化,要针对由各种因素造成的困难群体采取重点帮扶措施,要在办学条件、师

---

[1] 本文刊于《学习时报》2019年3月29日。

资配备和管理团队等方面推进普遍达标,等等。所有这些措施都可以具体化解为一些具体指标;只有细化为这些具体指标,中国教育现代化才可望得到真正推进。

在实际工作中,指标与目标之间的复杂关系的实际意义,不可低估。对于一个地区或一所学校来说,指标作为目标的外在显示度,其相关表现的变化往往会很快引起教育环境和办学条件方面的相关变化,而这种变化会反过来对教育事业和办学工作造成实质性影响。地区和学校之所以普遍重视经费、人才、奖励、升学率等指标上的表现,很大程度上是因为对地区教育状况和学校办学水平,领导、专家、家长和公众们往往只看当下的指标表现状况,而忽视长远的目标实现程度,只根据指标表现状况来进行教育评价和教育决策,而这种评价和决策往往是会给相关地区和学校带来经费投入、师资和生源的流向等方面或积极或消极的变化的。

总体上说,没有指标的目标是空洞的,没有目标的指标是盲目的。无论在宏观的社会工程的层面上,还是在微观的组织管理的层面上,都要防止因为指标和目标之间关系的多样性、间接性和变动性,而导致目标的空洞化和指标的盲目化这两种倾向。

指标与目标之间关系的多样性,是指在一定范围(尤其是全国范围)设定的价值目标,在不同地区、同一地区的不同发展阶段、不同发展环境中,往往需要通过不同的实证指标来加以实现。以"办人民满意的教育"这个价值目标为例,它在沿海和内地,在城市和农村,在老少边穷岛和其他地区,显然是必须体现为不同的实证指标的。在中国那么大一个国家推进教育现代化,既要避免因为强调教育发展目标的一致性而在不同地区一刀切地设置和追求同样的教育发展指标,也要避免因为地区状况千差万别而忘记了:我们不仅有可能,而且有义务通过各方面的精准扶贫,来确保各民族大家庭的不同成员尽可能享有同样水平的各类教育。

指标与目标之间关系的间接性,是指在一定层面(尤其是抽象理念层面)设定的目标,要通过一系列指标来实现,而其中有的指标与目标的关系更加直接一些,有的指标与目标的关系则比较间接一些。以"发展中国特色世界先进水平的优质教育"的目标为例,有关教育理念水平、教育质量标准、课程建设要求、教材选用标准等方面的措施和要求,与优质教育目标的联系是比较直接的,而有关具体的课堂教学方法、班级组织形式、教材出版单位、家校联系方式和校企合作形式等的要求,与优质教育目标的联系就是比较间接的了。相对于前一类指标,后一类指标的约束性应该更弱些。因此,无论是布置任务、下达指标的一方,还是落实任务、追求指标的一方,都要避免主次不分,本末倒置,以避免出现事倍功半、得不偿失甚至饮鸩止渴、南辕北辙的情况。

指标与目标之间关系的可变性,是指在一定时刻(尤其是发布行动纲领和实施方案的时候)设定的目标,根据该时刻的客观条件和主观认识所分解或"转译"的那些指标,它们之间关系的内涵,或它们之间关系的权重,是可能随着时间推移而发生变化的。当下中国教育所对应的经济基础、社会氛围、人口状况、产业需求、技术条件和国际环境等,显然不同于五年之前,也一定会不同于五年之后。而我们今天对教育目的、教育公平、教育质量、教育活力等的理解,与五年前相比也有很大进步,相信随着新时代中国特色社会主义事业的发展,随着中国教育现代化事业的推进,我们的认识还会进一步提高。在坚定不移地瞄准建教育强国、以教育强国的目标的同时,根据客观条件的变化和主观认识的提高,及时调整作为教育现代化之整体目标之组成部分、表现形式、实现措施和推进阶段的种种指标,将是确保《中国教育现代化2035》行动纲领行之有效、硕果累累的重要保障。

相对来说,国家教育现代化的顶层设计已经克服了空谈目标而忽视指标的倾向,而在教育现代化的中层推进和基层落实过程中,则要下更大力气克服只顾指标而忘记目标的偏向。《中国教育现代化2035》在提出推进教育现代化的八个"更加"的基本理念的同时,还提出了推进教育现代化的七个"坚持"的基本原则,为我们在推进教育现代化进程中用好指标和目标的辩证法,提供了切实指导:"坚持党的领导"和"坚持服务人民",是超越各种形式的特殊利益的认识遮蔽和行动阻碍的保障;"坚持中国特色"和"坚持改革创新""坚持依法治教",是既避免盲目照搬西方指标,也避免违反教育发展普遍规律的向导;而"坚持优先发展"和"坚持统筹推进",则有助于通过教育发展具体指标的合理制定和有效落实,而确保教育事业有高水平可持续的发展。

06 用优良党风政风带动教风学风[1]

韩愈说:"师者,所以传道受业解惑也。"《礼记·学记》云:"君子如欲化民成俗,其必由学乎。"如果说,教育工作者的一大使命就是通过"传道受业解惑"而"化民成俗"的话,高校党建的一个重要目的,就是用优良党风政风来带动教风学风,并进一步通过优良教风学风来带动社风民风。

在全社会范围内,党风政风与社风民风是紧密相连的;在高等学校里面,党风政风与教风学风也是密切相关的。无论是在全社会范围内,还是在高等学校里,要建立党风政风与社风民风或教风学风之间的良性循环,习近平总书记去年5月在上海论述培育和践行社会主义核心价值观时提到的几类"重点人群",具有关键的意义。习近平总书记当时提到了青年学生,而没有提到教师;但显然,在千百年间都把"师"与"天地君亲"放在一起崇拜的中国,教师不仅对于青少年学生,而且对于每个中国人,都具有特殊的示范作用。因此,我们应该把高校党员教师作为高校党建的最重要主体,把高校党建对师德建设的促进作用,看作高校党建通过改善教风学风来"化民成俗"、推动全社会文明进步的关键之举。

要承担好这样的职责,高校党建要通过党员教师引导全体教师在以下三个方面做出更大的努力。

首先是"仁智统一",做"有理想信念、有道德情操、有扎实知识、有仁爱之

---

[1] 本文刊于《文汇报》2015年1月30日。

心的好老师"。为此,老师们应该做到"亦智亦仁",与其他从业者相比,以人的培养为己任的教师,其职业道德从内容上说与普通人道德最接近,从要求上说比普通人道德更严格。老师们又应该做到"以智释仁",作为传授知识的智者,老师们哪怕是做"仁"的培育,也要下"智"的功夫,不仅向学生们提出爱国、孝亲、律己等要求,而且帮助学生们理解与这些价值有关的历史知识、文明体系和道德判断。老师们还应该做到"以智用仁",不仅用专业知识解释抽象的道德要求,而且用专业技能去解决实际的道德问题。如果为师者在实际生活中面对忠孝难以两全、公私无法兼顾的局面也一筹莫展,如果老师们自己也无法处理好"情""理""法"之间的矛盾,无法区分开"是非问题""利害问题"和"你我问题",等等,学生们在成长为合格社会成员的道路上,就得不到应有的引导和搀扶。

其次是"言行一致",诚实守信,表里如一。为此,老师们应该做到"言出行随",在抽象思维还在接受训练,但观察能力却已特别强的青少年面前,老师们对工作和生活的态度、对领导和同事的态度、对自己和环境的态度,会给他们留下特别深刻的印象。老师们又应该做到"言以行事",作为典型的"用说话来做事"的从业者,老师们尤其不应该在教人礼貌时用语粗俗,在教人推理时漏洞百出,在教人创造时机械重复,在教人爱国时满嘴牢骚。老师们还应该做到"言为心声",要通过解决自己的"心之所安"问题,来避免因为言不由衷而导致言行不一,进而让自己的学生们在价值领域不仅做一个"知之者",而且做一个"好之者"和"乐之者"。

第三是"道术统一",实现教学科研与人才培养的内在结合。老师们应该体现"术中有道",善于在教学科研各个领域当中发现和提炼价值内涵,使学生们在参与课程学习、经历学科训练的时候,接受真善美的价值,实现学科育人的目的。老师们又应该实现"术以见道",不仅把教学科研工作看作一种施"术"行"技"的活动,而且在专业工作中体现从业人员的道德素质和人格形象,把自己在教书育人和科研育人工作中的仁爱之心和爱国之情、敬业态度和团队精神、公平观念和规则意识等,作为对学生们进行价值教育的最好教材。老师们还应该做到"术以传道",也就是认真研究传道授业解惑的方法和技巧。不仅研究型大学的老师们,而且所有大学甚至所有学校的老师们,都应该用研究的态度去对待人才培养,都应该从事"研究型教学",在教育内容、教育过程和教育对象那里,找到并遵循让自己进入教学工作自由王国的那些必然规律。

以上所列三点,归结起来就是"认真"二字:认真地研究、实践和传授科学知识、道德价值和社会规范。习近平总书记在论述党的建设时多次引用毛泽东同志的那句名言——"世界上怕就怕'认真'二字,共产党就最讲认真",一再强调"讲认真是我们党的根本工作态度"。从这个意义上说,高校党建是否成功的关键指标,是这样一种工作态度,这样一种严谨踏实的认真态度,是否也成为高校教风的根本特征,进而成为高校学风的根本特征。

07 手脑并用,敬业之德[1]

最近与一位校友全家一起吃饭,感慨良多。这位校友做企业很成功,但让我感慨的不是他的商业成功,而是他和他夫人的育儿成功。餐桌上一对在美国上学的儿女,与他们的父母一起,给我上了一堂创新创业的好课。

校友儿子还在上初中,特别喜欢理科,成绩怎样不知道,只知道他跳了一级。让他父母尤其自豪的是孩子的好奇心和动手能力。有一次男孩忘带钥匙进不了家门,便发现门锁太麻烦,于是就自己设计了一种电子门锁,用来开锁的不是密码,也不是指纹,而是一种特定的敲门节奏,当然不会像"芝麻开门"或"笃笃笃笃"那么简单。聪明男孩常常会迷恋电脑游戏到愚蠢的程度;在网上与同伴们比谁的积分多,总是比在课堂上与同学们比谁的成绩好更加刺激。但我的这位校友儿子,却别出心裁地设计了一个程序,当它的主人坐在教室里与同学拼学习成绩的时候,这个程序能在家里的电脑上为他不停地赚取游戏积分!

明年将考大学的校友女儿,似乎对商科更感兴趣,因为她一入座,就兴致勃勃地说起她刚刚参加的一个项目,一个培养中学生创新精神和创业能力的暑期培训项目来。这个名为"MIT Launch"的项目为期四个星期,让参与者在四个星期中在高手点拨下开办一家真实的公司,通过实战经历,来学习企业家能力和企业家思维。今年全球有 800 人报名参加这个项目,最后 70 名学生入选,其中女生只占十分之一。那女孩带领一个三人小组,开办了一家生产可在海滩上靠

---

[1] 本文刊于《文汇报》2015 年 8 月 8 日"笔会"版。

太阳能给手机和电脑充电的遮阳伞的公司。点子是女孩出的,她在度假时发现,海滩上总有人在跑东跑西找电源插座,她想,那为什么不利用那顶遮阳伞呢！于是,女孩自任 CEO,来自墨西哥的一个伙伴担任 CFO,来自中国的另一个伙伴担任 CTO,三个人从细化方案、建立团队到寻找客户、筹集资金、联系厂家等,实实在在地经历了创办一家公司的全过程,实实在在地创建了一家既体现社会责任,又具有盈利模式的小型企业。女孩说道,在寻找潜在客户的最初阶段,打电话联系成功的概率大概不到百分之一,但后来,有一位连锁酒店老总,居然急急忙忙从南部的迈阿密赶到北部的坎布里奇,要求投资订货……

校友女儿快乐而自信的叙述,是 MIT 带入这个培训项目的那句"手脑并用"(mens et manus)格言的生动注解,是项目主页上那句"开一家公司,启一生未来"(launch a company, launch your future)口号的生动注解,甚至也可以说是师大校训中"求实创造"四个字的生动注解。创新创业的关键不是知识传授,而是兴趣发现、能力训练和精神培育;创新创业教育当然也离不开书本、课堂和校园,但更重要的是要面向实践、社会和市场。只有手脑并用,只有把"爱科学"与"爱劳动"结合起来,并把这种结合作为培育和践行"敬业"之德的关键,我们的下一代才有更美好的未来,我们整个民族才有更美好的未来。

08 企业要做科创主体，高校并非只是配角[1]

上海要建设具有全球影响力的科创中心，要大力发挥企业的主体作用；而为了发挥好企业的主体作用，高校不能只是一个配角，因为企业发挥好科创主体所需要的知识基础和人才基础，其奠定和巩固的关键，可以说都在高等学校。

企业要转化为直接生产力的那些科学知识，已经有很大一部分是在高校产生的。根据《高等学校中长期科学和技术发展规划纲要》提供的数据，目前高等学校从事科技活动人员（31.5万）占全国同类人员的比例为8.2%，但高等学校发表的科技论文，被《SCI》和《EI》收录的，却占全国的70%左右，而高校获得的国家自然科学奖、发明奖、科技进步奖，也分别占这些奖项总数的二分之一、三分之二和四分之一以上。高校科研的优势就在于通过"专深研究"来回答那些只有经过"专深研究"才能解决的问题，探索那些只有经过"专深研究"才能获得的真理。无数事实证明，真正具有创造性的科研成果，只能是这种"专深研究"的结果。因此，高校要能为企业提供有可能转化为高水平直接生产力的科学知识，就必须发挥好"专深研究"这种知识生产形式的独特优势；任何政策，无论是面向全社会的科技工作政策，还是高校内部的科研管理政策，如果损害了高校的这个优势，就很可能事倍功半，甚至南辕北辙。就目前的情况而言，很难说这种情况完全不存在。比方说，我们如何处理好科研事业的"目标"和科研事业的"指标"的关系，克服不同程度上已经出现于许多领域的"直奔指标"却"偏

---

[1] 本文刊登于《文汇报》2016年4月15日"文汇时评"栏目。

离目标"的现象？又比方说，我们如何处理好科研人员的"兴趣"和科研人员的"利益"之间的关系，防止因为政策措施或者不关注，或者过度关注科研人员的利益，而损害对前面所说的"专深研究"来说必不可少的科研人员的求知欲望和社会关怀？又比如，我们如何处理好个人创新和团队创新的关系，避免因为政策着力点的非此即彼而容忍平庸或孤掌难鸣甚至疲于内耗？这些是需要做高校特别擅长的"专深研究"的实际问题。

当然，纸面上的科学知识创新含金量再高，也要有人能把这种知识向最终体现为经济价值的直接生产力转化，而这种人才的培养，高校要发挥更大的作用。实现科学知识向直接生产力的转化，需要在实际生活（生产和消费）当中发现只有专深研究才能解决的问题，也需要在已有的科研成果当中发现有可能转译为应用技术和最终产品的知识要素。善于做出前一种发现的人，不同于善于做出后一种发现的人；善于做出这两种发现的人，不同于实验室里做出发现的人，也不同于在车间里、在流水线上做出发现的人。高校开设适当的课程，甚至开设适当的专业，一定有助于缩短个人获得这些能力的学习过程，缩短社会积累这些能力的进步过程。

在培养把理论知识向应用技术转化、把科学价值向经济价值转化的专门人才方面，有些高校已经迈出了可喜的步伐。比如华东师大最近与法国里昂商学院共建亚欧商学院，其中一个重要内容，就是进行本科和硕士层面的跨学科（工商管理专业加其他专业）的创新创业教育专业设置，并且采用诸如（高校与企业）双导师制、（由企业导师在现场授课的）企业课程、（贯穿几个学期的从创业想法诞生到形成最终创业方案的）创业项目实训等教学方法。

更有高度、更有效率地实现上述转化，不仅需要更多更合适的专业人才，而且需要相应的制度规范和政策导向。也就是说，在全社会层面上要有相应的科技工作政策，在高校（以及科研院所）内部要有相应的科研管理制度。高校的又一个重要职能，是对这种政策和制度进行"专深研究"，或者说为制定和改善这种政策和制度提供专家建议。

最后，企业要做好科创主体，高校不仅要提供更多更好的科研成果，培养更多更好的研发人才，提供更多更好的政策建议，而且要培养更多更好的善于手脑并用的技术工人,以及更多更好的既爱科学又爱劳动的各界人士和普通公民。已经有不少研究表明,中国的产业升级、产品换代不仅依赖于科研成果水平的提高和技术专利水平的提高,而且依赖于生产工艺水平的提高和工人操作水平的提高。在高等教育毛入学率已经达到40%的今天,普通劳动力的科学素养和技术能力的高低,很大程度上也取决于高等教育在人才供给方面的结构和质量。

　　从更宏观的角度来看,科创中心建设不仅涉及直接参与相关领域工作的人员的数量和能力,而且取决于全社会有多少合格人才被吸引到这些领域当中去,有多少优秀人才愿意去创造新价值、新生活而不是安于现状、坐享其成甚至投机取巧、不劳而获。由此观之,整个大学教育,都不仅与科教兴国有关、与科创中心建设有关,而且与企业发挥科创中心主体作用有关。高等学校的一项根本任务,就是通过专业教育、思政教育和通识教育等各方面教育的系统努力,把社会主义核心价值观和以创新为首的最新发展理念,融入知识传授和能力培养的全过程。

09 课堂教学的三项任务和三重境界[1]

任何教师在课堂中都要实现三项任务;与这三项任务相对应的,是课堂教学的三重境界。

教师在课堂上的第一项任务是提供信息,informing。在当代社会,在网络时代,这个任务可以说是越来越轻了,也可以说是越来越重了。越来越轻了,是因为以前找书找资料不容易,而现在则容易多了,包括各种各样的检索都很容易。但问题是,不仅教师找资料很容易,学生找资料也很容易,甚至更容易,因为他们获取信息的手段可能比教师还要多一点,所以从这点来讲,教师在课堂上要做好 informing 越来越难了。在课堂上教师说错一个数字,说错一个年份,学生在手机上一查,很快就可以发现;历来以知识的权威性为基础的师道尊严,因此会受到严峻考验。

教师在课堂上的第二项任务是加深印象,impressing。与三十年前相比,impressing 现在可以说更容易了,因为现在教师在课堂上可以运用的技术手段要比以前多得多,视频演示、虚拟现实、演讲术、传播学,等等。但从另一个角度说,现在我们在课堂上要进行 impressing,其实又是更难了,因为现在学生的兴趣点比我们以前读书时要多得多,好玩的事情实在是太多了,分散他们的注意力、激活他们的兴趣点的事情实在是太多了,包括在上课的时候,如何让学生们专注听讲而不看手机、不浏览网页、不偷偷进行在线对话,对教师是另一个大

---

[1] 本文刊登于《中国教育学刊》2016 年第 7 期,作为该期的卷首语。

考验。

教师在课堂上的第三项任务是激发灵感,即 inspiring,让学生不仅获得信息、记牢知识,而且探索创造。在当代社会的技术条件下,这个任务很难说是更容易了还是更困难了,因为"激发灵感"这种工作,本来就不像"提供信息"和"加深印象"这两种工作那样,与技术条件有明显关系。孔夫子和苏格拉底既不用 PPT(视频演示),也不用 VR(虚拟现实),但他们在学生当中激发的灵感,两千多年来给世界带来了多大影响啊。

根据笔者的体会和观察,教师在课堂上完成的第三项任务,这第三个"I",其最重要的条件,是活生生的教师本人。站在学生们面前的这位老师,不仅向他们传授一系列结论,而且向他们展示得出这些结论的过程;学生通过对这个过程的了解,不仅获得了信息(what),而且得到了证据(why),同时也学到了方法(how),甚至更新了自我(who)。这个过程不应该只是由教师单方面向学生展示的,而应该是由教师领着学生一起参与的。教师在课堂上不仅面对学生说话,而且与学生一起对话,而这种对话又是受着教师不露痕迹的引导的。学生在这个过程中所得到的,不只是抽象的符号,也是生动的体会;在他身上发生的,不只是知识储存的增加,也是求知兴趣的培养和创造能力的训练。这种意义上的课堂教学过程,不仅仅是师生之间的对话过程,也是同学之间的分享过程。一个成功的教师不仅善于进行师生对话,而且善于营造课堂气氛,激发学生在同伴面前的好胜心和荣誉感,鼓励同学之间的相互帮助和相互欣赏。在这整个过程中,课堂上向学生们传授知识的教师是一个完整的人格,他的语调、眼神、手势、板书、着装乃至整个姿态和风度,都影响着课堂教学的效果。

对课堂教学的"三项任务"或三个"I"做上述描绘以后,课堂教学的"三重境界"就不言自明了。在第一境界的课堂教学中,教师把主要时间用于 informing,努力把知识朝学生脑中灌输。在第二境界的课堂教学中,教师把更多时间用于 impressing,努力让知识在学生心中扎根。而在第三境界的课堂教学中,教师把提供信息和加深印象的工作尽可能让学生去做,或借助于技术来做,而把课堂教学的主要时间用于 inspiring,努力使学生乐于求知、善于求知。在这个境界上的教师,当然也要动脑筋花力气去鼓励学生寻找信息、指导学生选择信息、帮助学生记牢信息。但最能显示教师在任何技术条件下都无法替代的作用的,是他作为一个活生生的引导者和示范者,作为一个活生生的对话者和分享者,对学生所具有的激发想象和启发思想的作用,不仅把信息变成知识,而且从知识转向智慧。

从课堂教学的这个最高境界来看,教师作为肉身出现在真实空间之中,师生之间进行面对面的实时互动,是信息技术和教学手段的任何进步都无法完全取代的。教育事业之所以重要,教师职业之所以崇高,在这里或许可以找到最重要的根据。

10 尊严教育,让学生真正"长大成人"[1]

我今天演讲的主题跟教育有关——教师的一大责任是"尊严教育"。选择这个主题,是因为多年前看过的一段话:"我们努力,让学校的每一个角落都能充满教育的智慧与欢快的笑声;我们努力,让学生的每一个时刻都能享受学习的收获与成长的乐趣;我们努力,让教师的每一天都能体会职场的幸福与专业的尊严。"下面,我就谈谈个人的一些思考。

掌握普遍价值、形成特殊认同才是名副其实的"成人"

教师最重要的任务是什么?我们估计都会赞成:"让学生学会做人。"但在实际上,"做人"很容易被其他问题所遮蔽。

在各民族的语言中,大概都有三个最基本的动词,由此构成人生三个最基本的问题:"有何物(having)""做何事(doing)"和"成何人(being)"。有一本书,书名叫"To Have or To Be",中文译成"占有还是生存",大意是讲在我们这个工业化、现代化的社会中,人们更多关心的是"to have",就是"拥有",要拥有更多的财富、更多的消费品。似乎拥有越多、消费越多,你就越重要、越幸福。但在这样的过程中,往往会丢失人之为人的最根本——人所承担的那些责任,人所具有的那些品质,人的生活所具有的那些意义。

---

[1] 本文的基础是作者于 2016 年 7 月 6 日在梅陇镇"人文梅陇"读书节微论坛上的演讲,经修改后发表在《解放日报》2016 年 9 月 27 日"思想者"栏目。

该书的作者埃里希·弗洛姆,让我们回顾中国先秦哲人老子的名言——"道常无为而无不为";让我们回顾德国 13 世纪哲人埃克哈特的名言——"人不必总去想应该做些什么,他应该更多地去思考自己是什么";尤其是让我们回顾马克思对资本主义的批判——资本主义的最大问题,是财富越多,人性异化却越严重。

教育的最高境界,也应该是回答"成何人"的问题。用通俗的话来说,就是人的全面发展。但在实际生活中,我们往往把重点放在灌输知识上,把学生的脑袋当成一个容器,目的是让他毕业以后有更多的本领去赚更多的钱,也就是把"有"当作最重要的事情。

在学校里掌握知识、在社会上有能力赚钱,本身并没有错。但如果停留在这个阶段,就有问题了。比起只顾灌输知识、培养赚钱能力的教育,那种重视培养能力和规范行为的教育,境界要高一些。美国一些名校不仅不喜欢发财迷,而且也不喜欢书呆子。它们希望招到的学生,不仅要有好的学习成绩,而且要有学习以外的许多兴趣、特长和经历,最好是积极参加甚至发起社团活动,在科学竞赛中拿过大奖,是热心的志愿者,等等。也就是说,对这些大学来说,"做何事"的问题,重要得多。

我们国内现在的自主招生、综合评价,很大程度上也把"做何事"——做事的能力和意愿,放到更加重要的位置上。这是一个很大的进步。但学生参加这些活动、掌握种种能力,如果仅仅是为了申请书能写得好看一些,仅仅是为了能积累更多社会资本,就仍未达到教育应该有的境界。那就是,把"成何人"或"成为什么样的人",作为教育的核心问题。

"成为什么样的人"包含两个方面内容:

作为一个人,必须具有人之为人所共有的特点,尤其是人之为人所共有的文化价值。当我们说一个人活该被骂作"衣冠禽兽"的时候,这个人虽然具有人之为人的生理特征,但缺少人之为人的文化价值。

作为一个人,又必须具有作为一个特定的个人所具有的特定东西。人类区别于其他物种的一个最大特点,就是人类的每个个体都是与众不同的,或者说应该是与众不同的。童话里面,常常用动物的种类去表达某一种性格或某一种品德。比如,小兔子怎么怎么,大灰狼怎么怎么。在讲这种故事的时候,我们并不关心动物的个体,而只把某一类动物当作某种象征。但人就不同了,尤其在现代社会,我们现在就连"撞衫"也不那么乐意了,更别说做一个完全没有个性特点的人。作为家长不希望自己的孩子是没有独特认同的人,作为老师也不希望自己的学生"千人一面"。

因此,只有既掌握普遍价值又形成特殊认同的人,才是名副其实的"成人",一个长大了的人。

追求精彩人生、消除社会问题需要更加重视"尊严"

在对"尊严"及其对教育的意义进一步解释之前,我想先讲讲尊严对当代中国的重要意义。现在都讲"目标导向""问题导向",我就从这两个角度来说。

就"目标"而言,中国革命之所以能吸引那么多优秀分子加入,是因为把"劳动人民当家作主"、过"人的生活"作为号召。根据汉学家裴宜理的研究,当年安源煤矿工人运动之所以发展得比较好,李立三提出的一个口号起到了特别重要的作用:"从前做牛马,如今要做人!"用"翻身解放""当家作主"来动员群众、吸引青年,是中国革命能够成功的一个大背景。

我们今天建设中国特色社会主义,根本目标就是要让人人都能有一个习近平总书记所说的"精彩人生"。"精彩人生"是"幸福人生",同时也是"尊严人生",或者说是把"尊严人生"作为重要内涵的"幸福人生"。

就"问题"而言,今天社会上出现的好多问题,如官员腐败、学者作弊、明星吸毒、老人碰瓷、游客出丑、路人哄抢、企业造假、骗子诈捐诈保诈汇、大学生"精致利己主义"等,其实都可以归结为一点:当事人的"人的尊严"意识缺失。

想象一下,那些偷偷在楼道里乱扔垃圾的小区住户,那些眼看无人监督就乱闯红灯的开车人和骑车人,那些在自助餐馆浪费食物或带走食物的游客,有多少人是因为金钱太少、能力不够、不知道相关规定、生活过不下去了,才做这些不体面的事呢?

从"做何事"的角度看,这些事情也许不算大的错事;从"有何物"的角度看,这些人得到的并不是大的好处。但在做这些事情、得到那些便宜的时候,他们其实有意无意地降低了"成何人"的问题的分量,忽视了"做一个有尊严的人"在他们人生中应该有的位置。

无论从追求"精彩人生"的目标着眼,还是从消除社会问题的根源着眼,都要求我们在教育当中更加重视"尊严"这个价值。走出普遍贫困之后,"富而教之"的最重要任务是"教而贵之",通过教育来培养人的尊严意识。在一个普及九年义务教育的国家,培养学生尊重自己、尊重别人的意愿和能力,就是提升整个中华民族的尊严高度。在解决了"挨打""挨饿"问题但尚未解决"挨骂"问题的今天,只有从孩子们的教育开始,才能更有效地抵制敌人的恶意、化解外人的误解,尤其是避免朋友的失望。所以说,我们不仅要加强"知识教育"和"爱的教育",而且要加强"尊严教育"。

发扬自己个性、尊重他人自由是现代教育的题中之义

尊严教育是"平等的教育"。现代社会与传统社会最大的区别之一是,"平等"成了社会的主流价值,现代社会的"尊严"概念因此以平等而不是等级、特权作为核心内涵。以为人际关系不是以我为主就是以你为主,以为一个人不是做主子就只能做奴才,以为只有在一个前呼后拥的人群当中,自己才算得上有尊严,那都是对"尊严"的根本误解。把尊严意识建立在平等观念基础之上,同时也避免因为强调平等而忽视尊严、迁就平庸,是当今教育的重要任务。

尊严教育是"权利的教育"。人与人之间最重要的平等,是基本权利得到同等程度的法律保护。维护基本权利是确保人的尊严的外在条件。比方说,若没有为外来务工人员子女提供基础教育,那些孩子们的尊严、他们家庭的尊严,就无法充分实现。维护基本权利也是体现人的尊严的内在要求。比方说,不少高校,尤其是其中的不少专业,出现女生人数远远多于男生人数的情况,但这些学校也不能在招生过程中采取与专业无关的性别限制措施。因为不仅这种措施的后果,而且这种措施本身,都是对女生尊严的伤害。

尊严教育是"责任的教育"。我不赞成说"没有义务就没有权利",因为儿童虽然没有多少义务,但他们也有权利。但对于成年人来说,权利和义务(或责任)应该是对称的。学会长大成人,就要学会遵纪守法、承担责任。孩子在学校

里因为违反纪律而受到批评后,有些家长会对学校和老师非常抵触,这种心情可以理解,但要提醒的是,娇惯孩子而妨碍其逐步形成规则意识、责任意识,恰恰会妨碍孩子成长,妨碍孩子逐步形成有尊严的成熟人格,最终事实上会造成对孩子的严重伤害。

尊严教育也是"个性的教育"。前面讲过,人的尊严既与普遍价值有关,也与特殊认同有关。如果说普遍价值当中最重要的是"平等",那么特殊认同当中最重要的就是"个性"。孩子成长的一个普遍经历,是逐步懂得自己与他人的区别,越来越希望自己成为"自己"。尊严教育就是让学生在学会遵守普遍法则的同时,充分发挥自己的个性特点,用好自己的个性自由,并且在发扬自己个性的同时,也尊重别人的个性自由。这一点特别重要。

网上热传中国台湾一位校长的演讲,他主张在"天下兴亡"后面接着说"我的责任",而不是"匹夫有责"。这很有道理,因为"匹夫有责"就像"匹夫不可夺其志"一样,只有落实到一个个"我"的身上才不是一句空话。这位校长接着教导学生:身为中国人应该吃中国饭、穿中国衣。这也很好,因为在全球化时代特定的民族认同是有必要自觉捍卫的。但他用来论证这个要求的理由,则有点问题:他曾对请他吃西餐的西方人说"请给我拿筷子来"。因为,"筷子是文明的象征,而你们的刀是野蛮的标志,所以我不用"。在学生们面前郑重其事地以这种方式来说明筷子和刀叉的区别,无助于教导学生把尊重自己的个性与尊重别人的个性很好地结合起来。

身体力行体现师道尊严,促进学生形成自尊之心

孔夫子说:知之者不如好之者,好之者不如乐之者。在我看来,尊严教育的任务,就是要使学生对人的尊严,或者说对"有尊严的幸福人生",不但"知之",得到"理之所解",而且"好之",树立"志之所向",并且"乐之",获得"情之所享"。

为了让学生"好之"甚至"乐之",仅仅讲道理是不够的。最好的办法是把讲道理与讲故事结合起来,道理越深刻,故事就要讲得越生动。对学生来说,最生动的故事,莫过于朝夕相处的老师在他们面前的举手投足、一言一行。正是在这个意义上说,"尊严教育"的最好方式,是通过教师的身体力行来体现师道尊严。

所谓"师道尊严",先有"师道",后有"尊严"。只有不仅表达在言语中,而且体现在行动中的,才是真正意义上的"师道"。

即便用语言来表达"师道",表达的实际内容也往往体现在表达的方式当中。老师对学生说:"这本参考书特别好。"他的意思可以是解释"我为什么要用这本书教你们",也可能是表示"你们用了这本书我课堂上就不用多讲了",还可以是在向学生推销这本书。到底是什么意思,仅仅从这句话本身还无法判断清楚,而必须结合师生之间的日常互动。只有在这些互动当中,学生对教师的理解方式和信任程度才能够形成。

最容易妨碍学生形成尊师之心和自尊之心的,莫过于教师用"说话的方式"来否定自己"说话的内容"。比如,用粗鲁的口吻教育孩子"要有礼貌",带着犹疑的眼神要求学生"为人坦诚",漫不经心地祝愿张三同学"早日康复",叫着李四同学的名字表扬王五同学"助人为乐"……这些情况,就像一个孩子躲在屋里,外面有人敲门,孩子回答"屋里没有人"。

从这个角度说,尊严教育不仅是"良心活"(在目前的管理体系中,知识教育是有办法考核的,尊严教育大概还没有办法考核),而且是"技术活"(什么样的尊严教育是名副其实、行之有效的,什么样的尊严教育徒有其名甚至事与愿违,是一个需要好好研究和探索的大课题)。

比方说,中国教育的最佳传统是既讲"有教无类",又讲"因材施教"。两者如何统一,在知识教育领域已经有了大量探索成果,但这两个原则的统一如何实现于尊严教育之中,还有待好好探索。我有一个印象,我们的老师太容易对班上同学进行能力、成绩和品格方面的比较,而且太容易用某种标签把这种比较结果等级化、固定化。

又如,现在每到毕业季,各个学校的校长都要用最大的努力做一个精彩致辞,以表达对毕业生的祝愿和嘱托。但毕业典礼上传达给学生的最重要信息,或者说学校在这个场合给学生留下的最深刻印象,或许不是校长"说什么",而是校长"怎么说";不是毕业典礼有哪些内容,而是毕业典礼用什么形式。鼓励学生创新的最好方式,可能并不是校长要求同学"创新、创新、再创新",而是校长的致辞本身就让学生感到既合情合理又新颖别致;教导学生感恩的最好方式,可能并不是教师代表在发言时要求同学们"感恩、感恩、再感恩",而是教师代表实际地表达对自己老师的感恩,甚至什么都不用说,只要让同学亲眼目睹他们的老师、校长是如何做到对前辈和社会感恩的就行。

  总之,尊严教育是一个系统工程,从招生分班、教材教法到遣词造句、肢体语言,都要体现对孩子的尊重,体现培养他们人的尊严观念的要求。在这个系统工程中,具有核心意义的是"理性教育"。上面所说的现代意义上的"尊严"概念所包含的那些要素——价值和认同、平等和个性、权利和责任、规则和典范等,都可以归结在一个概念之下,那就是"讲理"。

  知识确实是力量,但讲理才给人以尊严。以自己的实际行动带着同学"乐于讲理"而不是"蛮不讲理","善于讲理"而不是"强词夺理","敬于讲理"而不是"言不由衷",这样的老师才是最有威信、最有尊严的。只有在这样的老师的教育之下,孩子才更有希望成为国家的栋梁之才,才更有底气拥有一个既充满快乐又受人尊敬的"精彩人生"。

11 从叙事出发抵达道理的终点[1]

作家铁凝的作品集里,有一部短篇小说《谁能让我害羞》。小说讲一位在城市里当送水工的外来务工人员,给一位女子送了几次水之后,开始有一些纠结的感受。在这个过程里,因为自尊心,他每次都尽可能地把自己打扮得体面一些,使用礼貌用语。在一次送水时,因为电梯坏了,他穿着从表哥那里偷出来的西装、皮鞋,扛着50斤重的桶装水爬了8层楼,口干舌燥,腰酸腹痛,向女人请求喝一口水,结果女人把手指向了洗碗池上的水龙头。这个动作成了压垮骆驼的稻草,他在混乱的情绪中掏出了身上的折叠刀。最后,他被接到报警后赶来的警察带走了。

就是这样一个短短的故事,把那个时代人际关系面临的种种转型,刻画得丝丝入扣。人的社会生活与社会交往,常常要面对利益、认同、价值等多种因素。而人与人之间和谐的关系有的建立在价值的基础上,有的建立在利益的基础上,如果要把道理说清楚,恐怕很难,但是通过这样一个故事,大家都能够领会。

因此,从哲学的角度出发,这个例子很好地说明了文学阅读在通识教育中可能起到的作用——以讲故事来讲道理。

美国哲学家理查德·罗蒂被认为是最有远见的哲学家。从罗蒂的论述来看,通识教育最重要的形式就是文学。他虽然是哲学家,但他是在大学的比较

---

[1] 本文刊于《文汇报》2017年12月5日。

文学系做教授,几十年一直在论证重要的不是哲学论证,而是叙事,文学会提高人的想象力和敏感性。举例来说,当我们讲到正义,如果从哲学入手来论证正义的必要性,会需要动用一套很复杂的体系,并且未必能获得一致的结论。但是通过阅读文学作品,也就是通过故事,人们提高了对于陌生人的痛苦的想象力,有了这样的想象力,就会去同情原本不认识的那些人。

当然,同样是以哲学的立场来看,虽然以讲故事来讲道理确实有它的优越性,但是讲道理不能只靠故事,还要靠阐述论证道理的那些部门。这是我跟罗蒂有所区别的地方。你判断这个故事是好的还是坏的,这是最简单的,但是判断它是主张正义的还是反对正义的,是让人变得更残酷的还是让人更有同情心的,这就有一些复杂了,需要借助理论。你可以说这些判断也是因人而异的,但是毕竟现在已经有了那些凝聚了许多代人智慧的理论,那些理论本身是有道理的。

故事之所以能讲道理,是因为它不仅仅是故事。在我们这个时代,后形而上学的时代,很难做一种基础主义的论证,即从一些完全不可质疑的前提出发引出一些结论。但这并不意味着我们一定要在基础主义的论证和相对主义之间做一个选择,或者在基础主义的理性主义和非理性主义之间做一个区分。但还是存在着非基础主义的论证的。

约翰·罗尔斯的"原初状态"就是用来进行一种非基础主义论证的理论设想。它只是一种论证的场景,不是从前提出发的一个逻辑论证,而是假设有一批人在其无知之幕背后完全不知道自己的身份是什么,在这种状况下让他们选择一种社会安排。

在这种基础上形成了两个概念。一个概念是反思平衡,它强调,最实质性的论证是在理论和常识之间,在你的观点和我的观点之间形成一个认知。我基于常识思考理论,又用理论修正我的常识,最后理论和常识之间达成一个相对比较接近、比较一致的观点,这样的结论就是站得住脚的:既不单纯从常识出发,也不单纯从理论出发。另一个概念叫重叠共识。同样一个观点,完全可以是基于不同的理由来形成的共识。罗尔斯的这种论证当中充满了叙事的成分。罗尔斯是一个技术性很强的很思辨的哲学家,而即使很思辨的哲学家,他的论证也可以有叙事在里面。讲故事为什么能讲道理？因为讲故事里面已经有讲道理的成分。讲故事就是邀请观众来分析我的一些预设，我在讲故事过程中是不是顺利，是不是流畅，是不是能够得到呼应。其实这也就是把我的见识和观众的见识进行一下平衡，一种反思的平衡，最后达成结论。其实就是在我把这个故事讲下去的过程中，听众把我的结论接受下来了，最后达成了一种重叠共识。这是后形而上学时代的论证方式。所以讲故事之所以能够讲清楚道理，让人讲理，不仅仅因为它是叙事，而已经是有理论、思辨在里面。

我再举一个例子。电影《天下无贼》里面，有一个小说原著里面没有的情节：刘若英扮演的女贼和刘德华扮演的男贼，一开始说要偷傻根的钱，但是折腾一段时间以后，女的说不偷了。男的质问她：为什么不偷了？你不要以为我们是谁，我们是坏人。女贼就跟他说我怀了你的孩子，我想为他积点德。这样一种叙事其实就是一种论证，当你要论证一个道德的结论，其实你要援引的不再是一个大的形而上学的体系或者说一个古老的传统，而是每个人内心的情感，要确定在日常生活当中使得我们能够正常生活的基础性的东西还在，尤其是当你想到家庭、想到下一代的时候。那么这样一种设想，不是一个论证，而是一种想象，把听众、读者生动地邀请进来，一起来分享这样一种场景，最后形成一种共识。于是人们会觉得女贼的回答是有道理的。这个道理在什么地方？当然哲学家可以来做好多论证，但是一般人都觉得这个故事是很有道理的。

这样一种道理只靠讲故事是讲不通的，还是要做分析来把道理提炼出来。我甚至觉得，这样一种设想——我希望我们的孩子生活在一个什么样的世界上，比罗尔斯的理论更有说服力。一个再糟糕的人，面对这样的问题，基本上也不会做出非常离谱的回答，这就是人类还有希望的地方，这就是我觉得儒家重视生命、重视家庭的传统之所以有力量的原因。

当我们说要讲道理时，还有一层意思是要听道理。讲故事最重要的就是让人听道理。听故事往往更能让人讲道理，为什么呢？跟抽象的理论论证、抽象的理论表述比，讲故事时别人更愿意听。自己讲清道理，同时让别人听明白道理，这正是讲故事的意义，也正是在通识教育中文学之所以重要的地方。

12 对教育焦虑做一点哲学分析[1]

教育焦虑已成为当代中国的突出现象,但教育焦虑不仅仅是一个中国现象。对教育焦虑不仅仅要做社会学、人口学、政治学、经济学、心理学、教育学等具体学科的研究,也要做哲学的研究,因为,教育焦虑(educational anxiety)与其他社会焦虑(social anxieties)之间的联系,需要在一个概念框架中加以理解;教育焦虑与学术焦虑(academic anxieties)的区别,需要在一个概念框架中得到厘清;教育焦虑的各学科相关研究,需要在一个概念框架中进行诠释和协调。对教育焦虑的哲学分析不仅有助于更好地理解专门处理自然(天)与文化(人)关系的领域的教育,而且有助于更好地理解作为"究天人之际之学"的哲学本身。

对"教育焦虑"的哲学研究包括四个方面,分别是对教育焦虑的概念分析、存在论分析、伦理学分析和方法论分析。

"焦虑"作为一个学术概念,是从19世纪才进入学者的著述当中的。在西方,最早比较深入而系统地研究焦虑现象的是丹麦哲学家克尔凯郭尔、奥地利心理学家弗洛伊德和德国哲学家海德格尔,他们以不同方式,都把焦虑看作人之为人的一种最基本状况。中文"焦虑"一词对应于德语的 Angst,而后者之所以在海德格尔著作中、译本中被译作"畏",是因为孔子所说的"君子有三畏:畏天命,畏大人,畏圣人之言"中的"畏"字,与"忧""惑""惧""怨""尤""虑""患"

---

[1] 本文是作者提交于2020年1月召开的上海市政协第十三届三次会议的大会书面发言,其中内容曾于2019年夏、秋几次讲演中做过比较详细的阐述。

等词相比,更接近于存在主义哲学传统中的"Angst"的含义。在把"正常焦虑"与"病理焦虑"(焦虑症)区别开来之后,可以进一步把"焦虑"分成"生存论焦虑"(与"人之所是"有关的一般焦虑)和"生活面焦虑"(与"人之所做"有关的特殊焦虑、与"人之所有"有关的特殊焦虑),而"教育焦虑"作为"与'人之所将是'有关的特定焦虑",介于生存论焦虑和生活面焦虑两者之间。

对教育焦虑的最基本的分析,是存在论分析;根据这个分析,教育焦虑与人类状况的如下特征有紧密关系:人类幼子生下来时尤其无助;人类成年后非常清楚自己会走向死亡;现代性控制了自然的不确定性,但增强了社会的不确定性;处在世俗化社会的人们,也是有"终极关怀"的,其特点是带有超越性特点的关切焦点从彼岸世界转到此岸世界,从逆向关系上的"老祖宗"(前辈)转到顺向关系上的"小祖宗"(后代)。

对教育焦虑的伦理分析的出发点就是对亲子关系之间这种特殊的主体间关系的分析:对于父母来说,孩子既是自己的派生,也是独立的他者。因为孩子是自己的派生,父母会认为为孩子就是为自己;因为孩子是独立的他者,所以父母亲们普遍有那种"可以委屈大人,但不可以委屈孩子"的牺牲精神;但孩子又毕竟是自己的派生,所以,对孩子哪怕打骂强迫,也具有某种道德正当性,所谓"棒头底下出孝子"。教育焦虑与父母对子女的责任有密切联系,而根据康德的著名命题是"应当蕴含可能",不可能之事不是义务,一个人能力越强,他的责任也就越大。随着经济社会发展,抽象的"应当"越来越因为具有实现的可能,而成为实际的责任(发展水平的问题)。但公共政策中的许多"门",是只对一部分社会成员开着的(不公平的问题),而公共政策中的许多"墙",在一定条件下又是会变成"门"的(潜规则的问题),因此,教育资源的分配的可能性、不足性、不当性和不确定性,从不同角度加剧了教育焦虑。基于上述分析,为了孩子的未来,家长很自然会不遗余力;而"不遗余力"的极端形式,是"道德献血",甚至"道德捐肾":不顾一切地为孩子争取机会,哪怕搞特殊、破规矩甚至坏名声,哪怕被原以为可能是"门"的"墙"撞得头破血流,也会被认为是具有道德正当性甚至道德崇高感的,就像必要时为孩子献血、捐肾一样。

对教育焦虑的方法论分析既是寻找教育焦虑的方法论根源,也是寻找克服教育焦虑的方法论思路。

首先要看到教育焦虑的意义不仅仅是消极的,而也可能是积极的。现代人还能从古代的"孟母三迁"和"断杼教子"的故事中得到启发和激励,表明适当的教育焦虑是具有积极意义的。

其次要看到不仅"谋事在人,成事在天",而且"成事在天,成人在己":父母和孩子一起作为一个家庭能做成什么事情,很大程度上取决于外部条件,而自己的家庭能成为一个什么样的家庭,主要取决于家庭成员们自己:哪怕身居陋巷,粗茶淡饭,也能亲慈子孝,其乐融融;在父母对孩子未来成长的期望当中,"成人"应该是比"成事"更重要的内容,而父母的可爱可信的人格榜样,应该被看作孩子"学以成人"的最关键条件;孩子最终被培育而成的那种成熟人格,将不仅懂得应该"尽人事以听天命",而且懂得如何"听天命而尽人事"。

第三,就像对国家来说"发展是硬道理"一样;对个人来说,尤其是对学生来说,"成长是硬道理"——这符合对中国教育现代化有过重要贡献的著名美国哲学家约翰·杜威的主张,更符合毛泽东所说的"好好学习,天天向上"。因此,评价一所学校的标准不应该仅仅是这所学校的学生在毕业时的状况,而应该是这些学生进校到毕业所取得的进步和成长状况。名校为争夺"优质生源"或"掐尖"而想方设法,甚至不择手段,恰恰是因为对办学水平的评估往往只看学生在毕业时的情况,而不看学生从入校到毕业的成长情况;如果把评估重点放在从入校到毕业的成长情况,学校更在意的就会是孩子的学习兴趣、学习动机、学习方法、学习能力,而不是他们是否提前学了好多科目的知识和能力。

第四,教育焦虑的产生往往与教育的目的和手段的关系没有恰当解决有关,是因为没有看到:目的和手段是相互诠释甚至相互转化的,但在特定的目的-手段关系中,本末是不能倒置的;目的一定比手段更富有价值,但手段未必都是价值中立的;价值当然是"好东西",但只有具备了实现的条件,并相应地在一个价值体系中得到排序的价值,才是真实而非虚幻的"好东西";目的的正当性通常会赋予手段正当性,但手段本身的不正当性也会取消目的的正当性。

最后,教育焦虑的产生与现代社会的道德分工格局有关:在现代社会的道德分工中,特定主体对特定对象承担特殊的道德责任,但整个道德分工格局应该经得起普遍主义的论证;针对特定个体的特殊责任行为必须有特殊约束,除了制度方面的硬约束以外,还要有道德方面的软约束:那些对"道德分工"或制度安排之正当性负有特殊责任的人们,不能为了其特殊责任对象的特殊利益而影响其公共职责的正常履行。那些在道德分工范围内为"自家人"做出"道德牺牲"(也就是因为不同程度地违反道德标准而造成道德人格的不同程度的伤害)的人们,不仅要甘愿接受可能招致的公正惩罚,而且要带着愧疚不安之心,加强自我修养,增大社会贡献,为公众、为那些无形当中很可能被牺牲了应得机会的人们,多谋福利。

  对教育焦虑的哲学分析的结论表明,我们在用好教育焦虑背后的教育发展之精神资源的同时,要努力克服过度教育焦虑对全社会各人群的不同形式的伤害。为缓解教育焦虑,家长要树立"成人成德重于成才成事"的教育理念;学校要形成"办学指标服从成长目标"的办学思路;政府要营造"好好学习总能天天向上"的社会环境。

13 不对称主体之间的平等交往何以可能？
——从哈贝马斯交往论读杜威教育观引出的一个问题[1]

尤尔根·哈贝马斯在其两大卷《交往行动理论》中一次也没有提到约翰·杜威的名字，但根据他对杜威的哲学——尤其是他的政治哲学的很高评价[2]，可以判断哈贝马斯对杜威在《经验与自然》中的"交往是万物中最奇妙之事"[3]的说法，是会非常有共鸣的。哈贝马斯的交往行动理论强调理想的交往情境的特征之一是交往主体之间的对称性，而杜威的教育哲学把教育的最高目标看作学生（以及所有受教育者、所有学习者）从较不成熟到比较成熟的成长过程，我们如果把这两种观点结合起来，或许可以对哈贝马斯特别关注的交往和杜威特别关注的教育，都得到一点特殊的启发。

约翰·杜威的教育哲学的一个重要观点，是任何交往都有教育意义。在其最重要的教育哲学著作《民主与教育》一书中，杜威专设一节讨论"教育与交往"（Education and Communication）。一方面，杜威强调交往与真正意义上的社会生活（共同体成员的共同生活）之间有内在联系。另一方面，杜威强调所有交

---

[1] 本文刊登于《学术月刊》2020 年第 1 期。
[2] 尤尔根·哈贝马斯："论杜威的《确定性的寻求》"，童世骏译，刊于约翰·杜威：《确定性的寻求》，上海人民出版社，2005 年，第 1—7 页。
[3] "Of all affairs, communication is the most wonderful." John Dewey: *Experience and Nature*, George Allen & Unwin, LTD, London, 1929, p. 166. 参见杜威：《杜威全集·晚期著作》第一卷，傅统先、郑国玉、刘华初译，马荣校，华东师范大学出版社，2015 年，第 112 页。

往(也就是所有真正意义上的社会生活)都是富有教育意义的:"作为交往的接收方,就是去拥有被扩展和改变了的经验。一个人分享到另一个人的所思所感,在这个程度上,他自己的态度多多少少也会有所改变。做交往的一方面也不会不被改变。"[1]杜威举例子说,我们如果想把自己的稍微有一点复杂的经验充分、准确地传达给另一个人,都要想办法跳出这种经验,像外人那样看待它,考虑它和别人的生活有什么接触点,必须富有想象地吸收对方经验中的某些东西——在这个过程当中,他自己对于自己所要传达的那个经验的态度,其实已经发生了变化,在此意义上受到了教育。

杜威之所以说所有交往都具有教育意义,是因为他认为交往当中的各个方面都可能通过交往而使自己的经验得到扩展和改变。经验得到扩展和改变,就是杜威所理解的"成长";在杜威看来,成长是生活的特性,成长也是教育的目标;在成长之外,教育并无其他目标。或许我们可以仿照邓小平说"发展是硬道理"的口气,把杜威的观点概括为:"成长是硬道理。"

从某种意义上说,"成长是硬道理"这个观点,在今天比在杜威一百年前刚到中国的时候,对中国教育的重要性有过之而无不及。中国教育的今天与它的百年之前当然已有天壤之别。但有一个不那么积极的现象,却是在今天比在百年之前更加严重的,那就是当今中国社会各群体各阶层几乎无一幸免的教育焦虑。焦虑与可能性有关;教育焦虑在当今中国如此普遍,恰恰与当今中国社会各群体各阶层在教育方面普遍拥有了百年之前无法想象的可能性有关——百年之前的中国民众在教育方面很少有可能,也很少有希望;所以,他们所有的不是教育焦虑,而是教育冷漠或教育绝望。但毕竟,教育焦虑不能只从正面来理解;过于普遍而严重的教育焦虑,无论对个人、对家庭还是对社会、对国家,都会有很大伤害。在我看来,应对当今中国社会普遍而严重的教育焦虑的一个办法,是从杜威有关"成长是硬道理"的教育思想当中得到启发。

成长是硬道理,意味着我们不应该把人生旅程机械地分为目标和手段两个

---

[1] 杜威:《杜威全集·中期著作》第九卷,俞吾金、孔慧译,华东师范大学出版社,2012年,第7页。译文根据英文原文略有调整,以下同。

部分,不应该认为人生当中那个被当作手段的部分(比如被当作"起跑线"的童年),其价值似乎仅仅是为了目标的实现——为了将来的"成功人生",孩子现在似乎是可以被超负荷的学习和培训、刷题和考级、择校和住读牺牲掉的。用杜威的话来说:"由于生活意味着成长,所以生存着的人生活得真实而积极,在其每个发展阶段上,生活都有同样的内在充实性和绝对诉求。由此可见,不论人们处于什么年龄段,教育乃是提供确保其成长或合理生活的各种条件的一项事业。"[1]

成长是硬道理,意味着我们不应该用抽象的同样的指标去衡量不同的活生生的人。每个人的成长起点不一样,成长环境不一样,对成长内涵的理解和兴趣不一样;所以,不顾一切地依据隔壁邻居家和微信朋友圈里的孩子们受教育的状况(上什么学校、请什么家教、得什么分数)来衡量自己家孩子受教育的状况、制定自己家孩子的受教育规划,不做区别地用某个指标(比如升学率以及"一本率""清北复交率")对各个学校进行评价,都是误解了教育的本意,都是没有看到,"衡量学校教育价值的标准,就是它在何种程度上制造了继续成长的欲望,又在何种程度上为在实际生活中满足这种欲望提供了行之有效的手段"[2]。

成长是硬道理,并不是说任何"成长"都是硬道理。作为一个经验主义者,杜威所说的"成长"是指经验的拓展,但正如他在1938年出版的小册子《经验与教育》中所说的,"并不是所有的经验都真正地具有教育的性质,或者相同地起着教育作用";"任何对经验的生长起抑制作用或歪曲作用的经验,都具有错误的教育作用。有一种经验可能使人产生冷漠,造成人们缺乏感受性和责任感,因而会限制将来获得更丰富经验的可能性。再则,一种特定的经验虽然可能在一个特殊的领域里增加一个人特定的技能,但也会使这个人墨守成规,其结果将缩小经验继续增长的范围。一种经验可能立即会带来欢愉,但也会使人养成懒散马虎和无所谓的态度,而这样的态度会改变后续经验的性质,从而使一个

---

[1] 杜威:《杜威全集·晚期著作》第九卷,俞吾金、孔慧译,华东师范大学出版社,2012年,第46页。
[2] 同上书,第47页。

人无法得到这些经验本应给予他的东西。此外,经验可能是彼此分离的,虽然每个经验自身是令人愉悦的,甚至是令人兴奋的,可它们彼此之间不能持续地连贯起来。因此,人们的经历就会被消耗,人也就会变得心不在焉。每个经验都可能是富有活力的、生动的、'有趣的',然而其非连贯性可能使人们形成不自然的、分散的和离心的行为方法,后果是人们无法控制未来的经验"。[1] 杜威接下去列举了他所说的"传统教育"当中的一些"消极经验"的例子,其中包括"有多少学生一提起学习过程就感到无聊和厌倦"![2] 这些描述,我们在大半个世纪后读到,会感到就像是在讲我们今天身边的情况那样。

教育是成长,而成长是从不成熟到成熟的转变,是从现在的经验向未来的经验的扩展。杜威很清楚,这种成长或扩展是有多种可能、多种方向的,而其中最重要的区别,是"这种方向的成长是促进还是妨碍一般成长",或者说,"这种成长是为进一步的成长创造条件,还是设置种种障碍,使在这种特定方向成长的人丧失在新方向上继续成长所需要的动因、刺激和机会"?[3] 在杜威看来,"当且仅当一种特殊方面的发展能引导继续成长时,它才符合教育即成长的标准"[4]。

教师作用的重要性,就在这里:给作为不成熟者的学生的经验重组扩展的方向提供引导。杜威说:"作为成年人,作为教育者,应该拥有更加成熟的经验,这种经验使他能够对年轻人的每一种经验做出评价,而经验尚不成熟的人就无法做到这一点。教育者的任务是注意一种经验所引领的方向。如果教育者不用较强的洞察力去帮助经验不成熟者组织经验所需的情景,反而放弃他自己的见解,那么,他拥有更成熟的经验这一点就没有意义了。"[5]

教育领域师生关系是成熟者与不成熟者之间的关系,这本来是不言而喻的事情;但因为杜威强调教育是一种交往,而不仅根据最有影响的交往行动理

---

1 杜威:《杜威全集·晚期著作》第十三卷,冯平、刘冰、胡志刚等译,华东师范大学出版社,2015年,第9—10页。
2 同上书,第10页。
3 同上书,第15页。
4 同上注。
5 同上书,第16页。

论——哈贝马斯的交往行动理论,交往的理想前提是交往主体之间的对称性,而且杜威自己也非常强调师生之间的关系应该是一种平等的关系,所以,教师和学生这两个主体之间的不对称性,就值得予以特别关注了。思考这个问题不仅具有实践意义,可以帮助我们更好地进行师生交往;而且具有理论意义,因为师生交往仅仅是不对称交往的诸多形式之一,通过对师生交往的分析,我们可以对"不对称主体之间的平等交往何以可能"这个普遍问题有更好的理解。

所谓"不对称者",是如左和右、上和下、男和女、老和少这样的关系,其中每个关系中的两个关系项,都是不同的、不可替换的。在学校里,教师之间的关系、学生之间的关系是对称关系,而师生之间的关系则是不对称关系。教师和教师当然有许多差异,学生和学生也有许多差异,但就他们作为教师与其他教师没有差别,或他们作为学生与其他学生没有差别。

不对称者之间的交往会不会成为问题,我们把所谓"道德金律"("己所欲,施于人")或"道德银律"("己所不欲,勿施于人")[1]用在不对称者之间,就可以比较清楚。相对来说,在对称者之间,比如在教师之间,或在学生之间,通常所说的"设身处地"或"将心比心"比较容易;但在师生之间,或在亲子之间、官民之间、本地人和外乡人之间,就很容易出现类似"饱汉不知饿汉饥""夏虫不可语以冰"的情况。正因为这样,现在香港中文大学任教的黄勇教授建议用"道德铜律"取而代之,其正面表述是"人所欲,施于人",其负面表述是"人所不欲,勿施于人"。[2]

在我看来,黄勇教授的办法并没有解决问题,不仅是因为他所赞成的"道德铜律"和他不满意的"道德金律""道德银律"一样,都局限于道德主体一家的至多是类似于虚拟对话的独白式思维之中,而且是因为,这种虚拟对话(设身处地、将心比心地想象对方或他者需要什么或不需要什么)被用在不对称主体间关系之上,比被用在对称主体间关系之上,是更不合适的。一方面,不对称主体之间更容易出现"饱汉不知饿汉饥"这样的认知上的失误;另一方面,在像师生

---

[1] 参见黄勇:"道德铜律作为全球伦理原则:以儒家和道家为资源",《全球化时代的伦理》,台大出版中心,2011年,第11—12页。
[2] 同上书,第39页。

关系这样的不对称主体关系中,责任比较大的那方(教师)如果采取"人所欲,施于人"和"人所不欲,勿施于人"的态度,还会是一种道德上的失职,因为这里的"人"是学生,而学生的"所欲"和"所不欲",恰恰是教师不仅要去了解,而且要去判断和引导的。即使是非常反对对儿童的成长"强加单纯的外力控制"的杜威,也认为一个教育者"应该能够判断什么样的态度实际上是有利于成长的,而什么样的态度是对成长不利的"[1]。在杜威看来,教师的主要职责,就是在这种判断的基础上,对儿童的经验扩展和成长进行引导:"不仅要知道利用周围环境形成实际经验的一般原则,而且要认识到哪些环境有利于促进未成年人成长的经验。他们尤其应该知道如何利用物质的和社会的环境,以便从物质的和社会的环境中提取一切有助于建立有价值的经验的东西。"[2]

《礼记·大学》中一段有关"絜矩之道"的话,值得在这里做一点分析。一方面,这段话涉及的都是不对称关系,上与下、前与后、右与左:"所谓平天下在治其国者:上老老而民兴孝,上长长而民兴弟,上恤孤而民不倍,是以君子有絜矩之道也。所恶于上,毋以使下;所恶于下,毋以事上;所恶于前,毋以先后;所恶于后,毋以从前;所恶于右,毋以交于左;所恶于左,毋以交于右。此之谓絜矩之道。"另一方面,这段话又历来被认为是体现了孔子的"忠恕之道"(也就是黄勇所说的道德金律和道德银律):"己欲立而立人,己欲达而达人"和"己所不欲,勿施于人"。这两个方面,有没有矛盾、能不能协调?搞清楚这一点,或许有助于我们回答以师生关系为典型的"不对称主体之间的平等交往何以可能"的问题。

由此想到朱熹在回答门生有关絜矩之道的问题时说的一些话(《朱子语类·卷第十六》)。朱熹说,这里涉及的其实不只是两个主体之间的关系,而是三个主体之间的关系:

"德元问:'"我不欲人加诸我,吾亦欲无加诸人",与絜矩同否?'曰:'然。但子贡所问,是对彼我说,只是两人;絜矩则是三人尔。'"

什么叫"絜矩则是三人尔"呢?在回答絜矩之道是否是指"我不欲人加诸

---

[1] 杜威:《杜威全集·晚期著作》第十三卷,冯平、刘冰、胡志刚等译,华东师范大学出版社,2015年,第16页。
[2] 同上书,第17页。

我,吾亦欲无加诸人"的问题时,朱熹说:

"此是两人,须把三人看,便见。人莫不有在我之上者,莫不有在我之下者。如亲在我之上,子孙在我之下。我欲子孙孝于我,而我却不能孝于亲;我欲亲慈于我,而我却不能慈于子孙,便是一畔长,一畔短,不是絜矩。"

换句话说,在处理不对称主体间关系的时候,有一种办法有助于克服主体间关系的不对称性,那就是在彼此不对称的两个主体之间,再设置一个第三者——比方说,在上下关系中,"上"者可以设置一个"更上"者,使得自己既是"下"者面前的"上"者,也是那个虚设"更上"者面前的"下"者,从而对"下"的了解不仅是居上临下的想象,而同时也是设身处地的体验;"下"者(比如年轻者)可以设置一个"更下"者(更年轻者或下一代),使得自己既是"上"者(年长者)面前的"下"者(年轻者),也是那个虚设的"更下"者(更年轻者或下一代)面前的"上"者(年长者),从而对"上"的了解不仅是自下而上的想象,而同时也是设身处地的体验。

这种意义上的絜矩之道,这种通过虚设第三者来处理不对称主体间关系的办法,基本上就是李大钊在1917年4月1日发表于《新青年》上的一篇文章的思路。在这篇题为"青年与老人"的文章中,李大钊认为青年和老人各有优势,应该相互尊重,通力合作,同时又指出,青年人哪怕看到"吾国现代之老人"有种种缺点,自己更应该做的,是想到他们自己也会成为比他们更年轻的人们眼中的年长者,因此要把更严的要求、更重的责任放在自己身上:"吾惟盼吾新中国之新青年速起而耸起双肩,负此再造国家民族之责任,即由青年以迄耄老,一息尚存,勿怠其努力,勿荒其修养,期于青年时代为一好青年,即老人时代为一好老人,勿令后之青年怜惜今之青年,亦如今之青年怜惜今之老人也。"[1]

按照这样一种思路,回过头来看那个由杜威教育思想引出的问题:适合民主社会的那种教育[2],作为成熟者之教师和作为不成熟者之学生之间的交往,

---

[1] 李大钊:"青年与老人",《李大钊文集》上,人民出版社,1984年,第371页。
[2] 杜威对民主社会的教育意义有这样的阐述:"与不民主的社会安排和反民主的社会生活相比,民主的社会安排使人生经验获得一种优良的品质,民主社会能更广泛地被人们所接受和受到人们的喜爱。"杜威:《杜威全集·晚期著作》第十三卷,冯平、刘冰、胡志刚等译,华东师范大学出版社,2015年,第14页。

如何克服由于双方地位不对称而带来的交往障碍？作为教师，要使自己能更有效地进行师生交往，我们不仅要在学生面前意识到自己是老师，而且要在我们的老师面前意识到自己是学生——这里所说的"在我们的老师面前"，可以是想到我们现在仍然尊崇和请教的老师，也可以是回忆我们过去曾经受教过的老师，还可以是想象中的我们的老师、我们心目中的理想的老师。在这些意义上的老师面前，我们是学生，是学习者，我们希望自己能经历一个卓有成效的学习过程，我们希望自己能被允许有一个自主而快乐的成长过程，希望自己能在这个过程中被理解、被尊重。这样一种很大程度上突破了自我中心和独白思维的思维操作，会使我们更加有效地实现如杜威所说的"对各个人作为个体而有同情的理解"，使自己作为教师更好地了解"正在学习的儿童实际正在想什么"，[1]也会使我们更加有效地把教育过程，以及作为学习过程的全部人生，实现为哈贝马斯以及他所延续的那个思想传统所追求的目标：每个人的自由发展是一切人的自由发展的条件。[2]

---

[1] 杜威：《杜威全集·晚期著作》第十三卷，冯平、刘冰、胡志刚等译，华东师范大学出版社，2015年，第16—17页。
[2] 《马克思恩格斯文集》第2卷，中共中央马克思恩格斯列宁斯大林著作编译局编译，人民出版社，2009年，第53页。见 Kenneth Baynes 为《哈贝马斯手册》(*The Habermas Handbook: New Directions in Critical Theory*, edited by Hauke Brunkhorst, Regina Kreide and Christina Lafont, Columbia University Press, New York, 2009, p. 541)写的条目"平等"。

第三篇

忆前辈

01　优秀的先生方能成就优雅的学府[1]

告别钱谷融先生才一年多,我们又送走了徐中玉先生。这两位总被相提并论的世纪老人,正如有人感叹的那样,代表着中国高校的一个时代。

这个时代的一个特点,是校园里总可以看到老先生在悠闲地散步,同学总有机会与自己敬爱的老师打招呼,说几句话,甚至还可以在小径旁、绿荫下,找个椅子坐下,好好聊聊。

我虽然大学本科报考了本校中文系,但结果被政教系录取,尽管因此有幸成了冯契先生的学生,但无缘在徐中玉先生门下学习。此后几十年间,与徐先生的最多接触,是像许多师大人一样,经常有幸看到先生在从二村到长风公园或到师大校园的路上散步。几十年的岁月中,徐中玉、钱谷融和冯契、陈旭麓等先生们在校园里散步的身影和步态,都是最优雅的景致。

每次读到19世纪英国著名学者纽曼关于大学的描绘,"在这个地方,年轻人因为它的名声而为之倾倒,中年人因为它的美而心中点燃激情,老年人因为它引起的联想而加固忠诚",我总联想到我自己的学校,联想到学校有幸拥有的这样一批前辈老师。华东师大的校园以景致秀丽著称,但如果没有以徐中玉先生为代表的这样一批先生,以及由他们所开启的精神传统,校园景色再美,也当不起"优雅学府"的美名。

在我看来,真正意义上的优雅学府,是以培养栋梁学子为己任的,因为真正

---

[1] 本文刊于《文汇报》2019年7月5日。

意义上的优雅,与尊严联系在一起。

以徐先生为代表的那个时代的又一个特点,是校园里面悠闲散步的老先生们,往往曾有过为自己为同胞的尊严而奋力抗争的人生经历。

徐先生去世以后,有人用"望之俨然,即之也温,听其言也厉"来形容先生,我也有同感。《论语》中子夏对君子之态的这个形容,其核心含义,是君子身上的那种人格尊严,那种因为其内在人格而令人肃然起敬的精神力量。像许多同辈人那样,徐先生在漫长人生中经历了许多挑战和考验;他的人格力量是战胜这些挑战和考验而坚持原则、追求理想的结果。这些精彩的人生故事,当然有各种类型,有各种情节,但其中总有一些会令学生们或肃然起敬,或茅塞顿开,或时时获取力量,或久久难以忘怀。

当然,我有机会拜访徐先生的时候,先生已经九十好几,已经不会给来访者讲太多故事了。因此,我印象中的徐先生,更符合《论语》中对君子的另一种描述:"欲讷于言而敏于行。""讷于言"是我的亲身印象,"敏于行"是我从许多同事那里得知的。对原则的坚持、对理想的追求并不只是表现为关键时刻的沉默和拒绝,也表现在尽己所能的参与和创造。对我来说,我亲眼见证的先生在 2013 年 11 月捐出毕生积蓄设立百万元奖学金,也是他"敏于行"的特殊形式。这个善举,媒体报道说是"百岁教授以捐赠毕生积蓄设立奖学金的方式来为自己贺寿",但按我私下的理解,先生或许是要以这种方式,来驱散自己因为大自然规律而无法继续"敏于行"、继续为社会做工作做贡献的无奈和遗憾。

联想到我自己的老师冯契先生,我们或许也可以说,有一批老师们,是把学术当作生命的,是把教书育人、著书立说当作他们最重要的人生使命的。

冯契先生在"文革"后重新实施其毕生最重要著作的写作计划的时候,已经六十三岁;十七年后,他把生前最后一部讲稿整理成书稿并送到本校印刷厂后不久,就不幸病故了……

写到这里,由徐先生联想到冯先生,我突然意识到,这两位同庚同事所代表的那个时代,或许还有第四个特征——

那时大学中最受弟子们爱戴的老师,往往不仅是弟子们的说教者,而且常常是弟子们的倾听者。

在悼念先生的文字中可以看到,在先生的学术盛年,也经常是一群学生在先生家里"自由自在地讨论乃至激辩",而先生则"坐在那把硬木椅上,仔细倾听,最后略为点拨,或者做一个引导性的总结,留下让他们自己领悟的空间"。我自己并没有中文系同龄人那么幸运,做研究生期间并不敢单独向冯契先生登门求教。但在留校任教以后,尤其在1989年8月从国外访学回来以后,因为住处离冯契先生家很近,经常不打招呼就去先生家坐坐。在先生家里,通常是我说的比先生说的更多,而先生总是耐心地听我说,有时候看到我犹豫了,还笑眯眯地鼓励我继续说下去。多年以后,当我论证"讲理"不仅包括"说理"而且包括"听理"的时候,我总会不仅提到德语中名词"理性"与动词"倾听"是同根语词,而且想起冯契先生那作为倾听者的哲人形象。

徐中玉先生去世了,他和他的同辈们所代表的中国大学的那个时代,到底过去了吗?当今的中国大学中,改革开放以后出生的教师越来越成为教师的主体,进入新世纪以后出生的学生越来越成为学生的主体,而师生之间的交往,或者意味着路途不近的来回奔波,或者依赖于信息技术的复杂应用。考虑到这些因素,徐先生和冯先生们,确实可能已经与中国大学越来越远了。但是他们所代表的那种从容优雅的人生态度,那种凛然正气的人格力量,那种对工作兢兢业业、对学生循循善诱的为师之道……那种真正意义上的大学精神,真正意义上的学府魅力,却依然可能甚至必须在我们的校园里生生不息、代代相传。

02 我们的"文脉"是有"师魂"贯穿其中的[1]

《丽娃档案丛书》序言

很少有一条小河那么有名,很少有一条名河那么小巧。华东师大的这条校河,虽然在市中心中北校区的地图以外难见踪影,却在遍布全球的师大校友的心里,时时激起浪花。

站在丽虹桥上望着丽娃河,那绿树鲜花簇拥着的、蓝天白云倒映着的清澈水面,有人会嫌她过于清纯不够豪放,有人会提醒说她也曾受过污染,与师大结缘于郊外新校区的老师和同学们,会觉得她与闵行的樱桃河其实各有千秋。但是,一年又一年,一代又一代,有多少人,一提起她的名字,有说不完的话,却又常常不知从何说起……

华东师大成立于1951年10月16日,成立大会的地点就在离丽娃河不远的思群堂。华东师大的基础是成立于1924年的大夏大学和成立于1925年的光华大学的全部,以及其他一些高校的部分系科,其中包括成立于1879的上海圣约翰大学分解以后的最大部分,即理学院、中文系和生物系,还有那西文藏书颇丰的图书馆。尽管按惯例我们可以把建校日确定在上世纪20年代,甚至还可以追溯到中国土地上第一所现代大学诞生的一百三十多年前,但我们更珍惜"新中国第一所师范大学"的荣誉,更珍惜曾经是全国16所重

---

[1] 这里汇聚的是几篇总结本校优良传统的图书的序言。

点建设高校之一的责任,也因此而更珍惜与这种荣誉和责任有独特缘分的那个校园,那条小河。

因此,"丽娃"是一种象征,象征着华东师大的荣誉,象征着华东师大的责任。编选以"丽娃"命名的这套丛书,是为了表达我们对学校的荣誉和责任的珍惜,表达我们对获得这种荣誉和履行这种责任的前辈和学长们的怀念和景仰,也表达我们对不同时期支持学校战胜挑战、追求卓越的历届校友和各界人士们的由衷感激。

这套丛书,应该忠实记载华东师大百余年的文脉传承和一甲子的办学历程,全面解读"平常时节自信而低调、进取而从容,关键时刻却挺身而出,义无反顾"的师大人气质,充分展现华东师大精神传统的各个侧面和形成过程。

这套丛书,应该生动讲述历代校友的精彩故事和不同时期的奋斗历程,让我们和我们的后代们知道,华东师大的前辈们是怎样用文化的传承来抵抗野蛮和苦难的,是怎样用知识的创造来追求光明和尊严的,也是怎样努力用卓越的学术追求与和谐的团体生活,来培养德智体美全面发展的社会主义建设者和接班人的。

这套丛书,更应该激励我们和我们的后代,永远继承"自强不息""格致诚正"的精神,发扬学思结合、中外汇通的传统,不断追求"智慧的创获""品性的陶镕""民族和社会的发展"的大学理想,忠实履行"求实创造,为人师表"的师生准则。

这样一套丛书,将不仅成为华东师大这个特定学术共同体的自我认识和集体记忆,也将成为人们了解现代中国高等教育曲折发展、研究中华民族科教兴国艰苦历程的资料来源和研究参考。

从这个角度来看,编辑出版这样一套丛书,是以一种特殊方式续写着华东师大的历史,更新着华东师大的传统,丰富着华东师大的精神。

因此,我们有多种理由对丛书的诞生和成长充满期待,祝愿"丽娃档案丛书"编辑工作取得圆满成功。

2014年3月7日

《聆听丽娃河》序言

刘珩和李连娣几位学长同事嘱我为《聆听丽娃河》写序,我诚惶诚恐,只能从命。

说起来,我与丽娃河畔结缘,虽然迟于刘、李二位,但也已经是三十多年前的事情了。1978年春天进校以后,我先是在河西学习,后是在河西工作;1989年夏天分得的首间住房,与丽娃河边的工会俱乐部相隔几步。1997年初,我从"一村居民"变成了"三村居民",住到了校园之外,但仍在丽娃河边教书和服务。2004年夏天,我调任上海社科院,过了七年才重回母校。但即使在这段时期,我也一天都没有离开过丽娃河:从我家2003年春天搬进的苏州河边新居放眼西望,作为"师大八景"之一的"三馆迎绿"依稀可见。我在阳台上用长焦距拍的一幅三馆照片,还曾被宣传部同事要去,在校园网上悄悄亮相。

关于丽娃河的文字和影像,公开发表的已有不少;历届校友们私下创作和传阅的文字和照片,更是不计其数。相比之下,我们眼前的这本图册,却因为编者与丽娃河的结缘之长和感情之浓,因为编者在考证史料和提炼文字方面的水平之专、功夫之深,更因为此书覆盖内容之全、涉及名目之多,而可以说是独一无二的。即使我这样的半老师大人,也依然从图册中了解了大量新的信息,获得了许多新的感受。作为读者,作为师大一员,我想借此机会对编者们深表谢意。

但也有一些内容是我想在图册中找而没有找到的,比如我读本科和研究生时住过的第五宿舍,又比如我成为青年教师以后住过的教工宿舍。关于第五宿舍,本书提到了,说它"已于1999年10月拆除,原址上新建第五学生公寓一栋,六层砖混结构,总面积18 294平方米"。但是,这幢陪伴过无数同学校友学习生活的建筑,这幢也曾见证过包括常溪萍书记和冯契老师在内的师大前辈的奋斗和苦难的房子,我在书中没有找到它的照片。老师大人称为"新教工宿舍"的那幢朴实建筑,大概是与老五舍一起拆除的;在紧挨着河西食堂的原址上,现在能看到的是一块赏心悦目的草坪。曾经在这里度过快乐而艰辛的"青椒"岁月的人们,尽管当初对这幢建筑未必有多少好感,现在却会为即便在书本中也未能找到它的痕迹而略感遗憾。

在这里说这些遗憾,并不是说这本图册因此就不够重要,而恰恰是要说明它因此而更加重要:我们在图册中读到的那些史实和故事,有不少已经蒙上了厚厚的岁月尘埃;若不是编纂者们的广泛搜集、精心考证和优雅文笔,它们就会与我们渐行渐远,最后完全消失在我们的记忆之外。要感谢这本图册的编纂者们,他们使丽娃河边的那么多楼宇桥梁和树木花卉,那么多名人轶事和青春梦想,能免于"第五宿舍"和"新教工宿舍"的遭遇,而留下鲜明的图文记载,使这些图文所凝聚的遥远记忆,成为每一代华东师大人心中回荡的感人乐音。

2015 年 9 月 14 日

《师魂》序言

师魂者,师辈之魂、师道之魂,师大之魂也。

只因有了师魂,秀丽典雅的师大校园才更加令人留恋,学贯古今的师大导师才更加令人景仰,求学若渴的师大学子才更加令人羡慕……

在六十周年校庆之际,学校老教授协会的老师们编著了《师魂》一书。读了这本书,我为学校有那么多才情丰茂、仁智兼具的前辈而荣幸,为老师们教书育人、著书立说的丰硕成果而自豪,也对前辈老师们的爱国之心、自强之志、治学之道、授业之艺、育才之情在我们的美丽校园里薪火不灭、代代相传,充满期待。

为了让更多师大同仁和年轻学子受惠于学校的精神传统,吴铎老师他们又不辞辛劳,编成了这个简本。华东师大的每一位师生,尤其是立志在师大校园不仅从事一个职业,而且创造一份事业的年轻同仁,应该都能够从这本书中不仅获得智力上的启发,而且得到精神上的激励。

2012 年 7 月 24 日

《文脉》序言

《师魂》之后,又有《文脉》;吴铎等老教授协会的老师们先后编选的这两本书,对华东师大的精神传统做了既全面又简练的概括。读过《师魂》再读《文脉》,可以对我们这所以"师范"冠名的综合性研究型大学,对学校的诸多学科的建设历程,对这个历程中所体现的学校文化,有更好的理解。

我曾是本校学生,后来又留校任教;书中叙述的不少人、事,我应该都不是完全陌生的。但读过书稿以后,我还是有不少收获,有许多感慨。

首先是有感于我校前辈们的敢为人先的创新精神。书中频频出现的一个词是"最早":某某学科的起步,某某研究所的建立,某某学术刊物的创办,某某学术观点的提出,往往不仅在师范大学当中是最早的,而且往往在所有国内高校当中是最早的;不仅在改革开放以后是最早的,而且在新中国成立以后是最早的,甚至在国际上是最早的。华东师大之所以能跻身"985高校"行列,很大程度上就是因为我们的前辈们从很早开始就致力于实现"师范性"与"学术性"的统一;正是靠了他们对学术卓越的不懈追求,我们才能在不少学科领域承担着国家队的责任,并且随着整个国家的不断发展,力求在国际范围内做出更大的学术贡献。

其次是有感于我校前辈们谋划发展的学术眼光。书中频频出现的另一个词是"规划"。我校目前发展得比较好的一些学科,往往得益于我们的前辈们深度参与了全国范围的学术规划,及时把握了学科发展的前沿成果,敏锐感悟到了国家和社会的最新需求,以及深刻认识了学科发展的内在规律。当然,学术发展中常常有"着意栽花花不发,等闲插柳柳成阴"的情况,但经历过"文革"以后百废待兴局面的人们,都深知在那个时期做好"着意栽花"的工作,是多么重要。即使在今天,面对高等教育和科学研究领域的"不进则退,慢进也是退"的激烈竞争,我们要做好学校学科建设的规划和布局,包括及时有效地为"等闲插柳"提供成长空间,也必须具有更高的自觉性和主动性才行。

第三是有感于我校前辈们建设学科的大局观念。学科建设首先是通过科学研究解决科学问题,但同时最好也能通过科学研究解决实际问题,并且在这个过程中高水平地履行人才培养和文化传承创新的职能。我们不仅要把学科建设放到高校建设的系统工程当中去理解,而且要把学科建设自身也当作一个系统工程来看待:从专业设置、机构培育、学位点申报,到专家聘请、队伍建设、设备研制,再到项目设计、刊物创办、教材编写,甚至资料翻译、图书购置、人员培训,等等,这些都可以说是缺一不可的,都需要有人来认真落实。如果没有书中提到的那种精神,"在做好教学工作之余对科学研究的热情,不计名利的忘我工作,同事间友好合作的团队精神",学校的学科建设是不可能达到现在这样的水平的。

第四是有感于我校前辈们培育后学的长者风范。任何一个学科的持续发展,都不仅需要团队同事的齐心协力,而且需要团队梯队的代际接力。本书汇集了不少前辈学者对青年学者的教育、培养、锻炼和提携的生动事例,它们既体现了华东师大"文脉"的一个关键意义,也提示了继承这种文脉的一个关键之举。

书中提到的不少老师在我读书时是我的任课老师和研究生导师,或者在我工作后指导过我的教学和科研;借着遵吴铎老师之嘱写这篇序言的机会,向老师们表示衷心的感谢。

2016 年 5 月 1 日

《回望·新声——华东师范大学哲学系师生访谈录》序言

本书汇集了华东师大哲学系的同学们对 39 位师生校友的访谈。从某种意义上说,冯契先生是本书的真正作者。尽管先生在 20 年前就离开了我们,但收进本书的每个访谈的主角,都深情怀念先生对自己的教诲或对自己的影响;这本访谈录的编纂出版本身,就是为了纪念先生的百年诞辰。

"怀念""纪念"或一般意义上的"记忆",历来是心理学家、文学家尤其是历史学家热衷的话题,但近年来,其他学科也纷纷高调介入对记忆的研究:社会学研究个体记忆和集体记忆、个体认同和集体认同的关系,软件工程学研究记忆的储存,经济学研究"体验的自我"和"记忆的自我"在消费决策中的不同作用,哲学家研究记忆与遗忘的关系,记忆与理性的关系,记忆与懊悔和希望、怨恨和宽恕等的关系——这些关系,其他学科在研究记忆的时候其实都无法回避,但哲学家在本体论、认识论、伦理学等不同领域对记忆问题的讨论,从现象学、分析哲学和社会文化批判等不同进路对记忆问题的讨论,在我看来不仅在丰富着哲学自身的内容,而且在丰富着哲学与其他学科的关系,丰富着哲学与人类生活的关系,丰富着现代化、全球化和信息化中的当代世界当中人类对自己之过去、现在和未来的理解。

在冯契先生的专著和论文中,我不记得有像金岳霖在《知识论》中那样专门讨论"记忆"问题的。但是,不仅冯契的哲学史著述当然是与记忆有关的,而且他的理论论著也与记忆有重要关联:他一再强调"反思"和"批判总结"对于理论的重要意义,多次表示"应该为民族、为青年人而写作,'述往事,思来者',留一点什么东西给下一代"。

冯契虽然没有对"记忆"做专门的学术讨论,但还是留下了不少对往事的回顾、对师友的回忆,以及对记忆对个人生活、民族历史和学术研究之意义的理解。其中第一类是冯契对金岳霖、冯友兰和汤用彤这三位老师的回忆(如"金岳霖先生在认识论上的贡献",1985;"论'以得自现实之道还治现实'",1985;"忆金岳霖先生以及他对超名言之域问题的探讨",1995;"'新理学'的理性精神",1990;"忆在昆明从汤用彤先生受教的日子",1993)。要了解冯契所思考的核心问题是如何形成的,了解他对这些问题的思考是如何发展的,这些文章提供了再好不过的理解背景。第二类是他为老师和同辈著作写的序跋(如金岳霖《罗素哲学》的"跋"、徐怀启《古代基督教史》的"序"、陈旭麓《近代中国社会的新陈代谢》的"序"、邓艾民《朱熹王守仁哲学研究》的"序"等)。第三类是他与邓艾民、董易等老友的书信,从中不仅可以近距离观察先生晚年学术事业的步步展开,还可以对先生早年的求学经历、晚年的人生体验,有比较切近的理解。在这些书信中,冯契先生眷顾一起度过难忘青春岁月的同学战友,关切老友们劫后余生的学术和生活,赞美地下党基层领导的可敬可爱,感念普通商人的侠骨义气,认同鲁迅对中国人的"健忘症"的尖锐批评。在与老友分享青春记忆和时政观感的同时,先生几次说自己也曾受到过"极左"影响,并表示这启发他更全面地理解今天的年轻人,更努力地为后人留一点有价值的东西。在谈到其公子在海外多年而回国省亲的时候,先生说他"感到最安慰"的是,"虽8年未见,他还是老样子,没有那种'洋鬼子'派头。他还是关心祖国的命运,记着那些在云南插队时的老友"。

在冯契先生的回忆性文字中，与眼前这本访谈录最为接近的，是上面所列的第三类文字。先生在书信中对"青春的色泽令人难忘"的感慨，对理想信念有没有淡忘的"扪心自问"，对"生在这样一个时代，个人能作的贡献，实在很有限"的无奈，以及"恐年岁之不吾与"的愁绪、"吾令羲和弭节兮，望崦嵫而勿迫"的急切，使我们在通过先生的史论著作而把握中华民族哲学思维的宏大叙事和理论建构的同时，还能了解这种叙事和建构背后的个体感受和特定语境，了解这种叙事和建构形成过程中的师生切磋和同行砥砺。同样，对于要更深入了解华东师大哲学系这个集体的"智慧的探索"的人来说，这本访谈录也可以提供一些重要的注释和提示。

在"文革"结束不久后的一封信中，冯契先生提到"文革"中的暴行"使得人们失去了通信、写日记的习惯，这也是可悲的后果之一。有时读读古人的那些书札，不免感慨系之"。从那时至今，已经有三十多年了；人们提笔向自己和亲友同事倾诉心声、表达悲欣的习惯，已经是更加遥远的记忆了。在这种背景之下，本书中收入的39篇访谈，就显得更加重要，因为其中谈到的许多往事、许多生动情节和难忘经历、许多内心独白和私下交流，以前多半是会保留在私人书札之中的。

冯契先生在另一封稍后写的致友人信中说："一个人到了老年，就常常会回忆起青少年时的情景，感到特别亲切，并觉得有了新的意义。"本书作为哲学系的集体回忆录，还不能说是我们这个成立于1986年的学术共同体的老年回忆，但可以说从一个侧面记载了已有六十多年历史的华东师大哲学学科的成长历程，以及有幸成为这个学术共同体之成员的采访对象的成长历程。冯契先生给我们的最重要教导之一，是回忆过去不只是为了怀旧，为了感伤；"述往事"的根本目的是为了"思来者"和"通其道"。当然，"来者"有许多不确定性；但若没有乐观的态度和理想的追求，未来甚至连带着当下，就已经被推向了幽暗的深谷。同样，"道"之为"道"当然是无法指望一个人甚至一代人就能穷通的，但按照先生的理智不是"干燥的光"的观点，哲学如果只有概念而没有情感，只有思辨而没有故事，只有"学术界"而没有"学术共同体"——一句话，哲学如果只有逻辑论证而没有体现在日常生活和学术活动中的"德性自证"，"道"就始终是一句空话、一个幻影。从这个意义上说,在本书中讲述了那么多精彩故事的访谈对象和访谈整理者,都是以一种特殊方式创造了一项重要的哲学成果,从中不仅可以读出华东师大哲学系令人自豪的过去,也可以推出这个共同体不负众望的未来。

当然,在本书中接受采访的只是这个学术共同体的少数成员;为这个共同体的成立和发展做出宝贵贡献的教职员工、师生校友,多数人还没有机会在本书中讲述他们的精彩故事。我作为华东师大哲学学科曾经的学生和研究生,作为华东师大哲学系曾经的青年教师和班子成员,也想借有幸为本书写序的机会,为自己在这里积攒和珍藏的美好记忆,感谢我的老师们、同学们和同事们,并祝愿哲学系的所有师生校友和未来学子,都能继续不断地分享我们因为有冯契先生这样一位老师和前辈而获得的荣誉,并分担由此而加重的责任。

2015 年 8 月 13 日

《思想政治理论课传承与创新——华东师大社科部历史回眸》序言

在我校离退休老领导迎接 2016 年座谈会上,吴铎老师告诉我,学校社科部的老教师们编了一本文集,回顾我校思想政治理论课建设的探索历程,希望我写几句话作为序言。师命难违,我也正好借这个机会对我校思政课的前辈和同事们表达感谢和敬意。

向前辈表达感谢和敬意,是即将过去的 2015 年中我参加的不少活动的一个重要内容,比如哲学系举办的纪念冯契先生和周原冰先生百年诞辰的活动、社发院和地学部举办的纪念胡焕庸线发现 80 周年的活动、档案馆举办的《王伯群与大夏大学》首发式、思勉院举办的"百年重读《(新)青年》学术研讨会"、学报编辑部举办的纪念文科学报创刊 60 周年会议、马克思主义学院(其前身就是社科部)举行的纪念恩格斯诞辰 120 周年暨(我校前辈校友吴亮平翻译的)《反杜林论》中译本出版 85 周年研讨会,等等。

回顾过去,感念前辈,能强化我们对岁月内涵和人生意义的感受,能刷新我们对自我认同和集体认同的体验,也能澄清我们对什么是好的生活、什么是好的工作的理解。目前学校的改革发展、教学科研异常繁忙,我们之所以仍然要费时费力举办和参加不少回忆性、纪念性的活动,其主要目的是为了在我们自己的过去当中,在我们所属之集体的过去当中,找到那些至今令我们欣慰和自豪的东西,在今后的生活和工作中,对它们倍加珍惜,把它们发扬光大。今年秋季学期开始的时候,我们全体校领导班子成员到全校各院系去,向新生们讲述校史,讲述历代师生校友的奋斗历程和探索成果,也是出于这样的考虑。

收在本书中的文章,不仅记载了华东师大社科部和思想政治课建设的历史,不仅凝聚了我校思政课老师们求实创造、教书育人的心得,而且为年轻一代思政课老师们提供了坚定政治信念、巩固职业理想的生动教材,提供了提高教学水平、改善育人效果的重要参考。

对于校党委来说,如何传承创新,如何向周抗、常溪萍和许多其他前辈领导学习,更加切实地重视思政理论课教学,更加有效地建设思政教师队伍,本书也提供了许多启发。

为此,再次感谢社科部(即现在的马院)的老师们,感谢本书的作者们,并祝愿华东师大的思政理论教学工作,在学校高水平内涵式发展中,在培养中国特色社会主义的合格建设者和可靠接班人的光荣事业中,发挥更加重要的作用。

2015 年 12 月 29 日

《理论智慧与实践探索》丛书序言

今年是马克思诞辰 200 周年,是《共产党宣言》发表 170 周年,也是改革开放 40 周年。这些"周年"碰在一起,当然有很大的偶然性;但重视逢五逢十的"周年"纪念,却可能是在现代社会相当普遍的有意选择。无论就马克思诞生以后的全球现代化过程而言,还是就党的十一届三中全会以来的中国改革开放过程而言,《共产党宣言》的那句话,"一切新形成的关系等不到固定下来就陈旧了",可能在不同意义上都具有同样精妙的描述功能。在这样一个因为社会变革和技术变革的逐级互推而造成的"加速度"时代,特定事件的"周年"节点,尤其是诸多相关事件的"同期周年"节点,可以说是为各自忙碌着的人们稍停脚步,把目光集中在一些特定现象、特定趋势和特定问题上,提供了特殊理由。

这套丛书就是在这样的背景下启动出版的。

丛书的名称是"理论智慧与实践探索"。就"理论智慧"而言,本丛书的最权威出发点当然是以170年前《共产党宣言》问世为标志而诞生的马克思主义理论体系;就"实践探索"而言,本丛书的最重要背景当然是40年前以确立解放思想、开动脑筋、实事求是、团结一致向前看的指导方针,把全党工作重点转移到社会主义现代化建设上来为标志的改革开放事业。我希望,本丛书不仅在理论史和实践史的"宏大叙事"之间建立起非偶然的关联,而且通过逐年扩大的丛书作者群体的共同努力,使自己也成为多少年后的逢五逢十的"周年"活动的纪念主题。

"理论智慧"和"实践探索"并不是彼此隔离的;本丛书的最大特点,是在当代世界尤其是当代中国的改造世界的实践探索的基础上,进行包括"以马克思主义为对象的研究"和"以马克思主义为指导的研究"两个方面的认识世界的理论活动。由这双重研究而得到的"理论智慧",应该不仅体现和提炼了西方传统,而且也体现和提炼了中国传统;为这种研究提供立足基础的"实践探索",不仅仅包括迄今为止的奋斗经历,而且也指向从今往后的前进过程——我们希望,本丛书会在习近平新时代中国特色社会主义思想指导下,为实现中华民族伟大复兴、建成富强民主文明和谐美丽的社会主义现代化强国,做出应有的贡献。

本丛书的作者既是马克思主义理论的研究者,也是马克思主义理论的传播者;作为马克思主义学院的教师,"理论智慧"和"实践探索"的结合还可以从另外一个角度来理解:理论工作本身也是一种实践工作,教学实践也需要做理论研究。因此,本丛书名称所指的"理论智慧",也可以产生于对"思政课程"和"课程思政"的教学实践的学术研究;而本丛书名称所指的"实践探索",也可以体现为理论工作者自身工作经历和经验的反思和总结。

今年既是改革开放40周年,也是"文革"后第一批大学生进校40周年。在丛书第一批著作的作者中,既有1978年与我同年进校的同事,也有那一年之后出生的同事。显然,改革开放以后出生的年轻学者,将很快成为这套丛书的主要作者。借着写这个序言的机会,我尤其想向年轻的同事们表达心愿,祝愿他们既能以这套丛书作为成长的平台,也能为这套丛书的成功做出扎实的贡献。

2018 年 9 月 14 日

《红色群贤》丛书序言

进入华东师大老校区的校门,很快就会看到一块四季碧绿的大草坪,草坪的那头,坐落着一幢大气典雅的白色建筑,高 3 层,阔 21 米,宽 6 米,入口处有四根爱奥尼亚式立柱,它们协力支撑着两层高的门廊,门廊上方悬挂着大夏大学老校长王伯群题字的匾额,上书三字:"群贤堂"。

建于 1930 年的这幢能容纳 2 500 名学生上课的建筑,曾经是大夏大学的主建筑,至今仍然是华东师范大学这所以大夏为前身学校之一的学校的标志性建筑。"群贤堂"这三个字,以最简洁的形式描绘了我们这所群贤毕至、人才辈出的高等学府的最宝贵特点。

在华东师大校园里留下过身影和足迹的群贤来自不同学术和文化背景,分布在各个专业和学科,其中也包括这样一个特殊群体,他们当中有的为马克思主义经典著作传入中国做出了宝贵贡献,如首次将《反杜林论》全书译成中文的吴亮平(1908—1986);有的用马克思主义理论指导专门领域的学术探索,如在深化中国古史分期问题、社会经济形态学说和古代东方社会的理论研究等方面成就卓著的吴泽(1913—2005);有的为我校思想政治教育和思政队伍建设做了开创性工作,如华东师大首届党委书记、被誉为"从抗大走出来的哲学家"的周抗(1914—2002);有的致力于有中国特色和中国气派的马克思主义理论体系的精心建构,如构筑了中西马融合的"智慧说"哲学思想体系的冯契(1915—1995),以及开拓和奠基了马克思主义道德科学学科的周原冰(1915—1995);有的把马克思主义理论指导下的社会运动的研究作为其毕生志业,如我国科学社会主义与国际共产主义运动学科领域的最初耕耘者和奠基人之一姜琦(1931—2008)。这些前辈学者不仅为我校马克思主义理论学科的建设和发展做出了卓越贡献,而且为我校师生参与整个国家的马克思主义理论学科建设和理论发展研究提供了典范之作。这样一个可称为"红色群贤"的群体,位列华东师大最引以为自豪的前辈学者;他们的成果和精神,堪称华东师大从其前身学校开始所形成的最光荣传统之一。

再过两年,成立于1951年10月的华东师大就要迎来七十周年校庆了。建校七十年与建党一百年处在同一个年份,以一种特殊形式显示出华东师大作为新中国新组建的第一所社会主义师范大学的特殊荣誉和特殊使命。为迎接建党一百年、建校七十年,我校马克思主义学院的同事们启动了一套纪念我校红色群贤的工作成果、发扬他们的革命精神和学术精神的理论丛书,名为《红色群贤》丛书。相信这套丛书会以令人信服的方式表明:华东师大的马克思主义理论研究不仅具有厚重的传统基础,而且具有强劲的时代活力。

2019年12月6日

《华东师范大学学报》"冯契哲学"专辑卷首语

本期学报以专辑的形式集中刊发了一批论文,它们基本上都是在去年11月召开的纪念冯契先生百年诞辰的国际研讨会上宣读过,并在会后经过作者的修改的。冯契先生于1995年3月1日去世以后,专门讨论其哲学工作的国内国际学术会议已开过好几次,专题论文集也出过好几本,但有意识地在"世界性百家争鸣"的背景下讨论冯契的哲学工作,以这种方式来表达或检验"中国哲学的自信",大概还是第一次。

熟悉冯契的人都知道,先生尽管沉稳低调,却对自己的哲学工作相当自信。与冯友兰先生相比,冯契可能是从一开始就更不甘心"照着讲",而更努力于"接着讲",不管这是对待本国诸家传统而言,还是对待外来各派思想而言。当然,冯契在世的时候,他并没有像冯友兰那样与国际学界有那么多密切接触的机会;冯契先生既未能作为年轻学子在国外读书,也未能作为著名教授去国外讲学;他既没有自己的英文著述,也没有别人的外文译本。但与他的老师相比,冯契在参与世界哲学的百家争鸣方面,是拥有独特的有利条件的:对源自西方而移植中国的马克思主义的理论体系及其效果历史,他具有融专业哲学家和忠诚革命者于一体的深刻理解;为整个国家的改革开放做铺垫和呼应的思想解放运动,恰好发生在冯契那姗姗来迟却瓜熟蒂落的哲学创造的鼎盛时期。同样值得一提的是,冯契先生去世后的二十年间,中国创造了世人瞩目的经济奇迹,财富增长速度和人民脱贫速度都是前所未有的。这样的发展成就,以及为这种成就所付出的代价和因这种成就而发生的影响,都意味着中国人现在有了更好的条件去更加主动地参与各个领域的国际交往,同时也意味着中国人现在有了更大的责任在这些交往过程中贡献出应有的智慧。我猜想,参加"世界性百家争鸣与中国哲学自信"国际研讨会的不少学者、本专辑论文的不少作者,都曾以这种或那种方式问过这样一个问题:如果冯契先生在世,他会对中国哲学在全球化时代的世界性百家争鸣中的姿态和作为,抱怎样的期望?

把会议论文以专辑形式集中发表,或许也是对这个问题做一个回答——至少,是为回答这个问题提供一些启发。

2016 年 4 月 24 日

《常溪萍诞辰百年纪念文集》序言

师大人经常会说的一句话,是我们曾经是中共中央确定的全国 16 所重点高校之一。客观地说,在中共中央发文确定首批全国重点高校的时候,中国高等教育远不能说是处在最好的发展阶段。但是,因为华东师大在全国高校的最接近其师生理想的那个相对高度,是在这一年划定的,所以,1959 年就成为我校历史上的一个闪耀着特殊光芒的特殊年份。

1959 年,常溪萍同志作为党委书记和实际主持行政工作的副校长,在华东师大已经任职了 5 年。

从 1954 年 6 月到岗任职到 1965 年 11 月调任他职、1968 年 5 月在校园内含冤而死,常溪萍在华东师大百折不挠的发展道路上留下了鲜明印记,对华东师大作为一所为迎接新中国经济建设和文化建设高潮而创立的研究型师范大学的艰苦卓绝的建设事业,做出了突出贡献。

今年是常溪萍同志诞辰百年,校党委委托原校党委副书记吴铎同志主编了这本纪念文集。文集主要收入了常溪萍同志生前同事、战友、学生和他的亲友的回忆文章和纪念文字,也包括了常溪萍同志本人的一些讲话和文章,这些文字从不同侧面呈现了常溪萍同志战斗的一生,尤其是他献给华东师大的那可歌可泣的十三个年头。

常溪萍同志在生前曾被誉为"焦裕禄式的好干部";他的严以律己和以身作则,他的脚踏实地和心系群众,他的远见卓识和坚韧不拔,他的服务精神和奉献精神,在本文集中都可以找到大量事例作为佐证。常溪萍同志的理想和信念、作风和情怀,虽然记载在关于过去的人物和事件的回忆当中,却具有超越特定时代的恒久价值和超越特殊环境的普遍意义;常溪萍同志的事迹和精神不仅是我们进行党员教育的生动教材,而且是我们进行学生教育的生动教材。

作为新中国高教事业开拓者,作为曾经在校园里与师生多年朝夕相处的高校领导,也作为最后为捍卫他心目中的大学理想而献出生命的党在高等教育领域的忠诚战士,常溪萍同志也为我们书写了大学精神教育的生动教材。要扎根中国大地建设世界一流大学,我们必须在虚心学习国际先进的办学治校经验的同时,认真总结我们自己的丰富深厚的高等教育传统。中国高等教育有古代传统,也有现代传统;有学术传统,也有政治传统。其中有深刻教训,也有宝贵经验,有限于特定时代的内容,也有值得永久珍惜的启迪。如何把维护办学的政治前提与发挥办学的政治优势统一起来,如何把确保正确的政治方向与追求卓越的学术目标统一起来,如何把履行领导干部的岗位职责与服务人民群众的赤子之心统一起来,如何把对组织纪律的严格遵守和对党和人民事业的高度负责统一起来——这些看似宏大抽象的关系问题,对常溪萍同志来说却是每天都要处理的基本现实;为了对这些问题给出自己能真正心安理得的回答,常溪萍同志进行了艰苦的探索,经受了严峻的考验,也积累了宝贵的经验,提供了感人的榜样。从这个角度说,常溪萍同志的事迹和精神,也是我们在大学进行干部教育的生动教材。

常溪萍同志的许多老战友,怀着深深的革命情谊,谱写了常溪萍同志在革命战争年代的光辉篇章。本校和校友中的许多老同志,秉持历史和现实的责任感,为加强和优化党风、学风和校风建设,热情满怀地撰写了怀念和弘扬常溪萍高尚品德和优良作风的文稿。正是他们的努力,使我们看到这本文集如期成书。本书主编吴铎同志撰写的前言,对常溪萍同志的事迹和精神的当代意义,做了全面的概括和诠释。在这里向吴铎同志,向为本文集的完成做出贡献的所有同志,表示衷心的感谢。

2017 年清明时节

《常溪萍墨迹选》序言

常溪萍(1917—1968)在"文革"前长期担任华东师大党委书记,在我校百折不挠的发展道路上留下了鲜明印记。今年是常溪萍同志诞辰百年,为纪念这位曾带领学校成为全国十六所重点高校之一的前辈领导,纪念这位为探索建设扎根中国大地的世界一流大学而付出生命代价的忠诚党员,学校决定编辑出版两本书,一本是常溪萍纪念文集,一本是常溪萍书法作品集。

关于常溪萍同志的书法特长,我最初是从我的老师冯契先生撰写的《在"牛棚"共处的日子里》一文中读到的。冯先生在文中写道:

"在'文化大革命'之前,我和常溪萍接触是比较多的。他在思想上和工作上给了我许多帮助。他党性强,作风艰苦朴实,平易近人,始终是我学习的榜样。他和我住处相距不远,他有什么事要与我商谈,就亲自上我家来。我也常到他家里去。夏夜,我经常到他家院子里乘凉,与他谈哲学问题;有时,他还要我评论他的墨迹。"

冯先生的这篇文章最初刊载在 1991 年 9 月出版的山东莱西县党史办公室编的《常溪萍》纪念册当中,这次收入了为纪念常溪萍百年诞辰而出版的《溪萍百年》当中。

在《溪萍百年》一书中,还有几处提到常溪萍同志的书法造诣。

在刘爱芝和王寿春撰写的"常溪萍传记"中,有这样的介绍:"1925 年,常溪萍入村小就读。他穿着朴素,学习刻苦,品学兼优,尤擅长书法,所书楷、隶,冠校冠村,深得师长厚爱。"

在常溪萍的女儿常新民的回忆中,提到收入本书的书法作品:"爸爸始终关心我的政治思想,千叮咛万嘱咐,要我认真学习马列和毛泽东著作,写读书笔记。《毛泽东选集》(四卷)刚发行时,爸爸就买了一套寄给我;《毛主席诗词二十一首》一公开发表,爸爸就用毛笔敬录在线装毛边本子上寄给我,要我学习毛泽东的革命气魄和乐观主义精神。"

曾担任常溪萍秘书的原上海教育学院党委书记方小兰同志,在回忆跟随常溪萍同志参加北大社教运动的经历的时候,提到常溪萍与一位叫张振国的青年教师的交往:"两人都喜好书法,有机会便共同切磋。此后,张振国在北大担任教授,成为著名书法家,先后担任北京大学书画研究会会长,中国现代文化研究中心书法研究所所长,日本中国书法协会名誉会长等,并前往瑞士、德国、日本、泰国和西班牙等国家和台湾、香港等地区举办书展和传授书法。"

尤其值得注意的,是我校已故教授、著名文字学家和《古文字诂林》主编李玲璞教授的一段回忆,讲述他当青年教师时的"一堂习字课":

> 常溪萍听我讲课,那还是1963年的事。那时,我担任中文系开设的毛笔字习字班的教学工作,每星期上下午把一部分同学集中在文史楼一个教室里讲书法,练写字。有一次,我正在进行汉字形体结构的分析,常溪萍由我系一位副主任陪同走进了教室。他微笑着向我打了一个手势,示意我不要因他的到来而中断讲课。只见他随便找个座位坐下来,全神贯注地听着我的讲课。我有些紧张了。这倒并不单单因为他是校长,更主要的是因为他还是一位书法家。我校出版的《语文教学》等杂志的封面题字,就是常溪萍那峻逸挺拔的笔迹。但是,此时他那频频的点头,分明是在鼓励我,于是我还是壮着胆子把准备好的教学内容讲完了。
>
> 临帖开始了。常溪萍也站了起来,走到同学当中。当他听到同学反映这样集中训练有些提高时,就点点头亲切地说:"好!要当好一个语文教师,就要把基础打好。"接着,他又坐下来,拿起同学的笔,一边示范;一边给同学讲解着执笔、运腕和布局等基本要领。当他发现有的同学执笔、布局仍不得法时,就把着同学的手一笔一划地教。就这样,一直指导到习字班下课。

李玲璞教授的弟子臧克和先生也是著名文字学家,现在担任作为教育部人文社会科学重点科研基地的华东师范大学中国文字研究与应用中心主任、世界汉字学会主席,他在本序作者向他请教时,也对常溪萍同志的墨迹做了很高评价,说他的字"宗法晋人二王,帖学为本;清新俊逸,风骨爽朗;笔笔到位,无一败笔;风度翩翩,文人气息浓郁",认为除二王外,常书还"受唐人虞世南宋代黄庭坚明清何绍基等名书家影响颇深,即吸收传统文化营养深厚,字法皆有来历";"不温不火,温文尔雅";"字如其人,常老为人,亦可想见:古人云'孟轲敦素,史鱼秉直',常老庶几近之"……

我对书法艺术完全不懂;拿到常溪萍的墨迹,只觉得太美了,但说不出个所以然;联想到时下有关"丑书"的争论,连这"太美了"三字也不敢贸然写在纸上。因此,既然不知轻重接受了吴铎老师关于把墨迹序言和文集序言一并写了的任务,我就只好摘录他人评价,提供一些相关背景,以便读者在欣赏常溪萍书法作品时,在缅怀常溪萍生平事迹时,能有所参考。

2017年清明时节

《钱谷融先生纪念文集》序言

这本文集,编选时是为了给先生祝寿,出版时却成了对先生的追思。

钱谷融先生诞生于1919年9月28日,去世于98年后的同一天。在将近百年的漫长人生当中,先生创作的有字之书很容易读完,但先生写下的无字之文却会使后人受用不尽。这个文集从不同角度讲述的钱先生故事,重点是对先生创作的无字之文的生动注释。全国各地各校那么多作者在书中向钱先生表达爱戴和钦佩,表达对与钱先生相处时光的珍惜和留恋;我作为华东师大的一员,深感荣幸,也深感自豪。

从学校于1951年10月16日成立之日起,钱先生就一直在中文系任教。在华东师大人形成"平常时节自信而低调、进取而从容,关键时刻却挺身而出,义无反顾"的精神气质的六十六年历程中,学校各学科各年代的师生员工以不同方式各有参与;而钱谷融先生在1957年5月5日毅然发表《论"文学是人学"(关于现实主义问题的讨论)》,他在此后坦然面对因此文而引发的包括厄运和殊荣在内的各种遭遇,为这种精神气质的形成做出了独特贡献。

确实,要学习钱先生的作品和人品并非易事;要通过模仿钱先生而达到钱先生的境界更有风险。文集中不少作者回顾了与钱先生交往的一些细节,提到了与先生一起思考的一些问题,比如学术和政治、学府和社会、学问和常识、学识和才情,等等;阅读这些内容,我更加怀念钱谷融先生,怀念这位在其漫长生涯中给那么多学生以那么多教诲、以优秀学生作为其最重要作品的优秀老师。

2017 年 10 月 1 日

03 一个真正的共同体[1]

中秋佳节,月圆人团圆。在这万家团圆的好日子里,我们相聚丽娃河畔,迎来了师大人的大团圆,共同见证和庆祝我们共同的家——华东师范大学校友会的成立。在此,我代表华东师大全体师生向百忙之中亲自莅临的国家民政部、教育部领导,上海市民政局、市教委领导,以及各位校友及家人致以最美好的节日问候和最热烈的欢迎!衷心感谢各位领导对华东师大校友工作的关心和支持,感谢广大校友长久以来对母校的情谊和牵挂!

还记得在 2002 年,我们欢聚一堂,共同分享上海市华东师大校友会成立的喜悦,那时起,我们就有一个共同的心愿,那就是把华东师大校友联谊会的旗帜插遍全国,甚至全球,让师大人在每一个角落都能找到"家";还记得在 2011 年我校 60 周年校庆之际,第一批会员在向教育部和民政部申请成立全国性校友会材料上签名时的热情和关切;今天,我们可以无比自豪地说:我们在实现愿景的道路上踏出了坚实的一步,而且是具有里程碑意义的一步。

我们都说:"一日师大人,一生师大情。"今天是华东师范大学校友会的诞辰,海内外校友不远万里,回校共庆这个重要的纪念日,让人深深地感受到浓浓母校情和拳拳学子心。从师大校园里走出的一代代学子,坚定不移地寻求真理、追求卓越,在各行各业不懈奋斗、努力耕耘,在"智慧的创获""品性的陶镕"的过程中为推动"民族和社会的发展"做出了应有的贡献。正是富有爱心且勇

---

[1] 本文是作者在 2013 年 9 月 21 日华东师大校友会成立大会上的发言稿。

于担当的师大人共同创造了学校的价值与地位,华东师大才会有今天的声誉。今天在座的每一位校友,还有许多没有在座的校友,都是师大校友的杰出代表,你们的成功和业绩,是对学校的最好评价,更是推动学校发展的不竭动力。如今,我们更欣喜地看到,活跃在全球不同地区不同领域的校友们,时刻关注着母校的发展,积极建言献策、捐资助学,热情参与母校的建设和发展,已经成为学校最可信赖的依靠力量。母校为拥有你们这样的优秀学子而感到无比欣慰和自豪!

今天的聚会,让我想起 2002 年获得诺贝尔经济学奖的普林斯顿大学的丹尼尔·卡尼曼教授前年出的一本书,《思考,快与慢》(*Thinking, Fast and Slow*)。在这本书中他提出,每个人其实有两个自我,一个是体验的自我,the experiencing self,一个是回忆的自我,the remembering self。在多长时间内自我对于痛苦和快乐的体验是可以测度和计量的,但基于这种测度和计量的看上去是理性的决策,往往并不是人们实际上采取的决策,因为影响人们实际选择的,往往是回忆的自我,而不是体验的自我。卡尼曼教授和他的同事们用了不少实验来证明这一点。如果你问:"你现在感觉怎样?"回答这个问题的是体验的自我。如果你问:"那时总体如何?"回答这个问题的是回忆的自我。校园生活并不总是春花秋月,而也有酷暑严寒,但给我们印象最深的,我们最为珍惜的,往往是春花秋月。我们的记忆不仅仅是过去体验的储存,而且还加上了我们现在的意义诠释;用乔布斯的话来说,人生轨迹中的过去的一个个点,是要靠我们今天的理解去连点成线的,也就是把这些点放在由现在的我们所划出来的线上,来理解它们的意义。尤其重要的是,我们今天划出来的线不仅串联过去,把过去的一个个人生事件串联起来了;而且指向未来,标示着我们对未来人生走向的预期和盼望。个人的生命是这样,由许多个体成员所构成的一个集体的生命也是这样。华东师大的历史充满着坎坷和曲折,但令今天的我们格外自豪的,是我们的前辈们克服曲折走上了大道,我们的同事们战胜坎坷迎来了胜利,尤其是历代历届校友在那么多岁月、那么多领域、那么多岗位中表现出百折不挠、求实创新的师大精神,这种精神不仅给今天的华东师大提供了精神和底气,而且为未来的师大发展奠定了基础,指明了方向。

我们都知道,一个真正的共同体,不仅是一个利益共同体,同时也必须是一个价值共同体和情感共同体。今天成立的华东师大校友会要为全国乃至全球数十万华东师大校友提供一个互助互利的平台,但更多地是要为校友们提供一个体验校友情谊、追求师大价值的家园。套用丹尼尔·卡尼曼的话,我们还可以说,这个校友会既是一个体验共同体,也是一个记忆共同体,是一个在分享记忆的基础上形成的荣辱与共的大家庭,同时我也相信,通过我们的共同努力,在全国范围的华东师大校友会成立以后,我们会用新的共同体验来为我们今后的人生,为我们的后辈校友们,提供更加美妙的记忆元素,使我们都能在某个时间节点上,在校庆时,在校友生日时,在我们自己回首往事的任何时候,由衷地说:华东师大是一所好学校,师大校友有一个好人生。

祝我们的母校年年更是一所好学校,祝我们的校友代代都有一个好人生。祝华东师范大学校友会成立大会圆满成功!

2013 年 9 月 21 日

04 冯先生的"不言之教"[1]

哲学界有两位"冯先生",一位是北京大学的冯友兰,一位是他的学生、华东师大的冯契。在上海,至少在华东师大,提到"冯先生",多半就是指冯契先生。作为冯契先生的学生,我曾经有幸和我的一位师兄一起,在冯先生的带领下拜访过他的冯先生。一次与北京来的一位同仁相聚,我向他描述我们在三松堂客厅入座后见到冯友兰先生的情形,"美髯飘逸的先生手持拐杖走下楼梯",他听了马上打断我,说他的冯先生家里,根本就没有二楼。

窘迫之余我很纳闷,为什么会有这样的记忆错误,大概是我对太老师只有这一次接触机会的缘故吧。基于亲身经历的记忆过于单薄,读过和听说的素材就不知不觉地充填进来了。相比之下,我对另一位冯先生,对我自己的老师冯契先生,就不至于在那么重要的细节上出那么明显的差错了。因为,冯契先生不仅是我的老师,还是我的同事甚至邻居。

我于1989年8月从国外访学回来时,学校租给我家一个12平方米的房间作为奖励,住址离冯契先生家不远。于是,经常会有些事情,或找些借口,我就去住在师大一村一幢老式教授公寓的三楼的先生家了。那时的学生和青年教师真是幸运;尽管我不像一位师兄那样,到先生家可以门都不敲就踏足而入,但我不知从何时开始,去先生家也常常是不速之客。有时我还会带着正在上幼儿园的双胞胎孩子一起去,让她们用甜言蜜语从爷爷奶奶那里换来糖果茶点。在

---

[1] 本文刊于《中国教育报》2014年9月17日。

写下这几句话时,抬头望见办公室墙上的一张合影中,老少三人正开心地朝我笑着呢。

说实话,刚见到冯契先生时,没觉得他特别和蔼可亲。我是77级本科生,1978年春天进华东师大时,冯先生是我就读的政教系的教授。冯教授不给本科生开课。最近几年高校都在强调教授要上本科生讲台;其实我们读书那会儿,教授也很少上讲台。现在的许多教授们,那时正在读本科;但愿他们对本科教学的理解,不要受那时印象的误导了:他们读书的时候,系里的教授不仅数量甚少,而且一般都年资甚高,建设学位点和培养研究生的任务,就已经把教授们忙得不亦乐乎或苦不堪言了。我受冯先生教导较多的时候,是在我以冯契先生为导师攻读硕士学位的三年当中,那时候,年近古稀的先生的主要施教方式,也不是系统开课,而是在系里举办讲座、在家里进行答疑,尤其是最后的学位论文指导。

我与冯契先生的更多接触,是在1984年底毕业留校以后。那时的先生基本上每个学期都在为博士生主持讨论班,相继研读我的另一位太老师金岳霖先生的三本书,即《知识论》《论道》和《罗素哲学》。系里教师凡有兴趣都可以参加,我因此也成了讨论班的虽然编外但很积极的常客。我在讨论班上提交了一篇讨论真理有没有程度问题的论文,冯先生虽然并不完全赞同其中的观点,但仍然同意我带着这篇论文,跟随他一起去参加1985年冬天在北京召开的纪念金岳霖学术讨论会。那是我生平第一次坐飞机,本文一开始所说的跟着冯先生去拜望冯先生的情景,也就发生在参加那次会议期间。

冯先生在那次会上宣读的论文,题目是"论'以得自现实之道还治现实'"。在我看来,这是冯契先生最早系统阐发其观点的一篇文章。冯先生的工作成果目前已成为国内外诸多博士论文、学术著作、国际会议和辞书条目的主题,在他身边见证这项工作的最有成效的阶段,是一种难得的幸运。

先生的这个被称为"智慧说"或"广义认识论"的哲学体系,雏形在他出版于1957年的小册子《怎样认识世界》中已有表达。毛泽东在1960年写给其秘书的一封信中,向身边工作人员推荐了这本书。当时担任毛泽东机要秘书的一位工作人员后来回忆说,她有幸得到的那本书,恰好是毛泽东自己用过的,她发现毛泽东在书页上加了多处批注、眉批和旁批,在很多地方画了圈圈,予以肯定。毛泽东推荐冯契著作的这封信,早在1983年就公开发表了,对此冯契先生一定是知晓的,但我从未听到他提起过此事。最高领袖对自己工作的重视,并没有妨碍先生对毛泽东晚年错误进行深刻而系统的哲学分析;他关于理性与意志、存在与本质甚至人性与天道等抽象哲学问题的思考,往往与这种分析密切相关。先生在"文革"中曾一度失去人身自由,并彻底失去了手稿笔记,但个人的这种苦难遭遇,也并没有妨碍先生多次说起,在山西抗战前线读到《论持久战》时,在昆明西南联大读完《新民主主义论》时,自己有多么兴奋、多么豁然开朗。

这种既实事求是又思想解放的严谨学风,也表现在先生对待自己学术工作的态度之上。先生的几部主要著作,都曾经历从讲课记录稿到油印讨论稿直至最后正式出版的许多年甚至十多年的反复打磨推敲。从1985年出齐的3卷《中国古代哲学的逻辑发展》开始,这些著作都应先生要求,按国际学术惯例加上了"人名索引""名词索引"和"著作索引"。在其生前出版的每本书的"后记"中,先生总是细述并感谢整理讲稿、核对引文、注释资料、制作索引和通读书稿等各个环节相关人员的贡献。他的一位学生,在一次私下谈话中对先生所用的一段译文提出异议。谈话之后这位学生就出国了,但半年后回国他读到先生新出文集中的一篇论文,大为感动,因为先生在这篇论文的注释中,指名道姓地提到这位学生自己已经淡忘了的那个异议,并明确表示:"我同意他的见解。"

作为老师和前辈,冯先生对后学的提携,对我们今天建设一个团结而有活力的学术共同体,具有特别重要的示范意义。与经常把稿费留在教研室作为集体活动经费,或者自己掏钱资助年轻人的学术活动这样的事情相比,更难能可贵的是先生在指导和评阅学位论文、主持论文答辩、撰写学术著作序言、评价和推荐学术新人新著等时的那种态度。这些事情他只要答应下来,一定是一丝不苟,下笔之前不仅认真阅读相关论著,而且调阅相关资料。先生生前撰写的最后一份推荐材料,是一位青年学者经过我向他提出请求的。我曾经问先生是否先为他写个初稿,他表示不必,由自己来写。那个时候,先生的家人和同事、学生,都根本没有想到,这居然会成为先生亲自撰写的最后一份学术文字⋯⋯

写到这里,想起冯先生家的书桌上有一尊雕像,那是孔子的雕像,但从那飘逸的服饰和神态来看,又有点像庄子。从早年《智慧》一文中酣畅淋漓地论证"意见是'以我观之',知识是'以物观之',智慧是'以道观之'"开始,到"文革"以后多次强调"不论处境如何,始终保持心灵自由思考,是爱智者的本色",冯契毕生都不掩饰他对庄子的喜爱。但冯先生不仅是爱智者,而且是行仁者;他的更为人所知的名言,是"化理论为方法,化理论为德性"。冯先生一再肯定荀子的"孔子仁知且不蔽"的评价,并把仁智统一、知行合一看作儒学对回答"理想人格如何培养"这个最重要问题的最重要贡献。在冯契看来,尤其可贵的是儒学大师们那些体现仁智统一、知行合一的教学实践。先生赞扬孔子的"学不厌而教不倦也"的精神,肯定其"吾无行而不与二三子者"的态度,欣赏"吟风弄月以归,有'吾与点也'之意"的儒门境界。这些论述,以及前面提到的那些往事,是作为一名师者的冯契,给他的弟子们,尤其是给像他一样立志追随孔子为人师表的弟子们,留下的最重要教诲。

冯友兰先生在讨论哲学的"正的方法"和"负的方法"的关系时,曾经说"人必须先说很多话然后保持沉默",以此作为达到哲理境界的相继步骤。冯契觉得达到"哲理境界"可以有不同途径,但认为"要求化理论为德性,在理论与实践统一中自证其德性之智,则是共同的"。可以说,冯先生是以一种特殊方式承袭了他老师的观点:教师在传授知识、培养德性的过程中,行"有言之教"是不可缺少的,但教师在教育过程中呈现在学生面前的人格和品质,他实施"有言之教"的方法和态度,同时也在默默地传递着重要信息,或者说在默默地发挥着更重要的作用——说到底,教师最重要的职责,是通过他的人格和行动,通过他的方法和德性,给学生以示范、启发和激励。这种"不言之教"固然是离不开"有言之教"的,但相比之下,只有"不言之教",才可能具有画龙点睛、水到渠成的教化作用。

05　作为哲学问题的"中国向何处去？"[1]
——理解冯契哲学思想的一个视角

冯契先生担任华东师大政教系主任的时候，学校中北校区地理馆的333教室，是政教系的最重要的教室，包括冯先生在内的许多重要学者的讲课，就是在这个教室进行的。我想冯契先生的工作可以用"三三三"来概括：研究真善美，融贯中西马，连接往今来。

"三三三"的最后一项，"连接往今来"也有三层意思：第一，他通过对以往哲学历史的研究、与同辈哲学同行的讨论为未来哲学发展留下"经得起读的"（他对毛泽东和金岳霖的著作的评价）文本；第二，他继承发扬其老师的学术传统，认真参与其所在的学术共同体的建设，悉心指导年轻学子的成长；第三，他立足李大钊所说的"今"，对中华民族乃至整个人类的精神文化进行"述往事"而"思来者"。

因为冯契先生主张在"述往事"和"思来者"的基础上"通其道"，"中国向何处去"这个在冯契开始其哲学生涯时被全国各界急切讨论的社会问题，在追求"以道观之"的智慧说当中，就成了一个哲学问题。

在其《智慧说三篇》导论中，冯契几乎是一开头就这么写道："真正的哲学都在回答时代的问题，要求表现时代精神。中国近代经历了空前的民族灾难和巨大的社会变革，'中国向何处去'的问题成了时代的中心问题。"

---

[1] 本文刊于《华东师范大学学报》2016年第3期；《社会科学文摘》2016年第7期。

"中国向何处去"为什么是一个哲学问题,冯契自己提供了解释,那是因为这个问题在思想文化领域中表现为"古今中西之争",而这个问题需要从历史观的角度,来回答如何看待社会历史和把握历史规律的问题,也需要从认识论的角度,来回答如何解决主观愿望和客观实际的关系、理论和实践的关系问题,更需要把历史观和认识论结合起来,解决逻辑和方法论的问题、自由学说和价值论的问题。这里其实也体现了冯契"化理论为方法、化理论为德性"的基本思想。

在我看来,"中国向何处去"之所以是一个哲学问题,还可以进一步理解为,是因为冯契先生实际上把这个问题也看作"中国人向何处去"的问题。我的理解,这正是他对毛泽东的《新民主主义论》特别重视的原因。

在抗战期间阅读的马克思主义哲学著作中,冯契说:"最使我心悦诚服的,是在抗战期间读毛泽东的《论持久战》和《新民主主义论》。"如果说《论持久战》之所以重要,是因为它回答了"抗战向何处去",那么《新民主主义论》之所以重要,是因为"这本著作对一百年来困扰着中国人的'中国向何处去'的问题做了一个历史的总结"。

《新民主主义论》开篇就提出的这个问题,作者是从政治、经济和文化三方面加以回答的。尽管如此,这本书的重点,却是放在文化上的。这不仅是因为该文的基础是 1940 年 1 月 9 日在陕甘宁边区文化协会第一次代表大会上的讲演,随后发表在 1940 年 2 月 15 日延安出版的《中国文化》创刊号上,而且是因为在我看来,就像对一个人来说,"做何事"(关于 doing 的问题)、"有何物"(关于 having 的问题)和"是何人"(关于 being 的问题)这三个人类最基本问题当中,"是何人"是最重要的问题一样,对于一个民族来说,"是何人"也是最重要的问题。很大程度上我们可以说,政治涉及的是"做何事"的问题,因为它涉及集体行动的原则、方式和途径;经济涉及的是"有何物"的问题,因为它涉及物质资源的生产、流通和分配;而文化涉及的则是"是何人"的问题,因为一个民族的文化,就是这个民族之成员的价值取向、知识水平和文明程度。毛泽东说:"我们不但要把一个政治上受压迫、经济上受剥削的中国,变为一个政治上自由和经济上繁荣的中国,而且要把一个被旧文化统治因而愚昧落后的中国,变为一个被新文化统治因而文明先进的中国。"

"是何人"的问题与康德的四大哲学问题("我知道什么""我应该做什么""我可以希望什么""什么是人")中的最后一个问题,即"什么是人"这个哲学人类学问题显然有密切关系,但我觉得,它与"我可以希望什么"这个宗教哲学问题也有密切关系,因为在中国文化这样一个世俗化程度很高的语境当中,"我可以希望什么"更适合在价值论和历史观的范围内加以回答。或者说,把"中国向何处去"理解为"中国人向何处去"加以回答,既预设了对"我可以希望什么"和"什么是人"这两个问题的回答,也会丰富对"我可以希望什么""什么是人"这两个问题的回答。

康德把"我可以希望什么""什么是人"这两个问题与认识论分开,而冯契则把类似的一个普遍的问题,"人能否获得自由",或者"自由人格或理想人格如何培养"当作广义认识论的四个问题之一(另外三个问题是"感觉能否给予客观实在","理论思维能否达到科学真理"或"普遍必然的科学知识何以可能","逻辑思维能否把握具体真理")。在这里,冯契把一个看似属于价值论的问题作为认识论问题来对待,似乎与有些西方哲学家近年来谈论的"德性认识论"(virtue epistemology)比较接近;但在我看来,他不仅是要用价值论来丰富认识论讨论,不仅是要讨论认识过程中德性、价值和规范的重要性,而且是要让对于价值观(以及历史观)问题的讨论,反过来受到认识论的影响,是要使得认识论当中对于理性的讨论,对于客观实在、主观认识和概念范畴之间关系的讨论,对于理论与实践关系的讨论等,也影响对于真善美价值的讨论,影响对于人的自由观的讨论,影响对于人的存在和本质的关系问题的讨论、人的内在性和超越性的关系的讨论。确切些说,他是要在价值论和认识论的互动当中超越狭义价值论和狭义认识论的局限性,一方面克服价值论领域的虚无主义与独断主义之间的非此即彼,另一方面克服认识论领域的实证主义和神秘主义之间的非此即彼,从而对理想和现实的关系问题,对这个我觉得唯一真正具有"哲学基本问题"地位的哲学问题,做出恰当的回答。

价值论和认识论的结合,或者说辩证唯物主义和历史唯物主义基础上价值论和认识论的结合,就是冯契看作"中国近代哲学的革命进程"的最重要成果(没有之一)的"能动的革命的反映论"。冯契提醒我们,"能动的革命的反映论"这个概念,并不是在《矛盾论》《实践论》这样的更加典型而且出名的毛泽东哲学著作当中提出的,而是在《新民主主义论》当中提出来的。这可以说是冯契把《新民主主义论》作为哲学文本予以高度重视的最直接原因。在《智慧说三篇》导论中,冯契在说了毛泽东在《新民主主义论》中是"站在哲学的高度"来回答"中国向何处去"这个问题之后,紧接着就写道:"他在这本著作中提出了'能动的革命的反映论'一词,既概括了辩证唯物主义认识论关于思维与存在关系问题的基本观点,也概括了历史唯物主义关于社会存在和社会意识关系问题的基本问题。所以,这个词集中地体现了辩证唯物论和历史唯物论的统一。这个概念把客观过程的反映、主观能动作用和革命实践三个互相联系的环节统一起来,而实践则可说是主观与客观之间的桥梁。"

说到这里,我们或许可以把冯契先生和冯友兰先生做一个比较。冯友兰在其晚年完成的《中国哲学史新编》中,也讨论了《新民主主义论》,也是把毛泽东这个文本当作一个哲学文本来讨论的,但是没有提到其中提出的"能动的革命的反映论"这个全新的哲学概念。

再往前面看,冯友兰在抗战开始后不久写了《新事论》一书,其副标题是"中国到自由之路",可以说也是在回答"中国向何处去"的问题,但冯友兰先生并没有像毛泽东那样,提高到认识论的角度来提出和回答问题,更没有"能动的革命的反映论"的高度,因此,该书虽然讨论了许多关系问题,如共殊、城乡、家国,等等,但就是没有讨论理想与现实的关系问题、客观规律与主观能动性的关系问题,尤其是知行关系、群己关系,以及自觉原则与自愿原则的关系。

从总结中国近现代革命的经验教训的角度来看,冯契对于自觉和自愿的讨论,尤其值得重视。冯契强调真正自由的行动既要符合理性的自觉原则,也要符合意志的自愿原则。在他看来,重自觉原则而轻自愿原则,容易导致听天由命的宿命主义,在中国文化中这种危险尤其值得警惕;重自愿原则而轻自觉原则,则容易导致随心所欲的意志主义,在西方文化中这种危险尤其值得警惕。冯契认同中国文化的理性传统,但提出不但要防止"以理杀人"的独断主义,而且要防止因为克服独断主义而走向虚无主义,尤其要防止独断主义的唯我独尊与虚无主义的没有操守的独特结合:拿独断主义吓唬别人,拿虚无主义纵容自己。

冯契把"中国向何处去"作为一个哲学问题来讨论,不仅是因为他把这个问题当作"中国人向何处去"的问题来讨论,而且是因为他对这个问题的讨论,因为"中国"本身的重要性,而具有历史哲学的意义。"中国向何处去"的问题,不同于一般意义上的某个国家某个民族向何处去的问题,因为古代中国是差不多在公元前2500年左右同时诞生的几大"轴心文明"之一,也因为当今中国已经在经济上位居世界第二,在政治上因为其发展道路的独特性和有效性,而在全世界引起越来越强的反响。"中国向何处去",越来越意味着"世界向何处去"。

最后,把"中国向何处去"理解为一个哲学问题,很大程度上意味着这个问题也可以理解为"中国哲学向何处去"。对这个问题,冯契做出了自己的回答:"从哲学本身来看,也有一个古今中西的关系","与民族经济将参与世界市场的方向相一致,中国哲学的发展方向是发扬民族特色而逐渐走向世界,将成为世界哲学的一个重要组成部分"。在这方面,就像在其作为学者、教师普通人的所有方面,冯契先生也是言行一致的。在上世纪八九十年代,他接待一批又一批来自国外和港台地区的哲学家,创立中西哲学与文化比较研究会,承担许多西方哲学博士论文的评审,主持西方哲学博士论文答辩,尤其是在其著述中,广泛征引欧陆和英美各派哲学家的论著,利用中西哲学资源,对理性和意志、存在和本质、逻辑和历史、内在性与超越性等世界性哲学问题,做出自己的回答。

如果"中国向何处去"也蕴含着"中国哲学向何处去"的话,我们这两天举行的这个会议,"世界性百家争鸣与中国哲学自信",很大程度上就是跟冯契先生一起,以一种特殊方式,回答"中国向何处去"的问题。回答"中国向何处去"问题的前提是澄清"中国在何处"。经济上、政治上"中国在何处",我们前面已经说了;相对来说,文化上"中国在何处",我们恐怕还无法以同样的自信和同样的自豪来谈论。鉴于哲学对于所具有文化的核心意义,我们这样的会议,我们在这次会议中所表达的过去的努力成果和未来的努力方向,对"中国向何处去"这个问题获得恰当的回答,具有特别重要的意义。

06 在人生、社会和学术交叉的问题域中不懈探索[1]
——读《冯契文集》(修订版)

梁漱溟说他毕生思考的是中国问题和人生问题,而对这两大问题的思考都把他引向他毕生诠释和捍卫的中国文化。冯契除了在中国问题和人生问题之间寻找结合点之外,还设法把这两个问题与哲学领域的学术问题结合起来,而他在这三者交叉的问题域中的不懈探索,都把他引向他终生构筑的"智慧说"或"广义认识论"体系。华东师范大学出版社最近出版了《冯契文集》修订版,不仅对上世纪末出版的该文集初版进行了全面修订,而且在原来十卷之外又增加一卷,其中收入的冯契早期的文学作品、中期的通俗读物和晚期的讲课记录,可以让读者们对这位当代中国哲学家的"广义认识论"是如何"广义"的,他的"智慧说"是如何"智慧"的,有一个更加具体生动的理解。

冯契毕业于清华大学和西南联大,师从金岳霖、冯友兰和汤用彤;在20世纪的中国,有幸接受过这样纯粹而全面的学术训练的哲学家,不算太多。但冯契又去过延安,听过毛泽东讲课,并且一再强调他初读毛泽东《论持久战》和《新民主主义论》时所受到的思想震撼。对于冯契来说,毛泽东在《新民主主义论》开篇提出的"中国向何处去"的问题,同时也是一个哲学问题。阅读《文集》,冯契对这个政治命题的哲学解读或许可以这样来理解:问"中国向何处去",不仅是问"中国作为一个民族和国家向何处去",而且是问"中国人作为中

---

[1] 本文刊于《中华读书报》2016年9月7日。

华民族的个体成员向何处去",是问中国人如何不仅在政治上、经济上、军事上"站立起来",而且在人格上、在文化上、在精神上"站立起来"。在我看来,这样的追问,恰好汇聚了冯契作为一个个人对自己人生问题的思考、他作为一个国民对社会时代问题的思考、他作为一个哲人对哲学学术问题的思考。

在冯契那里,中国人在精神上真正站立起来,意味着找到一个王国维所说的既"可信"又"可爱"的价值王国;作为一个马克思主义者,冯契强调这样的价值王国一方面是从现实世界和现实人生中提炼出来的,另一方面又要通过创造性实践逐步变成接近真善美理想的美好社会和自由人格。如果说他早年发表的几篇小说(收入《文集》第十一卷),是通过刻画那些受压迫遭侮辱的小人物来表达对理想社会和理想人格的向往的话,他晚年完成的哲学史著述和哲学理论著述,则是通过对中西哲学成果的提炼、综合和发展,来表达对这种社会和人格的深层理解和深刻论证。

就哲学史的研究而论,冯契曾被称作"以一人之力"完成从先秦到新中国成立的中国哲学史著述的第一人。中国古代的哲学发展漫长而独立,所以冯契写了三卷《中国古代哲学的逻辑发展》(《文集》第四至六卷);中国近代的哲学演变曲折而多因,所以冯契写了一卷《中国近代哲学的革命进程》(第七卷))。冯契对中国哲学的回顾总结,同时也是他对中西哲学传统的比较和对话;他一方面用西方哲学成果研究中国哲学中的认识论和逻辑学传统,另一方面用中国哲学的智慧来超越西方哲学对认识论的狭义理解。

就哲学理论的研究而论,冯契把自己超越西方"狭义"认识论的理论体系称作"广义认识论"或"智慧说"(《文集》第一至三卷),这既是冯契用马克思主义的实践唯物主义来批判评价西方哲学的结果,也是他反过来用西方哲学成果来更新马克思主义哲学的观点及其论证的成就。冯契重视辩证唯物主义和历史唯物主义,但他更重视作为两者之结合的"实践唯物主义"和"能动的革命的反映论"。冯契虽然也重视毛泽东的《矛盾论》,但他更推崇的是系统运用辩证思维的《论持久战》;他虽然也重视毛泽东的《实践论》,但他更推崇的是明确提出"能动的革命的反映论"的《新民主主义论》。在冯契那里,20世纪中国哲学的"革命家传统"与"学问家传统"汇聚起来了:经过对毛泽东"能动的革命的反映论"与金岳霖"以得自现实之道还治现实"命题之间的相互诠释和相互融合,冯契提出了他自己的"化理论为方法、化理论为德性"的著名观点。冯契不仅在金岳霖的基础上进一步论证"理论"如何"得自现实"并"还治现实",而且把理论（尤其是哲学理论）的"还治现实",分析成两个方向：方法和德性。在"理论"向"方法"和"德性"的转化中,理论不仅得到了运用,而且得到了完成：抽象理念在这里获得了具体生命。

这种意义上的作为方法和德性之基础的理论,可以说就是把事实与价值统一起来、把理性与情感统一起来、把真善美统一起来的"智慧";冯契晚年完成的"智慧说",因此既可如他自己所做的称为"广义认识论",也可以根据其内容而称其为"广义价值论"。

在这样的理论基础上,冯契强调真正自由的行动是理性的"自觉原则"与意志的"自愿原则"的统一。冯契高度肯定西方哲学对自愿原则的重视,但他不仅强调自愿的意志选择要获得自觉的理性指导,而且强调意志的可贵品格除了意志的自愿性之外还有意志的坚定性。在冯契看来,如果说重自觉原则而轻自愿原则容易导致听天由命的宿命主义,那么,重自愿原则而轻自觉原则,则容易导致随心所欲的意志主义。冯契高度肯定中国哲学对自觉原则的重视,但他认为,中国人所尤其擅长的"辩证理性"精神,只有与西方尤其发达的实证科学和形式逻辑结合起来,才能成为现代科学方法,并且避免蜕变为诡辩论;中国文化足以自豪的理性传统,必须与"以理杀人"的独断主义划清界限,才能避免导致宿命论及其另一个极端即虚无主义。在冯契看来,中国社会最大的危险,是独断主义的唯我独尊与虚无主义的没有操守的轮流登场,是资本主义的金钱崇拜与封建主义的权力崇拜的同流合污,或者是铁板一块的集体主义与散沙一盘的个人主义之间的非此即彼。

《冯契文集》共十一卷,基本上收全了目前能找到的冯契著作。细心的读者会发现,在冯契长达六十多年的著述生涯中,有一个时期是空缺的,就是那个通常被称为"十年内乱"的历史时期。在这个时期刚开始时,冯契的所有手稿、笔记,连同书信和日记,就都被"小将们"抄家没收,至今下落不明。冯契很少谈论他的"文革"遭遇,尽管他有那么多理由去控诉和抱怨;他也很少谈论自己的不凡经历,包括在 1956 年 10 月发表题为"匹夫不可夺志也"的著名文章,以及在 1957 年出版《怎样认识世界》一书以后,毛泽东不仅自己认真研读,还向他身边的工作人员郑重推荐。但是,我作为学生倒不止一次听到他说,他自己的思想显然也是有时代局限性的,也曾受到教条主义的严重束缚。

冯契对自己的"智慧说"或"广义认识论"的身体力行和"德性自证",不仅表现为他不断反省而又宠辱不惊,而且体现为他不断探索而又从容不迫。在这方面,我们也可以把冯契与他的金、冯两位老师做一个比较。金岳霖先生的《知识论》手稿在躲避日寇空袭中丢失了,他只好在抗战后期直到新中国成立前夕,把这部出版后有千页之巨的著作,一字一句全部重写;冯友兰先生在晚年觉得有必要对其早先做了几轮的中国哲学通史著述进行彻底反省,于是,从 1980 年到 1990 年,在 84 岁到 95 岁的高龄,一字一句书写和口授了《中国哲学史新编》总共七卷。同样,从 1978 年开始,年过花甲的冯契在他校园寓所的简朴书房里,在几十年积累的笔记和手稿荡然无存的情况下,在参与、主持和指导各层次学科建设和教学科研的任务极其繁重的情况下,一字一句地写出了总共十一卷的《冯契文集》中收入的大部分文字。可以这么说:在人生、社会和学术交叉的问题域中不懈探索的这位当代中国大哲,不仅通过"写什么",而且通过"怎么写",为世人留下了最为宝贵的精神财富。

2016 年 9 月 2 日

07 向可敬前辈致敬,为光荣事业增光[1]

从 1951 年 10 月建校以来,华东师大几代师生为在中国大地上建设世界一流的社会主义高等教育,进行了可歌可泣的艰苦奋斗。

在这个奋斗历程中,学校许多前辈做出了杰出贡献;今天是建党纪念日,我想着重说说我们的三位老书记:周抗同志(1914—2002)、常溪萍同志(1917—1968)和施平同志(1911—   ),说说他们所开创的我校党的工作的优良传统。

周抗同志是华东师大历史上到任最早的党委书记,他于 1952 年 2 月来学校担任校党委第一书记之前,我校有党组织,但还没有党委。

常溪萍同志是华东师大历史上任期最长的党委书记,从 1954 年 6 月宣布担任华东师大党委第一书记到 1965 年 8 月调任市委教育卫生工作部部长,在华东师大任职了 11 年多。

施平同志是华东师大历史上影响最大的党委书记;从 1978 年 8 月担任校党委第一书记,到 1984 年 6 月去市人大担任常务副主任,施平在不长任期内所做的许多工作,在历届校友和各校同行中都有极好的口碑。

这几年每年春节前我都去拜望施平同志,好几次进门前我都想办法拍到他正伏案阅读的照片。施平同志在师大做书记的时候,我有幸在这里做学生,先是做本科生,后是做硕士生。

---

[1] 本文是作者在 2019 年 7 月 1 日举行的"初心不改担使命 砥砺奋进再出发——华东师范大学纪念建党 98 周年表彰大会暨华东师大红色传统主题党课《追寻》"上的讲课稿子,刊于中共上海市委组织部党建研究会编《党建通讯》2019 年第 7 期。

常溪萍同志我没见过,但我有幸通过我的老师冯契先生,对常溪萍同志多了一些了解和理解。冯先生在"文革"前是常书记的挚友,经常相互串门,在"文革"中是常书记的难友,被关在同一间宿舍"隔离审查"。

周抗同志在我印象中也没见过,尽管应该是有机会见过的,但我有幸成为他两个岗位的后辈,一个是现在这个岗位,一个是之前的上海社科院哲学所所长岗位。

这三位前辈都富有情趣,酷爱艺术。周抗曾在刘海粟先生门下学画,后来到延安投奔鲁艺,只是因为一位也叫周抗的人已在那里就读,才改为抗大学生,走上革命理论家而不是革命艺术家的人生道路。常溪萍的书法曾得到不少书法专家的高度评价,两年前学校在纪念他百年诞辰时,曾出版了一本他的墨宝集。施平离休后每隔几年就出版一本影集,今年五四青年节那天,这位百岁文艺青年还出门在外,拍摄花卉。

这三位前辈更坚守理想,忠于职责。他们都出自富庶之家,为了理想投身革命,在战争年代经历了生死考验。新中国成立以后,作为高校领导,在各种政治环境中,他们都坚忍不拔、百折不挠地致力于把为人民服务的立党宗旨和做民族先锋的光荣使命统一起来,把坚守办学的政治前提与发挥办学的政治优势统一起来,把中国高校的民族特色、社会主义方向和现代化水平统一起来。

所以,他们在华东师大工作和任职期间的以下事迹,尤其值得我们重温和学习。

第一,他们在全面加强党的领导的同时,都坚定不移地走党的群众路线。

在 1957 年 1 月召开的我校第一次党代会上,常溪萍同志代表校党委做了一个很好的报告,题为"调整各方面的关系,调动一切积极因素为提高教学质量与科学研究水平而斗争",论述了党群关系,各级党组织与各级行政的关系,校部与系、系与教研组及班级的关系,新老教师的关系,老教师与老教师之间的关系,师生关系,行政干部与教师的关系(包括工农与知识分子的关系),教学与科学研究的关系,政治与业务的关系(包括学习与工作关系)和是非关系这十大关系,对各级党组织和党员与群众的关系的基本情况做了仔细分析,对"关系好的为数不多""关系一般还好的但不够密切的占大多数"和"关系比较差的为数极少"这三种情况,每一种都用具体例子进行了认真说明。尤其令人既感动又感慨的是,常溪萍对"为什么多数党组织和党员与群众的关系还不够十分密切呢?为什么还有很少数的党组织和党员与群众的关系还很不好呢",用了很长的篇幅做了六点原因分析,并针对这些原因提出八项具体措施。

我校首届党代会的这份报告,在我看来,具有非同一般的价值,因为它不仅相当准确而生动地体现了党的群众路线,而且以一种特殊方式提示我们,理论与实践之间的距离,理想与现实之间的缺口,是需要做出巨大努力,甚至付出巨大牺牲,才有望逐步缩小的。

在当时的历史条件下,常溪萍同志做出了极其可贵的艰苦努力。在师大老同志中,至今还传颂着常书记,或他们习惯称呼的常校长,在密切联系群众方面的许多感人故事。我多次听人讲起,全校许多普通教职工和各系科各年级同学的名字,常溪萍都叫得出来。老校长刘佛年的一篇回忆文章印证了这个说法:"他从早到晚很少休息。他不只是召开会议,不断地找人谈话,而且喜欢下去,食堂里,宿舍里,教室里,工厂里,运动场上,什么地方都能见到他。他几乎每天都要到校内各个地方转一两圈。他看见教师就和教师谈话,看见学生就和学生谈话,看见职工就和职工谈话。随时了解他们的情况和要求,及时解决问题。他记忆力很好,和你谈过话,下次见面就叫出你的名字。他和师生员工接触最多,知道人们的情况最多。"

第二,他们在忠实执行上级指示的同时,都勤勤恳恳地为教师做好服务。

在高校,党群关系的最重要形式是党委与教师的关系。周抗曾回忆有一次与常溪萍交谈,两人不约而同地谈到办好大学要依靠知识分子、依靠教授,常溪萍对周抗介绍的在较大范围内以"交朋友"的方式开展党的统战工作的体会,尤其感兴趣。地理系李春芬教授后来的回忆说明,常溪萍正是这么去做的:"串门谈心,成了他一项经常性的工作。由于他平易近人,态度诚恳,坚持原则,所以,同他交谈,不仅不感到有什么隔阂,而且,对他的谈话,大家都有与人为善、语重心长的亲切感。"

施平同志来到华东师大的时候,吞噬了包括常溪萍同志在内不少师大人的那一页历史才翻过去不久,许多方面都亟待拨乱反正。施平同志在这个时期进行的许多思考和实践,记录在他在1988年出版的《知识分子的历史运动和作用》一书之中。为了准备今天这个发言,我在孔夫子网上买到了有他亲笔签名的这本书。书里收入了16篇文章,其中大部分是发表在报刊上的,其中一篇是1983年在一个座谈会上的发言,施平在其中深入讨论了这样几个问题:"阶级社会中知识分子是否仅属于统治阶级?""旧社会的知识分子是否都为统治阶级服务而剥削人民?""知识分子担任领导是夺了工人阶级的领导权吗?""知识分子是不是靠工人、农民养活的?"这些问题在现在的人们看来很可能已经不是问题了,但在当时,施平同志是凭着扎实的理论功底与无畏的政治勇气的结合,才能对它们做出有强大说服力的回答的。

施平书记的理论思考是与他的工作实践密切结合的;在这方面有许多事例,从平反冤假错案,到重用骨干中青年教师,从支持校长放手工作、提倡教授治学,到关心中青年教师业务发展和身体健康,等等。在包汉中和汪祥云老师为《共和国老一辈教育家传略》写的施平传记中,还有这样的一段有关给教师提高收入的叙述:

"'文化大革命'期间,华东师大教职工未加一分工资。教职工的工资很低,尤其中青年教师家庭经济负担重,生活相当清苦。随着学校工作重点转移,教师的教学、科研任务逐渐繁重,在一时难以提高教职工工资的情况下,施平想方设法改善教职工待遇,他与校其他领导商量后,于1979年8月提出试行增收节支基金制度,即在全校范围内开展增收节支活动,用增收节支办法,在完成国家下达的教学、科研、生产任务前提下,挖潜增产,广开财源,创造条件,增加收入,获取利润,将利润作为'学校基金',建立优秀教学奖、科研成果奖等奖励制度,鼓励先进。这一措施经市和教育部同意后实行,得到了全校教职员工的欢迎。"

第三,他们在牢牢把握办学方向的同时,都竭尽全力使学生健康成长。

重视学生的思想政治教育,在华东师大是有一个很好的传统的;在很大程度上,这个传统的奠基人是周抗同志。政教系老教授、曾经担任我校党委副书记的吴铎老师回忆说,学校成立不久就成立了政治教育专修科,时任学校党委书记的周抗,不仅"派最优秀的一批教师到我们班级任教,而且亲自兼任我们政治教育专修科的科主任,同时为我们教授时事政策课程"。

常溪萍同志关心学生成长的事例更多,除思想政治以外,在专业学习、宿舍卫生、体育锻炼、文娱生活、毕业分配等各个方面,他都无微不至地关心,身体力行地关怀。我校历史系老教授虞宝棠有这样一段回忆:

"当年学校没有游泳池,每到夏天,爱好游泳的师生就犯难,要求学校造个泳池。但是新建一个游泳池,谈何容易,投资大,上报审批,一时很难办到,常校长又急人所急,到处巡视,与人商量,最后看准丽娃河夏雨岛东侧河段近五十米,决定自己动手在此造个简易游泳池,说干就干,河底铺上水泥、岸边造两个窑洞式的更衣室,投资少,工程很快竣工。放水开放,满足了师生游泳的要求。今天每当走过夏雨岛都会想起当年像饺子下锅一样的游泳盛况。"

在人才培养方面,施平同志有关"群育"的思想,尤其值得我们重视。余佳同志等会儿还会就施平同志这方面的思考和实践谈体会,我这里只想说,施平同志有关"群育"的论述,应该像"思群堂""群贤堂"等一样列为我校以"群"冠名的特有精神财富之列。

第四,他们在精心培养人民教师的同时,都想方设法对标一流学术目标。

我校是为新中国培养百万人民教师而新创建的社会主义师范大学,教师教育一直是我们首要的办学任务。但是,从建校之初开始,我校就一直同时把科学研究和学科建设放在很高的位置。1957年,教育部首次批准组建的全国18个研究室中,我校占了两个;1959年,中央确定16所全国重点高校,我校是其中之一。学校在学术攀登历程中留下的这些早期足迹,蕴含着当时担任党委书记的常溪萍和孟宪承校长一起带领全校教职员工所做出的艰辛努力。在按照上级要求落实一项又一项政治任务的同时,他们可以说是抓住一切机会去提升学校的学术水平。常溪萍自己曾让人找来有关剑桥大学、麻省理工学院、莫斯科大学的详细资料,希望在这些学校中找到我校的学术标杆;他深入文理各系和教研室、实验室,不仅给师生鼓劲,而且帮他们解决实际问题。我校在1978年全国科学大会上的获奖项目"人工骈体棘尾虫核质关系",就是生物系张作人教授在常溪萍支持下建立的"原生动物实验室"的研究成果。

改革开放以后,施平书记和刘佛年校长一起引导全校老师们对处理好师范性和学术性的关系有了更明确的共识。在我校建校 30 周年的那一年,也就是在 1981 年,我校有 10 项科技成果获得上海市重大科技成果奖,3 项成果获得国家发明三等奖,充分展示了我校在对标一流学术目标方面的实力。凭借这样的实力,我校的《1980—1990 十年规划纲要》把学校的总目标确定为:"在党的十一届三中全会路线指引下,把我校办成高质量、有特色的重点师范大学。主要任务是为国家培养大学基础课、部分专业课教师以及科学研究人员;在努力提高教学质量的前提下,积极开展科学研究,把学校办成教学中心和科研中心。"

第五,他们在踏实做好日常工作的同时,都集思广益,布局学校长远发展。

回顾既往,我校有不少学科和研究方向,往往不仅在师范大学当中是起步最早的,而且在所有国内高校当中也是领先发展的。尤其在改革开放以后,施平同志在担任党委书记期间,他和刘佛年校长一起做的许多工作,为我校此后的发展奠定了很好的基础。

一个重要例子,是 1979 年 5 月,我校在全国师范大学中首家新建了计算机科学系。针对当时有些同志的顾虑,施平同志强调:"时代的发展已走进了计算机时代,这个新时代的具体标志就是计算机(电脑)的出现、发展和运用,这是历史阶段性的一次社会大革命,科学教育首当其冲,学生和教师不懂计算机科学的应用,将不可能跟上时代的发展,学校教育应走在前头,为国家提供信息时代的人才。"四十年前就有这样的认识,多么难能可贵!

同样能显示施平同志过人学术眼光的,是在他的直接推动下,1981 年,我校与上海社科院联合创办了"苏联东欧研究所",这个研究所后来改为俄罗斯研究中心,成为教育部文科基地之一,对我校国际关系学科建设具有非常重要的作用。

学校要有可持续的健康发展,离不开管理体制、人才队伍、国际国内合作等方面的相应支持。在施平同志担任书记期间,我校在后来被称为中国特色现代大学制度中的那几个方面即党委领导、校长负责、教授治学和民主管理的具体方式上,在那几个方面之间如何实现有机统一的制度形式上,进行了在全国高校有很大影响的重要探索。面向全国和全社会广聘一流人才,通过为学有专长的老教授配备助手等形式组建老中青结合的学术梯队,对发展潜力大的学生采取特殊措施以强化其外语能力和跨学科研究能力,等等,当时的党政领导采取的这些做法,让我们至今仍深受其益;施平书记自己不仅亲自带领国家级高教代表团走出国门与欧美高校建立和落实合作交流,而且以其特有的创造力和号召力,在全市乃至全国高校发起交流经验、分享资源和协调行动的合作活动与协作联盟,这些也都为学校此后的改革发展提供了独特的示范和激励。

同志们,前辈为我们奠定了发展基础,树立了工作榜样,尤其是为我们留下了通过加强党的领导而促进学校与国家共发展、通过发挥党组织和党员作用而促进师生与学校同成长的丰富经验。与上面讲的三位书记和他们的同事们一起苦苦奋斗的时候相比,我们今天的办学条件要好得多了。但每代人有每代人的挑战,每代人有每代人的使命。让我们以习近平总书记倡导的"强烈的自我革命精神",反思历史经验,发扬优良传统,不忘初心,牢记使命,扎扎实实地履行好师大人的育人使命、文明使命和发展使命,为建教育强国和以教育强国,做出更多更大的贡献。

2019 年 7 月 1 日

第四篇

祝学生

01 未来无论从事何种工作,最根本要求与科研并无不同

——2012年博士生毕业典礼致辞

同学们、老师们、各位来宾:

大家好!

今天,我们欢聚一堂,为2012届博士毕业生举行隆重的毕业典礼暨学位授予仪式,共同见证这一神圣、喜庆、激动人心的时刻。在座的各位博士即将走上各自的工作岗位、开启新的征程。首先,请允许我代表学校,向经过数年拼搏、刻苦钻研而获得学位的436位博士,表示热烈的祝贺!向为此付出艰辛劳动的导师们,致以崇高的敬意和诚挚的谢意!向关心学校发展、支持各位同学顺利完成学业的亲友及社会各界人士表示衷心的感谢!

博士研究生教育位于人才培养体系的最顶端,博士研究生的培养质量,不仅是我校世界知名高水平研究型大学建设的重要组成部分和关键所在,而且关系到国家人才总体战略的实现以及国家的建设与发展。近年来,学校以"985工程"建设为契机,积极整合校内外各种资源,为广大研究生搭建了科研训练、出国研修、学术交流等多个锻炼平台。研究生特别是博士研究生,其培养质量和科研创新能力有了明显提升,已成为我校科研队伍中的一支重要力量,科研贡献率近60%。

2009年理工科研究生在一级学科顶级期刊上发表论文数量只有13篇,2011年已达36篇,增长近3倍;文科博士研究生在一级学科权威期刊上发表论

文的数量也逐年增加。在座的各位博士生中,不乏科研佼佼者。比如物理系的朱光同学,3年来发表12篇SCI论文,其中一级学科顶级期刊论文1篇,二级学科一流期刊论文7篇,并获得宝钢奖学金特等奖;信息学院的李文武同学,读博期间发表10篇SCI论文,其中一级学科顶级期刊论文2篇,二级学科一流期刊论文5篇;科学与技术跨学科高等研究院的刘洋同学发表一级学科顶级期刊论文2篇,二级学科一流期刊论文1篇;教育科学学院的王志强同学3年来发表10篇学术论文,其中CSSCI来源期刊收录8篇;历史学系的刘彦文同学在一级学科权威期刊上发表2篇论文,另外还有2篇CSSCI论文发表。

在此,我代表母校衷心地感谢上述同学,感谢在座的所有同学,感谢你们为学校的高水平大学建设事业所做出的重要贡献和所付出的艰苦努力!

还有几句话,说出来与大家共勉。

对在座的将来要从事学术研究和人才培养的博士,我要说的是,科学攀高不仅要有高智商,而且要有高情商,愿你们今后始终记得"爱在师大"。科学攀高不仅要靠利益驱动,而且要靠理想引导,愿大家在任何条件下都不放弃理想。科学攀高既是一种责任,也是一种乐趣,愿大家在工作和生活中都充满快乐。科学研究不仅要对物进行研究,而且要与人进行沟通,愿大家在单位里、实验室里不仅做一个好学者,而且做一个好同事、好领导、好老师。科学研究不仅仅是完成一个又一个的项目,而且是追求一个长远的vision(视野),愿大家不仅有科研成果,而且有科学vision,不仅有更高的专业目标,而且有更高的人生目标。

对在座的将来不直接从事学术研究和人才培养工作的博士,我把上面的话也送给你们,与你们共勉,因为在很大程度上,做好科研与做好其他工作,基本的原则和要求是一致的,最好的状态也是通情达理,敬业爱岗。同时我还祝愿大家,在自己的岗位和领域工作顺利,事业成功,以自己在非学术领域的成就,为华东师大这座学府,为华东师大的历代校友,带来更大的公众荣誉和社会信任。

谢谢大家!

2012年6月21日于思群堂

02 对新晋博士们说几句话
——2013年博士生毕业典礼致辞

各位新晋博士、各位来宾：

大家上午好！

今天，在这里，有320名同学马上要从陈群校长手中拿到博士学位证书。同学们，在你们接过证书之前，请允许我代表陈校长和全校教职员工，向你们，向你们的亲友们，向你们的导师们，表示最热烈的祝贺！

毕业典礼是祝贺的时刻，也是感谢的时刻。我代表学校，向不辞辛劳、精心育人的各位导师，向默默付出、勤勉服务的全体员工，表示最衷心的感谢和最崇高的敬意！

站在这里，我想起上个月，包括老校长王建磐在内的新中国首批18位博士学位获得者中的11位，相聚在丽娃河边。他们在30年前获得博士学位的时候，在座的同学们许多可能还没有出生。但你们比他们更幸运，不仅是因为你们进校的时候，博士生培养早就是中国稍好一些的大学的日常工作，而我校作为首批获准成立研究生院的33所高校之一，博士生教育也从最初只有一名学生，发展到有2 000名在校博士生的规模，你们比他们更幸运，更是因为你们进校以后，学长们老师们从前不敢奢望的许多学术交流机会、科研攻关机会和国际发表机会，就等待着你们。2012学年，包括在座各位在内的我校博士生共发表了600余篇CSSCI或SCI论文，其中包括我校与巴黎高师联合培养的博士生竺淑佳以第一作者在 *Nature Structural & Molecular Biology*（《自然-结构和分子生物学》)上发表的论文,生命科学学院博士生李磊、赵登攀以共同第一作者在 PNAS(《美国国家科学院院刊》)上发表的论文,还有心理学、教育学和其他许多学科的同学们所发表的成果。

但是同学们,你们所获得的机会,同时也是对你们的挑战。30 年前,在国内刊物上发表一篇论文,是会引来许多羡慕的目光的,而 30 年后,不发表科研论文,是拿不到学位证书的。30 年前,为了去借阅外文资料,或许要先去开具单位介绍信;30 年后,在国际刊物上发表了论文,还不一定使你们在求职过程中一帆风顺。尤其是,在我们这个社会,头上带着光环的人群,背上也往往有着沉重的负荷。在经济上已经坐二望一、在博士生培养人数上也已经领先世界的我们国家,急切地盼望着你们和你们的老师们,去尽快摆脱科技和文化上的二流地位,甚至三流处境。历来把仁智统一、德才兼备作为精英标准的这个民族,对蔓延到大学校园的浊水、对隐藏在象牙塔里的污垢,更是痛心疾首。

同学们,为了对得起你们有幸获得的机会,为了承担起你们无法推托的责任,确切些说,为了面对我们共同的幸运和挑战,我有几句话对你们说。

第一,我祝贺同学们完成了博士论文,通过了论文答辩,但我想对你们说,如果你们明明知道论文还需要好好加工,或者感觉在答辩时暴露了重要缺陷,那么,最好不要急于把论文交付出版,哪怕这会意味着某个荣誉和头衔将离开你们多几个年头,甚至还可能从此不再与你们有缘。

第二,我祝贺同学们在学校期间获得了各种荣誉,祝愿大家在今后得到更多嘉奖。但我想对你们说,最高的荣誉,是一个有良好教养者自己内心的欣慰和骄傲。走上工作岗位,你们会明白,同样的成果一个人说堪称经典,一个人却说一文不值,走下领奖台后在一群人那里接过鲜花,在另一群人那里见到冷眼,这样的情况并不会太少。只有经历了整个创造过程的你们自己,才知道你们的创造成果有多少价值;只要是真正全身心地追求卓越,你们就能做到宠辱不惊、贵贱不移。

第三,对于立志把所学知识用于实际工作领域的同学们,我想对你们说,在纷繁复杂的现实世界当中,虽然你们拿的学位叫"博士",但你们所学的知识很可能还不够广博;虽然你们探索的领域叫"专业",但你们掌握的技能很可能还不够专深。你们必须不断努力,比在校时更善于学习,更勇于创造,才能不辜负你们自己和家人已经付出的艰辛劳动,不辜负在那么广阔的土地上那么多人们的羡慕和期待。

第四,对选择毕生从事学术事业的同学们,我想对你们说,虽然这个社会正捧着鲜花硕果在人群中急切地寻找着她的科学英雄,但你们要学会忍受在大声喊出"尤里卡"之前的漫长等待,你们要学会享受青灯黄卷、晨钟暮鼓的古典美景,你们要学会体验与实验仪器亲密对话、与古今大师朝夕相处、与远近同行既合作共事又据理力争的独特乐趣……

第五,对那些在收获知识和成长的同时还留下些许遗憾的同学们,我想对你们说,不要沮丧,至少是不要过于沮丧;也不要后悔,至少是不要后悔个没完,因为我们都知道,精彩故事总有波折和伏笔,而故事当中每个情节的真正意义,都取决于往后的故事是怎么展开的。

第六,对所有的同学们,我想对你们说,请你们相信,在争取民族复兴、个性发展、人类幸福的征途上,在抵制虚无、克服浮躁、加固信任的战斗中,华东师大永远是一支最有战斗力的精锐之师;也请你们记住,无论你们身处何方,你们将始终是这支精锐之师的特别支队。我相信,为了我们自己和我们的亲人们的幸福和尊严,在这样的战斗中我们都只可争胜,不敢言败。

同学们,学术征稿有截止期,学位论文有答辩时,学校生活有告别日,但创获智慧的科学事业永无止境,陶镕品性的人生课堂无所不在,民族复兴和社会进步的事业任重道远。祝同学们生活美满、事业成功、不断成长、永远幸福!

2013 年 6 月 27 日于思群堂

03 以艰苦为底色的快乐,才是真正美丽的
——2014 年博士生毕业典礼致辞

今天是 6 月 14 日,像一年中的每一天一样,今天也是一个特别的日子。1938 年的今天,宋庆龄在香港发起成立保卫中国同盟。1985 年的今天,德、法、比、荷、卢五国签署取消相互之间边境检查的《申根协定》。1928 年的今天,传奇英雄切·格瓦拉诞生;1936 年的今天,国学大师章太炎去世……

同学们听了估计会纳闷:这些日子与我们有什么特别关系吗?与今天的我们、我们的今天,有什么特别的关系吗?

你们的纳闷是有道理的,这些事件虽然很重要,也不能说与大家没有关系,但确实与大家没有特别的关系。对于在座的同学们来说,对于你们的老师们、亲人们来说,今天之所以是一个特殊日子,尤其是因为在今天,在这里,452 位同学将获得博士学位,350 多名博士研究生将从陈群校长手中领受到博士学位证书,你们中的多数同学,将带着母校的期望、导师的期望、全体在校师生的期望,开启人生旅程的崭新阶段,画出事业轨迹的崭新高度。同学们,在你们正式完成从博士生到博士这个历史性转变之前,请允许我代表全校教职员工,也代表数十万华东师大校友,向你们表示最热烈的祝贺!

今天之所以是同学们的一个特殊日子,是因为,为了这一天的到来,你们在享受校门外同龄人羡慕不已的求学之乐的同时,付出了艰苦的劳动。尽管研究生院的同事们告诉我,在最近的一项调查中,我校 2014 届博士毕业生中有 95.6% 的同学对求学生活表示满意,但作为一名教师,我深知求学成才的道路绝

不是一马平川。作为一名管理者,我感谢这么多同学对在华东师大求学感到满意,同时也请求不那么满意的同学,可能不止 4.4% 的同学,将来一定要比别人更多地回母校看看,让我们有更多的机会,来弥补或许由于我们教学和管理中存在的不足而造成的遗憾。

今天之所以是同学们的一个特殊日子,是因为,为了这一天的到来,你们的导师们在享受"得天下英才而教育之"的君子之乐的同时,也付出了艰苦的劳动。根据上面提到的那个调查,约 98% 的同学在学期间参与了导师的科研项目,今年毕业的博士生们在学期间共发表了 1 182 篇学术论文,其中在 SCI、SSCI、CSSCI、EI 等来源期刊发表论文 633 篇,在各个学科高水平期刊发表论文近百篇。你们的学位论文和科研成果,当然首先是你们自己的劳动成果,但我相信,其中凝聚着的导师心血,是你们将来要感恩母校的主要理由。

今天之所以是同学们的一个特殊日子,还因为,为了这一天的到来,你们的亲人们在憧憬你们的求学为家庭和自己带来美好变化的同时,也付出了艰苦的劳动。明天就是父亲节,同学们,你们的博士学位证书固然是一份不错的父亲节礼物,但相比之下,学问再大也不比父母的恩情大,成就再多也还不了亲人的感情债,一份这样的心愿,一切与这种心愿相符合的行动,才是你们给亲人们的最宝贵礼物。

今天是快乐的时刻,但我却接连说了三次"艰苦",语气有点沉重,这有一个特殊的理由。今年是华东师大的前身学校之一大夏大学建校 90 周年。1924 年 11 月 24 日,大夏大学的首任校长马君武就任大夏大学校长。在第一次对全体学生与教职员讲话时,马校长就提出了后来被大夏师生一再提到的"三苦精神"与"师生合作"八个字。其中的"三苦精神",是指教授要苦教:要以教育为重,认真教学,不计较待遇之多寡;职员要苦干:要以校务为重,切实办理,不能因经费缺少即敷衍了事;同学要苦读:要以学问为重,认真求学,不能有缺课等情事之发生。

马校长讲这番话的时候,离咱们现在所在的这个校园的动工建设,还有 6 年;初创时期的大夏,以租来的弄堂做教室,以马校长等建校元老们的私人资产做抵押买地造房,真可以说是艰苦卓绝。

与大夏前辈相比,我们今天的办学条件无疑要好上百倍;但用大学走在时代的前列、高等教育参与甚至引领民族和社会的发展这个要求来衡量,我们今天的办学任务,比我们的前辈,大概还要更加沉重。为了完成这样的任务,为了承担起已经在经济上坐二望一的东方大国的全球责任,为了履行"中国人应当对人类有较大贡献"的前辈遗训,我们全体师生、全体校友和所有中国人一样,都要不断努力,不怕吃苦。我们都喜欢说"爱在师大",我们也都愿意强调"学在师大",但在这里我想补充一句,真能持久的"爱",真有成就的"学",都离不开一个"苦"字;只有把"爱在师大""学在师大"与"苦在师大"结合起来,才能实现"乐在师大"。以艰苦为底色的快乐,才是踏实的、高贵的,因而是真正美丽的。

　　今天凌晨,在巴西里约日内卢,举行了足球世界杯B组的首轮比赛,在座不少同学可能看了荷兰和西班牙的比赛。比赛结束,电视屏幕上充满着的,是上届亚军以5:1打败卫冕冠军以后的狂喜,但我更感兴趣的,是居然以如此大比分败给其昔日手下败将的那支队伍的队员和教练们的表情。喜乐和悲苦之间,常常是如此难分难解,一言难尽。我们这些远在万里之外的中国观众,不会有荷兰球迷那么快乐,也不会有西班牙球迷那么痛苦。与此类似,大夏前辈的许多苦,我们现在不用吃了;而今天的华东师大人,在我们所要承担的那份对民族对人类的责任当中,是包含着许多我们的前辈还不用去吃、不用去尝的苦涩的。当然,我们也可以不去想这些苦,也可以不准备去吃这些苦,但那样得来的快乐,哪怕它会像这几天看世界杯那样让人废寝忘食,也不会掩盖这样一个事实:即使在今天,在西班牙足球队遭受如此惨败的今天,中国球迷也更羡慕西班牙球迷。

　　今年3月,习近平同志在参加全国两会上海代表团的讨论时,呼应廖昌永委员表达的中国的歌剧能够到世界舞台上去的梦想,说:"这些事情我们要作为一个追求目标去做。"接着,习近平谈起了他的足球梦:"就跟我谈中国足球一样,看起来比较遥远,但是还得讲啊,你没有这个梦想,也不去想,就根本达不到,你想了才有这可能。"

　　总书记的话,不仅适用于歌剧和足球,也适用于教育和科技,适用于我们的每一项工作,甚至适用于我们每个人的生活。

毕业了,攻读博士学位的逐梦之旅到达了目的地,但创造一个更美好的人生和更美好的世界的逐梦之旅,才刚刚起航。

今天这个日子,6月14日这个日子,将因为你们获得博士学位以后在各自的逐梦之旅中每一次战胜困难、赢得胜利而更有意义。

衷心祝愿每一位同学,在这个航程中,一帆风顺,常传佳音!

2014年6月14日于思群堂

04 走出校门时,请带着校训一起远行
——2015年博士生毕业典礼致辞

各位新晋博士、各位导师、各位来宾,老师们、同学们、朋友们:

大家下午好!

今天在思群堂,又将有196名博士研究生从陈群校长手中接过学位证书。请允许我代表学校全体教职员工,向你们表示热烈的祝贺,向精心指导你们的导师们,向一路陪伴支持你们的亲友们,表示衷心的感谢和崇高的敬意!

当你们接过学位证书的时候,华东师范大学博士学位获得者人数已经累计达到5 575名。《华东师范大学章程》写道:"学校以人才培养为中心任务,坚持教学与科研的统一,学术贡献与社会服务的统一,文化传承与文化创新的统一。"这一个"中心"、三个"统一",是华东师大作为一所研究型大学的光荣使命,而博士生培养工作,可以说是这种使命的最集中体现。你们是我校在《章程》于去年下半年核准颁布后的第一届博士毕业生,你们带着研究成果和学术能力走出校门,走上岗位,既体现了学校的学术贡献,也履行了学校的社会责任,更展示了学校精神传统的强大活力。

学校的精神传统,凝聚了历代前辈校友的智慧和创造。去年我们纪念前身学校大夏大学建校九十周年,今年我们纪念另一所前身学校光华大学建校九十周年;像"自强不息"、吃苦耐劳的大夏精神一样,"格致诚正""知行合一"的光华精神,也融入了"求实创造,为人师表"的师大精神。

光华大学于1925年创立的时候,把"知行合一"立为校训,后来因故改为

"格致诚正",可以理解为从另一个角度讲知行关系:"格(物)致(知)"显然是指"知",而"诚(意)正(心)"以及它所引出的"修(身)齐(家)治(国)平(天下)",则显然是指"行"。光华前辈校友经常引用张寿镛老校长的话是:"贵在实行,不尚空谈","说得出,做得到"。

对知行关系的这种理解,可以说正是我校在上世纪90年代初所确定的那句校训所要表达的核心思想:"求实创造,为人师表",创造的基础是脚踏实地,教师的荣誉要名符其实。我上月初在里昂向各国大学校长们介绍 ECNU 的时候,把"求实创造,为人师表"翻译为"pursue what we have not be taught, and practice what we are going to teach",也是基于这样的理解。

当然,作为985高校,作为综合性研究型大学,华东师大的毕业生,哪怕是本科毕业生,其就业岗位多数并不以"为人师表"作为其特定的职业规范。在这种情况下,"为人师表"作为我们的校训,要做广义的理解。

中国人从前把"师"与"天""地""君""亲"放在一起崇拜,现在则把"某某老师"作为各种职业、各种场合可能用得最多的一种尊称。很大程度上,这都是因为在中国人的心目中,教师与学生之间的那种"以理服人"和"以德服人"的关系,是整个社会良好秩序的根本基础。"为人师表"的箴言,高等教育的使命,放到这样的文化背景下,可以有更好的理解。

同学们,今天你们拿到博士学位,今后不管要从事的工作是什么,要承担的角色是什么,你们都将有更多机会在各种场合被称为"老师",既享受与这个称呼相联系的尊敬,也承担与这个称呼相联系的期望。因为你们今后即便不做狭义的"传道授业解惑",也很可能在做广义的"化民成俗"工作。不管你是多么谦卑,也不管你想多么低调,既然受了这么多年教育,既然获取了最高学位,"为人师表"都已经成为你推卸不掉的荣誉和责任了。

所以,各位在走出校门的时候,请别忘了带着母校的朴实校训——"求实创造,为人师表",连同在背后支撑着它的优雅理念——"智慧的创获""品性的陶镕""民族和社会的发展",与你们一起远行。

讲到这里,我想起物理系的乔登江老师。1999年,71岁的乔登江院士来到我校物理系担任博士生导师的时候,已经作为我国核技术的开拓者之一、参加核试验次数最多的科学家,在戈壁滩上战斗了二十七年。但在物理系同事的笔下,这位年幼时逃难中失去一目、1988年因癌症摘取一肾,同时还承担着几个国家重点课题的兼职教授,是这样指导他的学生的:

"每周星期一上午是乔院士和他的研究生们雷打不动的'碰头日',他认真听取研究生们一周研究工作的汇报,并逐一给与指导。每当研究生做较大型实验时,他都要亲自到实验室加以现场指导;对试验中的关键细节,他都要问清并记在随身携带的本子上。他对研究生严格要求、严格训练,认真批阅研究生们写的研究报告和论文,有时连错别字都会一一给与改正。他用自己的津贴资助家庭困难的学生完成研究生学业……2013年他捐款在物理系设立了'登高'奖助学金,帮助学业优秀的困难学生完成学业。"

乔登江院士已经于两个月前离开了我们,但正如物理系同事在总结乔院士事迹的时候所写的那样:"他用生命实践了'求实创造,为人师表'的校训,成为师大人心目中永远的楷模。"

讲到这里,我还想起了哲学系已故冯契教授。从诸暨到杭州,从杭州到北京,从延安到昆明,从西南联大到华东师大,冯契先生的丰富人生将在上海电视台正在拍摄的一部上下集人物传记片中得到展示。从师大建校初开始,冯契先生就一直在丽娃河边教书育人,著书立说,最后留下四卷哲学史,成为以一人之力撰写从先秦到建国的中国哲学历史的第一人;还留下三卷《智慧说》,成为新中国成立以后形成自己独立思想体系的极少数中国哲学家之一。尤其值得一提的是,他的这些著作,虽然在"文革"以前已有丰富积累,但全部是"文革"以后完成的。在"十年内乱"期间,冯契的所有手稿、笔记,连同书信和日记,都被抄家没收,至今下落不明。从1978年开始,年过花甲的先生在离这里不远的师大一村寓所,一字一句从头写出后来被编成十卷《冯契文集》中的大部分文字,就像他的老师金岳霖先生,在抗战后期直到新中国成立前夕,一字一句重写其初稿毁于日寇空袭的将近千页的《知识论》;也像他的另一位老师冯友兰先生,在84岁到95岁的高龄,一字一句写完对他先前著述做彻底检讨的七卷《中国哲学史新编》……1995年2月21日,冯契校阅完《认识世界与认识自己》一书的打印稿清样,亲自送到印刷厂。十天以后,先生不幸因病去世,终年80岁。

冯契先生是我的老师，今年是先生去世二十周年，也是他诞辰一百周年，在这里说几句关于先生的话，是表达对先生的思念，也与大家分享对学校这份精神传统的理解和敬意。你们即将要承担狭义的或广义的"为人师表"的职责，在这座校园里，已经有前辈为你们树立了再好不过的履职标杆。与乔院士一样，冯先生也可以说用生命实践了"求实创造，为人师表"的校训，成为师大人心目中永远的楷模。

冯契和乔登江这样的人物和事迹，在华东师大还能找到不少；校园道路两旁招风旗上的每一句前辈箴言和师长警句，背后都有一个个动人故事作为注解。在同学们毕业时，在这里与大家一起重温前辈精神，不是为了怀旧，而是为了前瞻，为了与大家共勉，让我们在各奔东西以后，在不同的地方、在不同的岗位，以实际行动来继承和发扬同一个学校传统，以实际行动来追求和实践同一个大学理想——"求实创造，为人师表"。

当然，临别的时候，我希望你们带出校门的，还不只是一句校训、一番共勉。感谢学工、后勤、研究生院以及信息办、校友会的同事们，他们不仅在你们求学期间提供专业支持和温馨服务，而且想方设法让学校的温情延续到你们毕业之后。今年学校为2015届毕业生准备了一份特殊的礼物，那就是，伴随你们度过校园岁月的那张校园卡，你们可以在走出校门的时候，申请换为校友卡随身带走。你们以后随时都可以带着校友卡，回到学校，继续在学校的图书馆埋首书海，在学校的体育馆挥洒汗水，在学校的食堂里品尝中国第九大菜系。

因此，今天我不说离别，只道再见，盼望在师大校园与你们经常重逢，听你们诉说离校后的奋斗和收获，听你们介绍对母校新的理解和新的期望。

祝愿大家一帆风顺，前程似锦！

2015年7月5日于思群堂

05 愿母校的今日因你们的今后而格外耀眼

——2016 年博士生毕业典礼致辞

今天是 6 月 26 日,是 2016 年的 6 月 26 日,六六大顺啊!首先,请允许我代表学校全体教职员工,向本学年获得博士学位的 395 位同学,向马上要从陈群校长手里接过博士学位证书的 310 位同学,表示热烈祝贺!向精心指导你们的导师们,向辛勤服务你们的员工们,尤其是,向一路陪伴支持你们的亲友们,表示衷心的感谢和崇高的敬意!

华东师大的历史,好像与"6"这个数字有特殊缘分。1956 年,学校的第一次党的代表大会,在这个礼堂召开。1966 年和 1976 年,分别是一个全国高校无一幸免的特殊时期的开始和终结,不提也罢。在向人们介绍学校历史时我最乐意讲的,是接下去三个尾数为"6"的年份:1986 年,华东师大成为全国首批建有研究生院的高校之一;1996 年,华东师大进入"211 大学"的行列;2006 年,华东师大进入"985 大学"的行列。

以上叙述按例推演,今年,2016 年,学校应该又有一个重大事件,它标志着学校的一个重大进步,它会使 2016 年这个平凡年份,成为我们关于学校之记忆当中又一个明晃晃的亮点。

它会是哪一个事件呢?

1 月,我校新建的理科重点实验室大楼正式动工,加上 2015 年已经动工的河口海岸国家重点实验室大楼,学校科技工作的"国家队"因此将有更好的发展平台。

2月，我校成立物理与材料科学学院和法学院,希望能进一步促进相关学科的资源整合、布局优化和目标提升。

3月,我校与海法大学及闵行区政府、紫竹高新区联合成立转化科学与技术联合研究院,旨在培养中以两国具有创新能力的高层次应用型科技人才。

4月,国际知名学术期刊出版公司 Nature(自然)出版集团最新公布了全球2016自然指数排行榜,华东师大位列中国内地高校第17位、亚太地区高校第35位、全球高校第123位。

5月,上月刚刚在 Nature Medicine(《自然医学》)发表与本校及二军大合作者联合完成的重要论文的刘明耀教授,又与他的同事们一起在 Nature Communications(《自然通讯》)在线发表一项最新成果。

6月,同事们、校友们在微信里热传一个所谓"权威发布":在基于四大国际知名排行榜的所谓"2016年中国大学终极综合排行榜"当中,华东师大位列第20位……

同学们,上面是我列出来的今年前六个月的重要校讯,当然还可以加上许多,比方说我校与中国科学院几个研究所在4月分别签署合作协议,联合举办物理学、化学和微电子专业菁英班;杨国荣教授两本著作的英译本在4月和5月由欧美知名出版社相继出版,等等。6月以后,今年我校还有什么重大"利好"发布,我还不知道;单就已经发布的上述事件而言,虽然它们都蛮重要的,但好像还不够重要;2016年对于学校历史的重要性,好像已经是与前面三个尾数为"6"的年份,难以媲美的了。

但我想,如果我们发挥一下想象,2016年还是有希望成为我校历史的一个耀眼亮点的。如果我们大胆想象一下,2016年的重要性或许远在天边,近在眼前。那就是,到场和没有到场的395名同学,2016届的华东师大博士研究生,在今天完成博士学业、获得博士学位!

大家虽然鼓掌,但心里大概都在嘀咕:这话有点夸张吧!虽然我们今天将要领到的,是第一次由学校设计的毕业证书,但其他学校也是这样的啊。我们虽然取得了不错的科研成果,在 SCI、SSCI、CSSCI 来源期刊等共发表论文1 335篇,其中包括陈丽君、荆常诚、余金生、江波、赵贤亮、贾永萍、赵翠翠等同学在 Journal of the American Chemical Society（《美国化学会志》）、Angewandte Chemie-International Edition（《德国应用化学》）、《体育科学》、《心理学报》和《世界宗教研究》等高端期刊上发表多篇论文；我们虽然对学校的科研贡献不少，像化学这样的学科之所以能在刚才提到的2016自然指数排名中位列全球高校63位，我们在导师们指导下与他们一起拼搏，功不可没，但毕竟，与往年相比，我们这一届的学生已经取得的成绩，与学长们的相比，算不得有跳跃性的进步啊。

是的，仅仅就各位在过去几年中所取得成就而言，大家今年在2016年完成学业，还没有给这个年份以特别耀眼的色彩。但我想讲的恰恰是，2016年还可以出于别的理由而特别重要，这个理由可以不是今年已经发生或将要发生的事件，而可以是今年以后将要发生的事情，可以是因为在你们完成学业以后所做的努力、所成就的事业……

说这番话，并不是随便给你们一顶纸糊高帽，而是想与同学们分享我自己近来的一个想法。

最近在好几个场合我都说，中国近代以来的发展，可以用毛泽东的三句话来表达：1940年，他讨论"中国向何处去"；1949年，他宣布"中国人从此站立起来了"；1956年，他表示"中国应当对于人类有较大的贡献"。

这三句话都很重要。但怎么个重要法？

如果新中国没有诞生，"中国向何处去"这个问题，我们至多是在理论上回答了，而不是在实践上解决了。

如果改革开放没有取得伟大成绩，"挨打"的问题解决了之后，"挨饿"的问题并没有很好地解决，中国人就很难说是已经完全"站立起来了"。

同样，假如我们现在站到了本世纪中叶的位置上，假如我们在那时并没有看到中华民族伟大复兴的第二个"一百年"的目标如期实现，那么，"中国应当对于人类有较大的贡献"，就依然还只是党和国家第一代领导人的一个美好愿望。

同样一件事，同样一句话，它的意义取决于由它引出的相关情况；情况不同，它有什么意义，它是否重要、如何重要，也就很不一样。同样一句话，放在不同的脉络中来看,它可以只是一个愿望,也可以同时还是一个承诺。"中国应当对于人类有较大的贡献"这句话,我们不想让它只是一个愿望,而也把它当作一个承诺,这个承诺现在还没有实现,但我们正在努力实现它,我们将通过一脉相承又与时俱进的不断实践,来证明这句话是一个言而有信的伟大民族的庄严承诺。

同样,我说2016年在华东师大历史上的特殊意义,很可能在于你们,2016届的博士生,在这一年毕业——当我这样说的时候,我是希望,你们不仅把这句话当作学校的一个祝愿接受下来,而且把这句话当作自己的一个诺言承担起来,让自己今后的生活和工作,按照这样的诺言来安排和经历。

坦率地说,是不是承担这样的诺言,是不是承诺在毕业以后用自己的努力和奋斗来使2016年这个年份、使"2016届华东师大博士生"这个群体,成为华东师大集体记忆中一个耀眼的亮点,是你们自己的事情,我在这里只是提出了一个建议。但或许,对这个建议本身,我作为长者还可以再唠叨几句,作为补充。

第一句话:要承担这样的诺言,你们不要把自己已经取得的或没有取得的成绩,看得太重。你们现在所达到的高度,很可能让将来的攀登具有不同的难度,但不可能完全化解攀登之为攀登所具有的挑战,也不应该完全剥夺攀登之为攀登所具有的乐趣。

第二句话:要承担这样的诺言,你们不要对挫折和吃亏只做消极的理解。精彩人生很少是一帆风顺的;只想着生活中的每一步都"趋利避害",很可能突然发现,连自己都因为过多的自我中心而有点自惭形秽了。

第三句话:要承担这样的诺言,你们在理解和追求未来人生目标的时候,要为自己的勇气和想象力留下足够的空间。爱因斯坦说:"What is inconceivable about the universe is that it is at all conceivable."(宇宙的不可思议之处,是它居然是可思可议的。)福山说:"Nothing is as certain as uncertainty in global politics."(在全球政治当中,最可确定的就是它的不可确定性。)同学们,在科研之内,你们要多想想爱因斯坦的话;在科研之外,你们要多想想福山的话。从伦敦到里约,从政坛到市场,在今天的世界上,晴雨无常、进退失据,已成为越来越多人的日常体验。在这样的时刻完成学业,手里的学位证书虽然有点用处,但恐怕只能帮一点小忙。关键时刻,你们还是要靠自己的勇气去转危为机,靠自己的想象去画龙点睛,靠自己的智慧和劳动,去 make a virtue of necessity(把必做之事变成愿做之事),去 make the impossible possible(把不能之事变成可能之事),用你们的学弟学妹们在毕业晚会上歌唱的"最好的我们"去证明,报恩爹娘给我们生命的一种方式,是让这生命中哪怕最艰苦最无奈的时刻,也因为记得自己是 2016 年在华东师大拿到博士学位的 395 名同学之一,而多一份信心,多一份尊严。

我亲爱的 2016 届新晋博士同学们,如果你们今天以后的每一天都是带着这样的承诺度过的话,2016 年一定是学校历史上最美的年份;母校的今日,一定会因为你们的今后而格外耀眼。

再次祝在座的同学、老师和嘉宾,人人幸福,六六大顺!

谢谢各位。

2016 年 6 月 26 日于思群堂

06 为美好生活真正有所创造的时刻,终于到了
——2017年博士生毕业典礼致辞

各位新晋博士、各位导师、各位来宾,老师们、同学们、朋友们:

大家下午好!

前天上午,我们在闵行校区图书馆前大草坪上举行了主要由本科生和硕士生参加的全校毕业典礼;今天下午,我们汇聚在中北校区这座记载着华东师大深厚历史的思群堂,为本学年新晋博士专门举行一个毕业典礼。

不知从哪一年开始,华东师大毕业季有一个特殊的做法,让校党委书记也有机会,在校园里一年中湿度最大的这个季节,向毕业生表示祝贺、表达心意。

那现在就请允许我代表陈校长和全校教职员工,向2016至2017学年获得博士学位的502位同学,向今天前来参加典礼的378位同学,向由于各种原因未能来到现场的其他同学,表示最衷心的祝贺,祝贺你们寒窗数载,终有所成!

同时,我也要向陪伴你们一路走来的亲人、导师和挚友,表示衷心的感谢,致以崇高的敬意!

像往年一样,今年的毕业季,学校的教职员工也动了很多脑筋,想给大家留下些特别的纪念。比如后勤部门的老师们,在樱桃河畔一如既往地为同学们培育了美丽的毕业花海;学生工作部门的老师们,为大家制作了大型的学位证书背景板,让你们能在那里停下脚步,留下多年以后会惊讶的居然那么清纯的青春形象。

在祝大家永葆青春的同时,我还是想说几句盼你们更加成熟的话。同学们

可能都记得,我们的创校校长孟宪承先生的那段名言:

"大学是最高的学府:这不仅仅因为在教育的制度上,它达到了最高的一个阶段;尤其因为在人类运用他的智慧于真善美的探求上,在以这探求所获来谋文化和社会的向上发展上,它代表了人们最高的努力了。大学的理想,实在就含孕着人们关于文化和社会的最高的理想。"

套用孟校长的这段话,我想对大家说:

"博士是最高的学位:这不仅仅因为在大学教育的制度上,它达到了最高的一个阶段;尤其因为在学生运用他的活力于德智体美素质的提升上,在以这提升所获来谋自身和社会的向上发展上,它代表了同学们最高的努力了。获得博士的学位,实在就意味着各位为此后真正能有所创造、有所贡献,做好了最后的准备。"

当然,从某种意义上说,你们完成了博士论文,通过了论文答辩,就已经对知识增长和社会进步有所贡献了。研究生院同事给了我一个名单,其中有来自理工科专业的"科研学霸",也有来自文科专业的"学术达人";他们有的把自己和学校的名字一起带入了国内外顶尖杂志,有的则与导师一起为国家建设和地区发展解决了科研难题。我不在这里一一读他们的名字了,因为我知道,除了这些同学以外,不在这个名单中的许多同学,在博士学习期间,也做出了值得我们钦佩和祝贺的不少成绩。我在这里向所有同学,向一路攀行相会于此的所有同学,一并表示最热诚的祝贺!

同时我想说,与你们在博士阶段所取得的科研成果相比,更值得你们珍惜和珍藏的,是你们在获取这些成果的过程中得到的对科学事业的理解,对学术共同体的理解,对科研作为一种创造性劳动的理解。

这里提到"劳动"二字,对此我想多说几句。今年是高考恢复40周年,作为40年前走进考场的570多万名考生之一,作为在进入大学校门之前曾经有艰苦劳动经历的二十几万名77级大学生之一,我对"劳动"有一些特别的理解。

1975年春天,我中学毕业后去了崇明农场,在那里工作了三年零一个月时间。在我干过的活儿中,印象特别深的,首先是作为"水浆管理员"负责几百亩水稻田的灌水、排水。这工作看似简单,但还是很有讲究的:一块地的水稻长势如何,与水浆管理员进放水是否及时、堵渗漏是否勤快,有很大关系。我至今仍然很清楚地记得,通常四五十亩连成一片的大田上,排排绿浪随风起伏,那景象是多么美妙。

我印象比较深的另一项工作,是作为分管后勤基建的连队干部与同事们一起砌砖、盖房,以至于直到今天,我还大致知道,建一幢简易平房,整个过程该怎么操作。

我的建筑小工经历,让我对马克思的一段名言,多了一点理解。在《资本论》第一卷马克思这样写道:

"蜘蛛的活动与织工的活动相似,蜜蜂建筑蜂房的本领使人间的许多建筑师感到惭愧。但是,最蹩脚的建筑师从一开始就比最灵巧的蜜蜂高明的地方,是他在用蜂蜡建筑蜂房以前,已经在自己的头脑中把它建成了。劳动过程结束时得到的结果,在这个过程开始时就已经在劳动者的表象中存在着,即已经观念地存在着。"

劳动开始时就已存在于劳动者表象中的这个东西,这个"劳动过程结束时得到的结果",就是我们通常所说的"目的"或"理想";劳动是否美好,首先取决于劳动要达到的目的或要实现的理想是否美好。

由此我想到一个故事,说的是三位工人正在建筑工地砌砖,有记者来采访,问工人甲"你在做什么",他说"我正在砌砖";问工人乙"你在做什么",他说"我正在造房子";问工人丙"你在做什么",他说"我正在建设我们的城市"。三个人的回答都对,但在他们当中,工人丙对自己工作的理解,显然是最有高度、最富想象的,他的工作因此也是最有意义、最具美感的。

但我想把这个故事改编一下,我们对劳动的理解,或许可以因此而有所深化。

三位工人正在工地上砌砖,有记者来采访,问他们正在做什么,三位工人分别回答"我正在砌砖""我正在造房子"和"我正在建设我们的城市"。但这位记者并不满足于得到这些回答,他还接着仔细查看了他们的工作情况,结果发现,那位说"正在建设我们的城市"的工人,那位工人丙,或许是因为手艺不精到,或许是因为态度不专心,反正他的工作质量最差,敷的砂浆厚薄不匀,砌的砖块高低不平;而那位说"正在砌砖"的工人,那位工人甲,碰巧却手艺精湛,操作利落,砌出的砖墙整整齐齐、漂漂亮亮。

我想问的是:这三位工人当中,哪位的工作更有意义、更具美感呢?

照我的看法,劳动是否美好,不仅取决于劳动所要实现的理想是否美好,而且取决于这美好理想如何在劳动中实现。只有当劳动者对真善美的创造能力充分发挥出来的时候,真善美的理想才能转变成真善美的现实。这个道理适用于建造房子,也适用于科学研究,适用于人类劳动或人类实践的各个领域。

依我的心愿,各位新晋博士们,你们最好既像工人丙,也像工人甲;我希望你们既能够在宏大目标之下理解平常工作,让"小我"的有限人生融汇进"大我"的精彩叙事,也能够在讷于言时敏于行,哪怕在不能或不愿用语言来抒发诗情的时候,也尽力把手头工作做得像诗一般美妙别致。

换句话说,我希望你们对今后的每项工作,只要你承诺过要做好的,那就真正把它做好,做得扎扎实实,做得漂漂亮亮,在劳动的结果和劳动的过程当中,都体现"创造美好生活"这个人类劳动的最高理想。

说起"美好生活",我又有点为你们遗憾了。中北校区河东食堂大修后刚刚重新启用,宽敞大厅里食堂师傅们的精湛厨艺,你们就无法品尝了;闵行校区涵芬楼阅读中心才开张不久,在那里买一堆书找一个座喝一杯茶的乐趣,你们就只能作为美好记忆带出校门了……

在这个时刻,或许我应该说几句安慰话,比方说,"母校欢迎你们随时回来重温旧梦"……但是,我怕这样的话会动摇壮士出征的坚强决心。毕竟你们已经完成了博士学习,毕竟你们是作为一个生产者而不是一个消费者走出校门的;像所有师大校友一样,你们未来的使命毕竟是去创造,而不是去享受。再说一遍,博士阶段的学习,是各位为真正独立地、高质量地创造物质财富和精神财富,做了最后的准备。马上,陈校长就要为你们的博士帽拨穗了,实际上那是他替各位同学将这个准备阶段一一画上句号。在这样一个时刻,我最诚挚地祝福你们,祝你们在今后的物质生产和精神生产的创造性劳动过程中,一帆风顺,前程似锦!

2017 年 6 月 23 日于思群堂

07 学术"成年礼"之后,愿你们继续谋"成熟知识与生命热情的融合"

——2018年博士生毕业典礼致辞

各位导师、各位来宾、各位2018届博士生同学们:

大家下午好!

首先,请允许我代表学校全体教职员工,向我国进入新时代以后的第一批华东师大博士毕业生,向即将踏入决胜全面建成小康社会主战场,很快会成为新时代中国特色社会主义建设主力队员的518名同学,表示最衷心的祝贺!同时,也请允许我向在座同学们的导师,向你们的家人,向为你们的成长和成才付出心血和汗水的每一位教职员工,致以最崇高的敬意!

稍后,我们将一起见证同学们和钱旭红校长共同完成博士学位颁授这个神圣而庄严的仪式。在这之前,我代表学校向大家说几句临别赠言。

作为现代教育体系中的一项顶端活动,博士学位颁授仪式,可以说是一个人学术生命中的"成年大礼"。在座的每一位同学,走进这个会场之前,你们在学术上可能有的不足和瑕疵,就像你们在学术上已取得的成绩和光彩,都会有人与你们分担和分享。但走出思群堂之后,你们今后学术生涯中的每一个选择,你们作为张博士、李博士要走的职业之路和人生之路上的每一个脚印,只有你们自己才有资格认领。

今年是改革开放四十周年,也是我有幸踏进这座校园四十周年。上个月,在与本科生同学们分享"我的1978年"时,有同学问我当时最突出的感受是什么。我回答说,作为77级当中的"小字辈"的一员,我那时是以一种特殊方式感受了大学的一个重要特点,那就是:少壮和老成的结合。

说这句话的时候,我想到的又是我校创校老校长孟宪承先生,想到他曾引用的美国哲学家怀特海的一句话:"大学的存在,就是为结合老成和少壮,而谋成熟的知识与生命的热情的融合。"

怀特海和孟宪承说的"老成"和"少壮"的结合,是指大学校园中的师生组合、教学相长。用德国柏林大学创始人威廉·洪堡的话来说,实现学术目标的最有效方式,是把教师和学生两方面性情综合起来。洪堡说,教师的心智比较成熟一些,但他们也发展得片面一些、冷静一些。学生的心智还比较稚嫩、不那么专一,但他们对每一种可能性都不回避、不拒绝。因此,洪堡甚至说,在大学中,教师的表现好坏,往往取决于学生是否在场,取决于学生是否对老师所做的事情兴趣盎然:"如果构成听众的学生不能自愿地聚集起来,教师就会不得不在追求知识的过程中把他们寻找出来。"

对四十年前入学的77、78级学生来说,不仅整个校园是老师们"成熟的知识"和同学们"生命的热情"之间手拉手的地方,而且每个教室也是年龄相隔好几岁甚至十几岁的"小同学"和"大同学"之间肩并肩的场所。这种独特班级生活的历史背景我们当然绝不希望重复,但经历跨度很大的同学们在一起读书学习、互勉共进,或许还真有一些独特的育人成效。

从老成的智慧和少壮的热情相结合对高等教育的必要性来看,年龄介于教师和本硕学生之间的博士生的培养工作,在我看来,是处于研究型大学的枢纽部位。一方面,研究型大学的人才培养工作做得怎么样,很大程度上取决于博士生能否发挥好助教作用,不仅通过参与教学而使自己的专业学习更加系统、更加扎实,而且通过配合教授工作而加强和改善诸如课堂讨论、课后答疑、课外作业和实验教学等教学环节。

另一方面,研究型大学的科学研究工作做得怎么样,很大程度上取决于博士生能否发挥好助研作用,通过参与科学研究,他们不仅促进自己手脑并用、学以致用,提高解决实际问题的实际能力,而且配合教授们形成一个个充满活力的创新团队,不仅增多科研成果数量,而且提升科研成果质量。

因此,我也想借这个机会,感谢各位在攻博过程中为学校的教学、科研所做的大大小小贡献。你们贡献给学校的,不仅是69项专利,不仅是人均3.4篇论文,也不仅是其中1 000多篇国际优秀期刊论文;你们的求知欲和创造力,你们的勤奋工作和精诚合作,以及,因为你们而彻夜不熄的实验室灯光,有了你们才不变成名人独白的研讨会现场,是我校最近几年在学科建设和人才培养等方面屡创佳绩的一些最重要背景。

在向你们表示祝贺、表达感谢的同时,我也想在你们即将走出校门之际,提几点希望。

我希望,你们能把校园里所经历的"少壮"和"老成"的结合记在心头,走出校门以后,继续在内心延续这样一种结合,也可以说,让成熟的智慧和青春的热情之间,从一种外在的对接,进展为一种内在的融合。

我希望,你们在逐渐承受"老成者"的责任压力的同时,永远不忘少壮者的拳拳初心;我希望你们在未必总是坦途的人生道路上跋涉前行的同时,永远像青春年少时那样追求理想,崇拜英雄,面对真善美"虽不能至,然心向往之";我希望你们永远像青春年少时那样不甘平庸,鄙视低俗,对于假丑恶即使无法远而避之,也绝不同流合污。

我也希望,你们在永远不忘少壮初心的同时,不但学会履行老成者的责任,而且学会享受承担重任的乐趣。

当然,要通过学习才会享受的那种乐趣,初尝时往往更像是一种苦涩。在过去的一年中,钱谷融先生走了,陈吉余先生走了。追思会上,忆旧文中,门生弟子们在哀痛恩师离去的时候,可能也在感叹自己在人群中悄悄发生的角色转变。光阴荏苒,岁月无情,我们每个人都要经历从少壮到老成,从激情澎湃到老气横秋,从习惯于在师辈面前或者口无遮拦,一吐为快,或者洗耳恭听,叨陪末座,到经常要在同辈尤其是晚辈面前正襟危坐,字斟句酌,碰到棘手问题既不能躲躲闪闪,也不便冲冲杀杀。走出校门以后,身在职场之中,同学们,你们心里都该明白,这样的一天,迟早会来。

但我希望,你们在华东师大的这几年求学问道,已经为这一天的到来,做了最重要的精神准备。我希望你们已经知道,如何靠自己的学问思辨来发现差错、探索真理,如何靠师生之间的诘难论辩来克服疑虑、达成共识;我也希望你们已经知道,怎样在集体发展和个人成长之间寻找到结合点,怎样让自己既感恩于他人帮助,也有功于团队进步。

有了这些精神准备,我相信你们在走出师大校门以后,会更容易在这个以"加速度"和"不确定性"为特点的当代世界站稳脚跟,安定内心,你们会更容易知道什么叫"非不为也,不能也",想做的事情未必都能做到;会更容易理解什么叫"非不能也,不为也",能做的事情未必都应该去做;或许也会更容易领悟什么叫"知其不可而为之"——即使是不能如我们所愿"成事"之处,也未必不是我们下大力"成人"之地;《愚公移山》寓言中那位下决心率领儿子们用锄头挖去门前大山的老人,即使在上帝因受感动派神仙下凡把山背走之前,或许就已经比那位嘲笑他"未免太愚蠢了"的邻居,更是一位智者。

如果你们真能做到以上这些,你们就可以说是把孟宪承和怀特海所说的"老成"和"少壮"的结合、"成熟的知识"和"生命的热情"的结合,从一种大学理念,变成了一种人生理想。

我深信,怀抱这样的人生理想,带着这样的理想投身于中华民族伟大复兴的光荣事业,是"书写无愧于时代的青春之歌和精彩人生"的必不可少的条件。

亲爱的同学们,我衷心祝愿你们每个人都有一个精彩人生;我衷心祝愿你们今后的精彩人生,就像我们共同的美丽校园,每一年都会因为成熟而硕果累累,每一季都会因为青春而生机勃勃!

谢谢大家。

2018 年 6 月 23 日于思群堂

08 不懈奋斗，不辱使命，为民族和社会的发展做出更大贡献
——2019年博士生毕业典礼致辞

各位导师、各位来宾、各位2019届博士生同学们：

大家下午好！

首先，请允许我代表学校全体教职员工，向在座的同学们，向今年毕业的我校509名博士生同学们，表示最衷心的祝贺！向同学们的各位导师，向你们的全体家人，向为你们的成长和成才付出心血和汗水的每一位教职员工，致以最崇高的敬意！

稍后，我们将一起见证钱旭红校长向诸位颁授学位证书。去年的博士生毕业典礼上，我说过博士学位颁授仪式可谓一个人学术生命中的"成年大礼"。今年的此刻，我们又相聚在这里，按照惯例，我代表学校向大家说几句；在大家正式成为"学术成年人"之前，说几句只有在这个时刻才适合说的话。

在这个时刻，你们已经完成了博士生阶段的学习。在攻读博士学位的过程中，你们已经知道了学术领域和学术生涯的许多"内幕"，其中或许也包括这样一个"奥秘"：学术会议上，发言之后如果没有人提出问题，往往就是最大的问题；同行反应如果只有一句"very interesting"（很有意思），那意思基本就是"not very interesting"（不大有意思）。

当然，会做这样的评价的，通常不会是自己的合作伙伴，尤其不会是自己的授业导师；你们在博士生阶段，乃至在整个求学时期，最珍贵的一个成长条件，

就是你们身边始终有知无不言的老师和同学；尤其是你们的老师，他们一旦发现你们在学术上有什么差错，甚至在其他方面有什么不足，通常都会直截了当指出来，不需要犹豫，用不着打哈哈。你们在博士学习期间取得的成绩和进步，与你们在这座学府里所经历的这种师生交往密不可分。

但是，获得博士学位以后，你们不再是导师的在读学生，你们不用再受老师的耳提面命；你们此后的成果质量、学术操守，你们为人是否厚道、做事是否靠谱，老师即使还会关心，甚至还会非常关心，其表达方式也会与先前有很大不同。在通常情况下，就连你们曾经的授业导师，更不用说你们此后的一般同事，都会对要不要直截了当地提醒你、告诫你，有一些犹豫。

因此，同学们，在获得博士学位以后，你们要用更多的努力，去让你的听众和读者真心觉得你的工作是 really very interesting（真的很有意思）；你们要用更诚恳的态度，去使你们的同事和同行愿意对你所做的工作提出真实的问题，甚至提出棘手的质疑；你们要靠自己更严厉的目光去审视自己的不足，用更高的自觉和更大的勇气去调整自己的科研思路和研究方法，甚至去调整自己的价值取向和行为模式——我的意思当然是，before it's too late（在为时太晚之前）。

在这个时刻之后，在获得博士学位以后，你们在学术上，在工作中，会渐渐地不仅"上有老"，而且"下有小"。这意味着你们的责任将更大，将逐渐成为单位里的壮劳力，甚至顶梁柱；即使还说不上扶老携幼，也一定会忙里忙外。

但幸运的是，你们在实践领域将付出更多，在认识领域却将得到更多。

你们会突然发现，你们比以前更知道该怎么对待你们的长者了，因为你们在自己的学生和更年轻的同事面前，也成了"长者"——你希望他们怎么对你，你也就应该怎么对你自己的长者。你希望你的学生和更年轻的同事对你不过于依赖，你就要想办法让你的主管觉得你是配得上信任的；你希望你的学生和更年轻的同事对你不过于怠慢，你也就应该转过身对你自己的长者，尤其是对那些并非位高权重的长者，表示更多的尊重和关心。

当然，反过来说，你们一旦适应了"上有老，下有小"的状况，你们也应该能清楚地意识到，如果有些事情是你不愿意你的长者对你做的，那你也就不应该对把你当作长者的那些人，对你的学生和年轻同事，去做这些事情。万一有老师让你做了不该做的事情你曾抱怨，万一有领导对你有过不公平的态度你很郁闷，那么，亲爱的同学们，请记住，你们要努力让你们今后的学生和更年轻的同事们不再有同样的抱怨和郁闷，要努力让校园、学术圈乃至整个社会中那些你看不惯甚至看不起的东西，在你今后参与的代际传递中，越来越少。

在这个时刻之后，在获得博士学位以后，你们将承担起新的社会角色。随着你们承担的社会角色逐步增多、人际责任逐步加重，你们会有更多的机会在工作和生活的各个领域中不仅知道"事情的这一方面"，而且知道"事情的另一方面"。获得博士学位以后，你们以学生身份进行的学习过程终于结束了，但我希望，你们在努力做好创造者的同时，要继续努力做好学习者，珍惜人生历程中的多种认知机会，保持对"事情的另一方面"的强烈求知欲望。

从去年那时到今年此刻，包括你们在内的全球科学共同体成员们，在认识世界和认识自己方面做出了许多成绩；研究生院的同事告诉我，大家在攻博期间在 SCI、SSCI、CSSCI 及其他核心期刊上发表论文 1 655 篇，人均发表论文 3.26 篇，其中不少也是发表于过去的一年当中的。

在过去一年的诸多科技进展当中，我特别感兴趣的，是今年 1 月 3 日，我国的嫦娥四号探测器成功着陆于月球背面的预选区域——艾特肯盆地冯·卡门撞击坑（the Von Kármán Crater within the South Pole-Aitken Basin），"玉兔二号"巡视器直接行走在月球地面上；"嫦娥"和"玉兔"发回的照片，都通过"鹊桥"中继星传回了地球。大家知道，由于月球自转周期与月球绕地球的公转周期恰好相等，月球始终以同一侧面对着地球；月球的另一面藏着什么秘密，就像罗大佑歌中唱的"山里面有没有住着神仙"一样，吸引着一代又一代求知者们的浓厚兴趣。

我之所以对嫦娥四号登陆月球背面的新闻特别感兴趣，不仅是因为率先登陆月球背面的是我亲爱的祖国，而且是因为在我的专业领域，在现代哲学史上，"月球背面"，"the other side of the moon"，是一个经常出现的词汇，哲学家们经常用这个词汇来比喻一定存在但没有直接经验证据的研究对象。我还不清楚，在今年 1 月 3 日以后，我的哲学同行们在讨论科学研究方法论中的可能与现实、逻辑与事实、先验与经验、直接经验与间接经验、经验证实与经验证伪等概念对子和概念关系的时候,会换别的什么例子来做说明。

我之所以对嫦娥四号登陆月球背面感兴趣,更重要的原因,是它生动地说明了人之为人的一个根本特征:总是不满足于认识事情的这一面,而也要认识事情的另一面。1月3日及以后的那几天,全世界各国媒体,包括吵着要在国际贸易中与我们大干一场的那个国家的媒体,都争相报道有关"嫦娥""玉兔"和"鹊桥"的消息,并几乎毫无例外地给予非常高的评价。前几天,6月18日,在巴黎航展的一个活动上,法国一位叫让-弗朗索瓦·克莱瓦的宇航员兴奋地说,在嫦娥四号登陆月球背面以后,他自己如果再有一次机会可以登上月球的话,也希望去月球的背面亲自看看。

人类对月球背面的好奇和探索,给我们的启发,不仅仅在认识论和方法论上,而且也在价值观和人生观上。英国哲人 J. S. 穆勒曾有名言:"做一个不满足的人比做一个满足的猪好;做一个不满足的苏格拉底比做一个傻子好。"似乎是预料到有人会问"何以见得",穆勒接着说:"万一傻子或是猪看法不同,这是因为他们只知道这个问题的他们自己的那方面。苏格拉底一类的人却知道两方面。"(The other party to the comparison knows both sides.)

同学们,愿你们在获得博士学位以后,用自己的科学研究贡献于人类成功登陆更多的"月球背面",让自己的人生历程得益于更多的"知道两方面"的智慧收获。

毋庸讳言,由于各种各样的原因,在我们每个人的人生旅程中,总会有某些很重要的"月球",我们不仅现在还无法窥见它们的另一侧面,还要准备很长时间才具备探索它们的起码条件。意识到这种情况,会让我们对未知领域之存在、对现有知识之局限、对自己工作之不足,有更清醒的认识。正因为认识和行动总有各种各样的挑战,工作和生活不会完全一帆风顺,大家在 ECNU 校园里培育和分享的那种创新乐趣和攀高信心,当然也包括你们在这里学到的理性方法和德性规范,才显得格外重要,才值得格外珍惜。

同学们,再过三个多月,我们就要迎来中华人民共和国七十周年大庆了;在这样一个时刻毕业,你们肩上的使命尤其光荣,也尤其艰巨。经过七十年奋斗,中国特色社会主义事业的建设成就,包括中国高等教育的发展成绩,已举世公认；但进入新时代以后，中国人也必须在项目更多的竞技场上，在难度更高的竞技项目当中，赢得世人的持久敬重。正如习近平总书记最近指出的，"新时代的中国，更需要使命在肩、奋斗有我的精神"；愿你们，愿 2019 年在华东师大毕业的全体博士生同学们，不懈奋斗，不辱使命，为民族和社会的发展，做出 ECNU 学子们应有的更大的贡献！

2019 年 6 月 22 日于思群堂

09 与学术新生代同学共进

吴瑞敏著《财富与时间——〈1857—1858年经济学手稿〉研究》序言

马克思的《1857—1858年经济学手稿》,是一部我自己很早就很感兴趣,但一直未能好好研读的书。很大程度上是出于这个缘故,几年前吴瑞敏提出把这本书作为自己博士论文的研究文本,我全力支持;几年后她的题为"财富与时间——《1857—1858年经济学手稿》研究"的论文获得上海市马克思主义学术著作出版资助,我非常高兴;现在她希望我为这本经过修改后正式出版的书稿撰写序言,通常不敢给别人著作写序的我,居然也爽快答应了。

说来惭愧,我注意马克思这部手稿的时候,已经是马克思主义哲学专业的硕士研究生了。1983年第3期的《中国社会科学》上发表的一篇题为"马克思的'人的全面发展观'概览"[1]的论文,把马克思的这部手稿作为其最重要的文

---

[1] 丁学良:"马克思的'人的全面发展观'概览",《中国社会科学》1983年第3期,第127—153页。其实,在读到这篇论文之前,我应该已在李泽厚的《批判哲学的批判》(人民出版社,1979年3月第1版,1984年6月第2版,第416—417页)中读到了作者引用的马克思此手稿(其中核心部分是《政治经济学批判大纲(草稿)》)中的一段话:"自由时间——不论是作为闲暇时间或从事高级活动的时间——自然都会把它的占有人变成一种全然不同的主体,而且变成这样一种全然不同的主体以后,他会重新参加到直接生产过程里去。对正在成长过程中的人来说,自由时间是受教育的时间,对成人来说,自由时间是从事实验科学,在物质上制造、发明、实习和使科学物化的时间……"(《政治经济学批判大纲(草稿)》,中译本第三分册,人民出版社,1963年版,第364页)在李泽厚的那篇题为"康德哲学与建立主体性论纲"的著名论文(收入《论康德黑格尔哲学》,中国社会科学院哲学研究所编,上海人民出版社,1981(转下页)

本依据之一。在这篇论文中,作者没有提到这部手稿的名称,但频繁引用收入这部手稿的《马克思恩格斯全集》第 46 卷(上、下)。尤其印象深刻的,是该论文中引用的这段话:

"人的依赖关系(起初完全是自然发生的),是最初的社会形态,在这种形态下,人的生产能力只是在狭窄的范围内和孤立的地点上发展着。以物的依赖性为基础的人的独立性,是第二大形态,在这种形态下,才形成普遍的社会物质变换,全面的关系,多方面的需求以及全面的能力的体系。建立在个人全面发展和他们共同的社会生产能力成为他们的社会财富这一基础上的自由个性,是第三个阶段。第二个阶段为第三个阶段创造条件。"[1]

我至今认为,这可能是马克思著作中思想密度最高的一段话;社会发展与人类理想的关系,历史规律与人类价值的关系,资本主义的历史正当性和历史局限性,未来共产主义社会之所以然之故和所当然之理,都可以在这里找到理解的线索甚至解题的钥匙。[2]

大概是因为上述印象,我上世纪 80 年代末在挪威访学,在读到大卫·麦克莱伦编辑、翻译和作序的马克思的 *The Grundrisse*(或可译为《草稿》)[3] 一书时,

---

(接上页) 年)中,也有对《1857—1858 年经济学手稿》的引用,尽管用的版本是 1979 年出版的《马克思恩格斯全集》第 46 卷(上):"劳动是活的、塑造形象的火;是物的易逝性,物的暂时性,这种易逝性和暂时性表现为这些物通过活的时间而被赋予形式。"[《马克思恩格斯全集》第 46 卷(上),中共中央马克思恩格斯列宁斯大林著作编译局编译,人民出版社,1979 年,第 331 页]

[1] 《马克思恩格斯全集》第 46 卷(上),中共中央马克思恩格斯列宁斯大林著作编译局编译,人民出版社,1979 年,第 104 页。在《全集》第 2 版中,这段话中的"狭窄"改为"狭小","形态"改为"形式",见《马克思恩格斯全集》第 30 卷,中共中央马克思恩格斯列宁斯大林著作编译局编译,人民出版社,1995 年,第 107—108 页。

[2] 冯契在《人的自由和真善美》一书中也高度重视这段话,不仅全部引用了,而且结合《资本论》中的相关论述做了详细发挥,见冯契:《人的自由和真善美》,华东师范大学出版社,1996 年,第 28—32 页(参照华东师范大学哲学系暨哲学研究所于 1987—1988 年编印的该书油印本,第 19—22 页)。但该书第 29 页上的引文注释中,"《马克思恩格斯全集》第 46 卷(下),第 104 页"应为"《马克思恩格斯全集》第 46 卷(上),第 104 页"。

[3] Karl Marx: *The Grundrisse*, edited and translated by David McLellan, Harper Torchbooks, Harper & Row, Publishers, New York, Hagerstown, San Francisco, London. *The Grundrisse* 为 Grundrisse der Kritik der politischen Ökonomie(中文有时被译作《政治经济学批判大纲》)的缩写,而后者是《1857—1858 年经济学手稿》的核心部分。

非常兴奋。在麦克莱伦看来,在马克思的所有著述中,《草稿》是最为系统地表达了其成熟思想的文字:

"马克思的思想发展是一个'自我澄清'(用他自己的话来说)的过程,这个过程既不能被分割为若干时期,也不能被处理为一块整料。这个过程的中心点既不是《巴黎手稿》,也不是《资本论》,而是1857—1858年的《草稿》。与任何其他著作相比,这部著作都更加包含了对马克思思想各条线索的一个综合。"[1]

尽管在国外比在国内有更好的条件研读《1857—1858年经济学手稿》或《草稿》,但我的兴趣和精力还是被我的挪威导师希尔贝克教授引向了刚出齐不久的哈贝马斯的两卷本《交往行动理论》的英文译本,并把哈贝马斯的现代化理论与中国的现代化讨论之间的比较研究,作为我的博士论文主题。1998年,已经于四年前完成博士学业的我获得一个机会,去德国马堡大学工作半年,研究欧洲一体化过程的政治文化基础。尽管我在马堡期间阅读的主要还是哈贝马斯有关现代社会中集体认同之形成基础的论述,但对方合作教授布克哈特·图西林的一位先前的学生,却似乎提供了我把兴趣转回马克思《1857—1858年经济学手稿》的机会。图西林教授这位学生的中文名字叫史傅德,他的博士论文就是专门研究马克思从1850到1858年的那些手稿的;我到马堡访学,就是他介绍给图西林教授的。史傅德是国际上为数极少能辨认马克思天书般手迹的专家之一,曾经在阿姆斯特丹国际社会史研究所多年研究藏在那里的马克思恩格斯遗稿,并撰写了《复辟与革命——马克思在1850—1858年笔记中为〈资本论〉所做的准备》[2] 一书。史傅德教授把这本书惠赠于我,可惜的是,我的德语能力不足以借助于这部有不可替代价值的书来深入研读《1857—1858年经济学手稿》;我曾经表示要为此书找到合适的中文译者,但这一点至今还未能兑现。但愿吴瑞敏此书出版以后,在其读者当中,会有人既有兴趣又有能力来承担这项工作。

此后过了几年,我那因为研究哈贝马斯的批判理论而中断了的对《1857—

---

1 *The Grundrisse*, pp.14 - 15.
2 Fred E. Schrader: *Restauration und Revolution: Die Vorarbeiten zum "Kapital" von Karl Marx in seinen Studienheften* 1850 - 1858, Gerstenberg Verlag, Hildesheim, 1980.

1858年经济学手稿》的兴趣,在继续思考中国的现代化过程中,有机会重新有所激活。哈贝马斯用诸如"系统"和"生活世界"、"工具理性"和"交往理性"、"主体性范式"和"主体间性范式"等哲学概念所讨论的许多问题,在改革开放已经相当深入的中国,或许可以用更加直白的语言将其实质表述为:我们能否把资本和资本主义区别开来?我们能否"要资本",而"不要资本主义"?

在思考这些问题的过程中,我觉得马克思在《1857—1858年经济学手稿》中的有关论述,极有启发。像《共产党宣言》一样,《1857—1858年经济学手稿》对资本主义之野蛮性的尖锐批判,是以对资本之文明性的高度评价作为前提的。与《宣言》不同的是,马克思在《手稿》中对资本的文明化趋势的分析,是建立在他此时已经建构起来的剩余价值学说的基础上的:资本为了生产更多的绝对剩余价值要不断扩大生产的范围,为了生产更多的相对剩余价值要不断扩大消费的范围,从而一方面使人化的自然越来越代替纯粹的自然,另一方面使人的"历史地形成的需要"越来越代替"自然的需要"。但马克思又指出:"资本不可遏止地追求的普遍性,在资本本身的性质上遇到了限制,这些限制在资本发展到一定阶段时,会使人们认识到资本本身就是这种趋势的最大限制,因而驱使人们利用资本本身来消灭资本。"[1]

在一篇发表于2006年的论文中,我力图对马克思在《1857—1858年经济学手稿》中的相关论述进行解读,并结合马克思以后的资本主义社会及其理论批判的发展状况,对"资本的文明化趋势及其内在限制"这个命题进行阐发。这种阐发是为了有助于思考当代社会。论文最后是这样一段:"在当代语境中理解马克思有关资本文明化趋势及其内在限制的论述,我们是否还可以这样说:社会主义与市场经济的结合非但不是市场经济的另类,而且可以说是市场经济获得持续生命的转机:恰恰是社会主义,才有希望去抑制市场经济内部那颗终将导致其自我毁灭的火种;'资本'只有不成为'主义',才可能真正克服其文明化趋势的内在限制。"

---

[1] 《马克思恩格斯全集》第30卷,中共中央马克思恩格斯列宁斯大林著作编译局编译,人民出版社,1995年,第390页。

这篇文章后来用英文在布拉格举行的一次学术会议上宣读,并被译成捷克文收入一个政治哲学专题文集,但我自己心里明白,那么大的一个命题,仅仅借助于对马克思著作中的一个文本的解读来阐发,是非常不够的;更何况,对这个文本本身,我的研读也是相当不足的。

这种不够和不足,现在可以说,很大程度上因为吴瑞敏同学的工作,而有所缓解了——与我自己做过的工作相比,吴瑞敏在撰写《财富与时间》时对《1857—1858 年经济学手稿》的研读要深入和全面得多,她基于这个文本以及相关文本对一些理论问题的分析,对这些理论问题在当代中国社会所具有的实践意义的思考,也都要扎实和可靠得多。

借撰写这个序言的机会,我要感谢吴瑞敏同学,她使我不至于因为自己的一个学术心愿多年未了而过于不安;我也要感谢方松华等上海社科院的同事们,他们使我在回到华东师大任职几年以后,在其实并未很好履行博士生导师职责的情况下,依然因为吴瑞敏同学(以及马丽雅同学)获得 2014 年上海市马克思主义理论学科研究生人才培养"登峰计划",而分享荣誉和喜悦。

2015 年 12 月 13 日

马丽雅著《中国道路的西方视角》序

"中国道路"当然首先是中国的事情,但从来就不仅仅是中国的事情,不仅仅只与中国人有关。毛泽东在 1921 年元旦举行的新民学会长沙会员大会上说的下面这句话,从一个特殊侧面有助于我们对"不忘初心、牢记使命"的具体内涵有更好的理解:"中国问题本来是世界的问题,然从事中国改造不着眼及于世界改造,则所改造必为狭义,必妨碍世界。"

在说这番话前不久,毛泽东聆听了本书讨论的四位西方思想家中的两位的演讲言说。确切些说,毛泽东不仅是 1920 年 10 月在长沙分别举行的著名哲学家杜威和罗素的演讲的听众,而且是《大公报》聘请的演讲记录员。毛泽东对这两场演讲有什么反应;这种反应对毛泽东和他的同志们在当时和此后的政治选择有什么影响;以杜威、罗素以及萨特和哈贝马斯这四位曾经访华的欧美著名思想家的中国观为代表的"中国道路的西方视角"有哪些特点;他们在访华期间以及访华前后与中国人有哪些互动,这些互动对我们在今天理解自己的发展道路有何种启发……要了解这些问题,阅读本书会得到不少收获。

从上世纪初至今,不远万里来到中国的西方思想家有许许多多;本书作者之所以选择那四位哲学家进行讨论,根据我的理解,不仅是因为他们都是同时代最有成就和影响的哲学家,不仅是因为他们在中国都进行了为时不短的访问,不仅是因为他们分别来自美国、英国、法国和德国这样的西方大国,也不仅是因为他们都对中华民族近代以来追求自由和幸福的事业非常同情,非常乐见其成。在我看来,作者选择杜威、罗素、萨特和哈贝马斯作为个案来讨论"中国道路的西方视角",也有助于我们从一个特殊视角来理解现代中国百年发展的三个阶段,它们分别可以用毛泽东的三句话来概括:"中国向何处去?""中国人从此站立起来了!""中国应当对于人类有较大的贡献。"

"中国向何处去?"这个疑问句,是毛泽东1940年的《新民主主义论》第一节的标题。"中国人从此站立起来了!"这个感叹句,是毛泽东在1949年9月21日首届全国政协开幕式上说的。而"中国应当对于人类有较大的贡献"这个表达历史使命的陈述句,则是毛泽东1956年下半年两次在公开场合说的。可以这么说:杜威和罗素来中国的时候,他们有特殊使命与其中国听众一起思考"中国向何处去";萨特和波沃娃来中国的时候,他们有特殊条件来亲眼见证"中国人从此站立起来了";哈贝马斯来中国的时候,他有特殊机会在很大程度上预感到了"中国应当对于人类有较大的贡献"。

对哈贝马斯的中国之行和中国观感,我想多说几句。萨特和波沃娃访华的时候,我还没有出生;杜威和罗素来到中国的时候,我父母也还没有出生;但哈贝马斯访华的前一年,我的一本题为《现代化的辩证法:哈贝马斯和中国的现代化讨论》的英文书在国外出版了。哈贝马斯于2001年3—4月访问中国(包括来到华东师大)的时候,我正在美国哥伦比亚大学做为期一年的富布莱特访问学者,但在他访问中国之前和之后,我分别在美国肯塔基州的列克星敦和伊利诺伊州的埃文斯顿与哈贝马斯一起开会。我印象尤其较深的,是2002年初夏在美国西北大学参加会议的时候,美国出兵伊拉克前的火药味一天浓似一天,几年前曾因有条件地支持北约轰炸南联盟而引起很大争议的哈贝马斯,此时却非常强烈地反对美国动武;在这样的气氛中私下聊天时,哈贝马斯特别强调欧洲价值与美国价值的区别,也特别希望中国与欧洲有更多合作,希望中国在国际事务上能更明确地表达自己的立场——因为,他说,"中国现在事实上已经有很强的发言能力了"。

在本书讨论的四位西方思想家中,哈贝马斯是最后一位访问中国的;从2001年到现在,中国和世界都发生了重大变化。在哈贝马斯访华七年之后,在哈贝马斯私下说"中国现在事实上已经有很强的发言能力了"六年之后,即2010年,中国的GDP总量首次达到世界排名第二,实现了罗素1922年在《中国问题》一书中所做的那个预言:"中国物产丰富,人口众多,完全能一跃而成为仅次于美国的世界强国。"更重要的是,2012年11月当选中共中央总书记的习近平同志,在2017年10月的中共十九大报告中宣布,中国特色社会主义进入了"新时代"。

尤其值得注意的是,习近平在解释这个历史转折时所参照的历史坐标,与本书讨论的问题有高度的相关性。习近平说:"中国特色社会主义进入新时代,意味着近代以来久经磨难的中华民族迎来了从站起来、富起来到强起来的伟大飞跃,迎来了实现中华民族伟大复兴的光明前景;意味着科学社会主义在二十一世纪的中国焕发出强大生机活力,在世界上高高举起了中国特色社会主义伟大旗帜;意味着中国特色社会主义道路、理论、制度、文化不断发展,拓展了发展中国家走向现代化的途径,给世界上那些既希望加快发展又希望保持自身独立性的国家和民族提供了全新选择,为解决人类问题贡献了中国智慧和中国方案。"在这段话当中,习近平实际上把中华民族伟大复兴的历史、发展中国家走向现代化的历史和科学社会主义运动的历史,看作理解"新时代"的三个坐标,而这三个坐标本身,则都是放在整个世界的背景之下的。换句话说,19世纪中叶以来的中国发展,可以看作一个由"民族复兴""现代化"和"社会革命"这三个在当代世界各国具有普遍意义的主题在中国大地上先是相继登台,继而以不同方式相互结合的过程;而之所以说中国特色社会主义进入了"新时代",是因为这个融合了上述三大主题的伟大事业,现在既站在了一个前所未有的高度,又开启了一个开拓前进的起点。这个起点之所以特别重要,是因为从一开始就包含在这个伟大事业之中的其实还有一个主题,那就是"贡献人类",现在具有了条件,从后台走上了前台,其最鲜明的标志,是习近平在十九大报告中向全世界人民呼吁:"各国人民同心协力,构建人类命运共同体,建设持久和平、普遍安全、共同繁荣、开放包容、清洁美丽的世界。"

习近平关于构建"人类命运共同体"的论述,可以说既是对毛泽东在1921年元旦那个发言中所表达的志向的呼应,也是对本书末尾引用的罗素在《中国问题》一书中那段就中国未来的世界地位所提出的问题的回答,从而以一种格外深刻的方式,把本书主题的两个方面,"中国道路"和"西方视角",关联了起来。可以说,把近代以来中国的发展理解为由上述"三加一"主题在不同阶段以不同方式相结合所构成的过程,把这一过程所呈现的"中国道路"与四位西哲所代表的"西方视角"放在一起讨论,不仅有助于通过前者更好地理解后者,而且有助于通过后者更好地理解前者,通过把包括西方视角在内的多种视角引进讨论,使我们有更多的理论资源和历史资源,来理解中国道路的过去、现在和未来,来理解它的曲折过程、强大生命和光明未来。

"中国道路"和"西方视角"两者都具有极其丰富的历史内涵和极其开放的未来可能,因此,本书还只是相关研究的一个起点,期待作者和与作者有同样研究兴趣的人们,会不断努力,继续探索,形成新的成果。

2018年3月1日

第五篇

道人生

01 讲好自己的人生故事[1]

我今天报告的题目是"讲好自己的人生故事",我想从两个故事开始我的报告。

1. 人生故事:"分组画脸"还是"连点成线"?

第一个故事是我自己经历的。几年前,我在上海社科院的时候,参加院党委宣传部组织的一次晚会,其中的一个游戏给我留下了深刻印象。在这个游戏中,主持人让嘉宾们分成两组,每组的人们一个个上台来,蒙住眼睛,用画笔在白板上画眉毛、眼睛、鼻子、嘴巴、耳朵。因为是由不同的人蒙住眼睛以后画出来的,白板上的五官位置多半是要么太高,要么太低,要么彼此离得太远,要么彼此离得太近。游戏的最后部分是每个组各派一个人上来,不蒙住眼睛,让他或她用画笔在自己组的成员所画的这些五官周围画上脸的轮廓,使得这些五官成为从某个角度看出的脸庞的组成部分。最后画成的人脸,像不像,酷不酷,一看就分出高下来。

第二个故事是有关乔布斯的。2005 年 6 月 12 日,史蒂夫·乔布斯应邀在斯坦福大学的毕业典礼上致辞,给毕业生们讲述他的人生故事,其中第一个故事叫"connecting the dots",我把它译作"连点成线"。乔布斯讲到他中学

---

[1] 本文最初为 2012 年 5 月 2 日在上海交通大学的讲演。刊于《文汇报》2012 年 5 月 21 日"每周讲演"。

毕业后上了一家几乎与斯坦福一样昂贵的本科学院,6个月不到就退学,然后在那所学校里晃荡了一年半蹭课,其中有一门书法课,当时只是喜欢,全然没有想到会有什么实际用处。但当他在斯坦福作为苹果电脑和皮克斯动画工作室的CEO回顾那段历史的时候,当他说起他把漂亮字型设计进第一台麦金塔电脑(Macintosh computer)当中的时候,那门书法课程,那段蹭课经历,甚至那个退学决定,获得了独特的意义:假如他当初没有进这所学校,没有辍学,没有蹭课,没有听那门书法课,苹果电脑甚至所有个人电脑那漂亮的字型可能就无从谈起。

上面两种情形,大概可以用来形容人生故事的两种讲法。

在那个"分组画脸"的游戏中,每个组的前几个人只是故事中的人物,而只有最后一个人,那个在五官周围画上脸庞轮廓的人,才是讲故事的人;前面每个人的笔画并没有单独的意义,不同人们的笔画放在一起,也没有产生出意义,而只有一个高居他们之上的力量的出现,这些笔画才具有了意义。每组最后那人的作用,好比一个讲故事的高手,寥寥几句就把前面打下的故事伏笔一一挑明。

而在乔布斯所举的"连点成线"的例子中,他既是其人生故事的主人公,也是其人生故事的讲述者,就好像马克思就整个人类而说的那样,人是"他们本身的历史的剧中人物和剧作者"。也就是说,在连点成线的故事中,在人生纸卷上画出一个一个点的是我们自己,把这些点连接起来的也是我们自己。在连接起来之前,人生过程中的一个个事件看不出有什么意义,但一旦关联起来,它们就成为一个完整的人生故事的不同情节、不同阶段。

2. 人生之"点"的形成:自由选择还是必然决定?

人生道路上的一个个点,一个个dots,是我们经历的一个个重要事件。这些事件,有的是"被经历"的,容不得我们选择。乔布斯的母亲没有结婚就意外地怀上了他,生下了他,然后把他送人领养,这样的dots容不得他选择。乔布斯在30岁那年被自己创办的公司解雇,49岁那年被诊断患胰腺癌,60岁不到就去世,这些dots当然也容不得他选择。

但也有许多人生之点,是与我们的选择有关的。乔布斯在17岁那年上里德学院,半年后辍学,在学校里蹭课,后来完全离开学校,在 20 岁那年创办苹果公司,1985 年被解雇,12 年后,又重返公司担任首席执行官,2007 年推出 iPhone,2010 年推出 iPad,这些事件,这些 dots,固然都有许多乔布斯本人无法左右的因素在起作用,比如电脑技术和美国经济的发展状况等,但在同样的背景下乔布斯选择做了这些事情,而没有选择做别的事情,也就是说,乔布斯的个人选择在这些事件当中发挥了重要作用。

我们怎么来看待这些选择——这些选择是他自由地做出的吗?对这个问题,哲学家们至少分为两派。一派认为,人们的选择是自由的,人和动物的区别就在于人有自由意志,在同一个时刻,在同样的条件下,一个人常常既可以选择做 A,也可以选择做 B。但哲学史上的另外一派则认为,人们的选择看上去是自由的,但其实都是被决定的,是被这个人的社会地位、家庭教养等所决定的,甚至是被进行选择的那个人的大脑神经系统的状态所决定的。这就是哲学史上著名的自由意志论和决定论之争。

自由意志论和决定论之间孰是孰非,人生根本上到底是被决定的,还是可抉择的,我这里无法介绍哲学家们以及有浓厚哲学兴趣的科学家们对这个问题的详细讨论。但在我看来,哪怕神经科学家给出决定性论据说"自由意志只是一个幻觉",我也还是可以坚持以下观点的:我们的日常经验告诉我们,我们之所以认为心智正常的成年人应该对自己的许多行为负道德责任甚至法律责任,是因为我们知道,我们的许多行为是我们在一定条件下进行自由选择的结果——在特定条件下我们固然不可能完全随心所欲,但我们常常可以在一个可能性空间当中进行选择。比方说,本科毕业时我们固然不可能想做什么就做什么,但我们毕竟可以选择是直接工作还是考研攻博,是叩门清华,还是投身交大,是在国内发展,还是去国外探索。

对我的这个观点,神经科学家或许能用我的脑神经构造之类的因素来加以说明,但关于某个论点之主张的"说明"不等于对于所主张之观点的"论辩"(论证或驳斥),因为对一论点之主张是属于经验世界的,我们可以设法说明它的原因,但所主张之观点则属于观念世界,对它来说重要的是有没有理由、有什么理由,而不是有什么原因。在我看来,在道德理论当中,一个观点的理由不能只是普通常识,但也不能离普通常识太远。我们的正常的个人生活和社会生活可以说都以行为责任和意志自由之间的内在关系作为前提,理论家的任务是用概念和理论来说明这种关系,而不是干脆就否认这种关系。

行为责任与意志自由之间的关系,我们或许还可以用挪威杀手布雷维克作为例子来说明。2011年7月22号,挪威极右分子安德斯·布雷维克在首都奥斯陆和附近的于特岛制造了震惊世界的爆炸和枪击恐怖事件,造成77人死亡。对于这样一起邪恶事件,它的行动主体当然要承担责任——前提是,如果这个行动主体是一个心智正常,因此有自由选择能力的人的话。但恰恰是这个前提,受到了去年11月29日由法院指定的两名精神病学家提交的精神鉴定报告的质疑,这份报告称,布雷维克作案时处于精神错乱状态,患有妄想型精神分裂症。但今年1月4日,挪威媒体披露,由三名心理学专家及一名精神病专家组成的团队公布了对布雷维克的诊断报告,认为此人并未患上精神病,无需接受相关治疗,可以在监狱中服刑。对这两份相互矛盾的精神鉴定报告,布雷维克在今年4月出庭时的反应,倒很像一个心智正常的人。据报道,他在法庭上特别反感把他说成是精神病人,说:"报告里描述的那个人并非我本人,诊断中的任何一条我都不同意……而对于像我这样的政治活动家,最糟糕的事莫过于在精神病院里了却此生,而我目前正面临这样的风险,这将使我所坚持的东西毁灭殆尽。"

3. 人生之"点"的意义:"以昔解今"还是"由今视昔"?

乔布斯所要连接起来的那些dots,既包括经过我们选择而得到的人生经历,也包括那些完全在我们控制之外出现的人生经历。经过"连点成线"之后,不仅自由选择的人生经历,而且客观发生的人生经历,也会带上独特意义。

那么,这种"连点成线"我们怎么来看待呢?

中国有句古话:"塞翁失马,焉知非福。"偶然事件之间的因果关系,也可以说是连点成线,因此一个先前的事件会在后来具有原先所不具有的意义。但乔布斯讲的"连点成线"还有更多的含义。在塞翁失马的故事中,不仅点的出现,而且点的连接,与人的努力都毫无关系。其中说明的"祸兮福所依,福兮祸所伏"的道理,当然是有智慧的,能提醒我们单个人生事件的意义取决于它在人生过程中的位置,但是,乔布斯显然并不要我们坐等命运之船把我们载到随便哪一个地方。

德国有位哲学家,叫尤根·哈贝马斯,他今年83岁,大概是世界上最著名的在世哲学家。他的理论工作的核心概念是"交往理性",主张把社会关系建立在人与人之间的讲理活动,即交往活动或沟通活动的基础之上。哈贝马斯的交往行动理论很复杂,这里没有办法展开,我想提一下的是他在2004年11月11日在日本京都的一次讲演,他讲述了自己的幼时经历与其理论工作之间的关系。哈贝马斯天生患有腭裂,一生下来就动了手术,长大后作为著名学者,他竭力主张人类之间的理性交往,并且经常在世界各地讲演,但他的发音常常令人费解,交往因此有特殊困难。但有意思的是,哈贝马斯在京都讲演的时候,恰恰把他幼小时候的困难经历,他自小就有的生理缺陷,看成了他对交往理性和公共领域之毕生研究的重要节点。哈贝马斯说他当然不记得第一次做腭裂缝合手术的情况,但五岁时的第二次手术,他记得很清楚,而这使他对个人对他人的依赖性、主体与主体之间的关联性、人类心智的主体间结构,留下了深刻印象,并促使他关注洪堡、皮尔斯、米德、卡西尔和维特根斯坦等对语言和交往有精妙研究的哲学家。也就是说,哈贝马斯成年以后的学者生涯和学术成就,成功地使他自己的幼年不幸和终身疾痛具有了正面的意义。

不仅由生理疾痛这样的"自然错误"而画错的点,而且由失足行为这样的"人为错误"而画错的点,都可能因为连点成线的努力而改变意义。《悲惨世界》中的冉·阿让偷过东西,但在作家的笔下,冉·阿让的偷窃成为一个感人而丰满的正面形象的一段必要经历。人生没有后悔药,也没有校正液,但怎么认识过去的错误,怎么做出今后的选择,会给人生故事的已经发生的每个情节赋予大不一样的意义。

人生过程中的"今""昔"关系,是科学方法论的一个重要课题。人文学科的典型方法是诠释(interpretation),自然科学的典型方法是说明(explanation),两者都涉及今昔关系或现在与过去的关系。相比之下,在自然科学的说明中,常常是"以昔解今",即过去(原因)决定现在(结果),而在人文学科的诠释中,常常是"由今视昔",即现在(语境)决定过去(意义)。说好自己的人生故事,最重要的任务就是用后来的"故事情节"来调整和理解过去的"故事情节"的意义。

4. 人生之"点"的连接：哪里是讲好人生故事的最佳位置？

严格地说来,我们到底是一个什么样的故事的主人公,我们写出的是什么样的人生故事,只有当我们走完或即将走完人生道路的时候,才有结论。孔夫子(前551—前479)活了72岁,当他说"吾十五有志于学,三十而立,四十而不惑,五十而知天命,六十而耳顺,七十而从心所欲,不逾矩"的时候,已经年过七十。瞿秋白(1899—1935)活了36岁,他在写《多余的话》的时候,在感叹"知我者,谓我心忧;不知我者,谓我何求"的时候,离牺牲只有几天。维特根斯坦(1889—1951)活了61岁,他在病床上对身边朋友说:"告诉他们,我度过了美好的一生!"这是他留给世界的最后一句话。孔夫子是古代贤哲,瞿秋白是中共先烈,维特根斯坦是现代西方的哲学大师,他们之间当然有许多区别,但他们都完整地讲述了自己的人生故事。

对于年轻人来说,甚至对于中年人来说,讲述人生故事的最好位置,是设想自己老之将至,设想在那样的时刻,自己能否心安理得,或者如《钢铁是怎样炼成的》的主人公保尔·柯察金所说的那样,在回忆往事的时候,"自己不致因虚度年华而悔恨,也不致因碌碌无为而羞愧"。奥古斯丁(354—430)40多岁写《忏悔录》的时候,卢梭(1712—1778)50多岁写《忏悔录》的时候,大概就处在这样的位置。实际上,乔布斯于知天命之年在斯坦福讲演的时候,虽然他强调"要连点成线你是不能朝前看的;你只能在回头看的时候才能连点成线",但他其实也是非常重视从未来的角度,从一个虚拟的未来的角度,来连点成线的。乔布斯说,在过去的几十年中,他每天早晨都对着镜子问自己:"如果今天是我人生的最后一天的话,我还会去做我正要去做的事情吗?"他说一旦他发现连着许多天自己对这个问题的回答都是"不",他就意识到,他得做一些变化了。

凡人终有一死,乔布斯非但没有用这个事实来贬低人生价值,反而以此来衬托人生轨迹当中,哪些点是最值得珍视的。对乔布斯的这个观点,我想做一些发挥：除了实际地或想象地从我们自己的生命终点出发来"连点成线"以外，我们还可以把以下三个位置作为连点成线的出发点。

第一个位置是我们的孩子。我们要说好自己的人生故事，千万别忘了我们的故事的最重要听众是我们的孩子。检验一个人有没有价值观，有什么样的价值观，最好的办法是问他：你愿意你自己的孩子将来过什么样的生活？日常生活中经常看到或听到这样的例子：哪怕是一个十足的坏蛋，他也希望他的儿女过体面的生活。电影《天下无贼》中女窃贼王丽告诉她的同伙男友王薄她为什么要暗中保护农村娃子傻根，为什么不愿意继续偷钱，是"因为我怀了你的孩子，我想为他积点德"。

第二个位置是未来的历史。我们站在今天的角度来对过去连点成线、讲述故事，未来的人们也会从他们那时的角度出发，来对包括现在的我们在内的人们的行为连点成线——如果我们今天就能想到这一点，那么我们不仅对过去，而且对今天，会有更好的认识。瞿秋白在《多余的话》中一面说："告别了，这世界的一切！"一面还表白着："历史的事实是抹煞不了的，我愿意受历史的最公平的裁判！"刘少奇在国民经济严重困难时期对毛泽东说："人相食，要上书的！"在"文革"初期失去自由前对王光美说："好在历史是人民写的……"对问心无愧的人来说，想到"好在历史是人民写的"，历史会是一种安慰；对有过错甚至造罪孽的人来说，历史则将是一种惩戒，因为"好在历史是人民写的"这句话的另一层意思是："慎乎历史乃后人所书！"

第三个位置是我们的理想。"我们的孩子"是在个体的层面上对当下之我的超越，"未来的历史"是在集体的层面上对当下之我的超越，这两种超越都处于时间之中，都体现了"后之视今，亦犹今之视昔"的道理。相比之下，"我们的理想"则是在理念世界而非经验世界，在形上层面而非形下层面，对当下之我的超越。站在理想世界的角度来对我们的过去和现在的行为进行"连点成线"，会使我们对自己的成就、不足和努力方向有格外清晰的认识。司马迁在《史记·孔子世家》篇末写道："诗有之：'高山仰止，景行行止。'虽不能至，然心向往之。余读孔氏书，想见其为人。适鲁，观仲尼庙堂车服礼器，诸生以时习礼其家，余祗回留之不能去云。天下君王至于贤人众矣，当时则荣，没则已焉。孔子布衣，传十余世,学者宗之。自天子王侯,中国言六艺者折中于夫子,可谓至圣矣!"司马迁在这里既表白他对孔夫子"心向往之",也承认这位"至圣"的境界他是"不能至"的。值得注意的是,司马迁并没有从这个理想的"不能至"而得出这个理想的"不可有"的结论,相反他强调,对这个"不能至"的理想,他是"心向往之"的!用哲学的语言来说,这"心向往之"的对象作为一个理想,是远在一个超越世界的,但"向往"之此"心"、此心之"向往",却是就存在于司马迁身上、发生在经验世界之中的。重要的是,对这个"不可至"的超越性理想的"心向往之",虽然没有使司马迁成为孔夫子,但是使他成了司马迁,成了我们所知道的那位千古"史圣",那位含垢忍辱、究际通变、为世人留下了一部"史家之绝唱,无韵之离骚"的太史公。

一个超越的理想能起到如此实在的作用,我们就不能说它是乌有之乡、海市蜃楼。相反,美好的人生理想完全可以成为真实的人生故事的点睛之笔。

2012 年 5 月 8 日修改

02　道德的核心问题是做一个什么样的人[1]

人生在世,每时每刻都要做出选择。在迄今为止的多数时代,甚至在现代社会的多数场合,选择的依据比较确定,选择的范围相当有限,但恰恰是在需要我们进行真正意义上的选择的时候——在选择的依据不那么确定、选择的范围不那么有限的情况下进行选择,我们的行动才具有道德意义,我们才成为真正意义上的道德存在。

我们的所有选择,都可以归结为以下三个问题的回答:"有什么东西""做哪类事情""成何种人格",分别对应于在任何语言当中大概都最为基本的三个词:"有"(having)、"做"(doing)、"是"(being)。

道德首先是关于"做"什么的问题。从不能损人利己,到不能见死不救,道德规范的要求难度有高低,适用场合有多寡,约束效力有大小,违规惩罚有宽严,但所有道德规范都告诉我们,在某个或某类特定场合,什么是我们应该做的(可以做的、必须做的),什么是我们不应该做的(不可以做的、决不能做的)。

道德规范要求我们非但不能损人利己,而且应该先人后己;非但不能见死不救,而且应该舍己救人。但在现实生活中,对这种"做什么"的问题,我们常常会转化为"有什么"的问题:我们的损人利己或见死不救行为会不会被发现,会不会受到惩罚,会受到什么样的惩罚;或者,我们的先人后己或舍己救人行为别人是否知道,知道后是否会奖励,会给予什么样的奖励……

---

[1] 本文刊登于《南方都市报》2011年10月26日。

当只是考虑自己的道德行为或非道德行为是否会被发现、是否会受到奖励或惩罚的时候,我们忘记了这样一个事实,即这样的行为即使旁人全无所知,但我们自己,也就是做这件或那件事情的那个人,是一目了然的。我们或许并不因为做了好事而得到好报,并不因为做了坏事而得到恶报,但我们将因为如此这般行事而最终成为某种特定类型的人,这才是最为沉重的人生判决。也就是说,道德选择的核心问题,说到底是做什么样的人的问题。

我们在进行道德教育的时候,重点常常放在告诉教育对象应当做什么上——告诉孩子不要说谎,告诉学生不要作弊,告诉官员不要贪污,告诉企业家不要偷税,等等。这种工作必须做,但不难做。有多少孩子不知道说谎是不对的?有多少学生不知道作弊是不对的?有多少官员不知道贪污是不对的?有多少企业家不知道偷税是不对的?在多数情况下,我们面临的应该做什么或不做什么的选择问题,并不复杂。当然,诸如"忠孝难以两全""苏菲的选择"之类的道德两难让我们印象深刻,但多数情况下道德选择并没有那么困难;而且,这类道德两难之发生,恰恰表明道德问题不应该仅仅理解为行为对错的问题。

道德问题当然首先是行为对错的问题,但从社会(或从事道德教育者)的角度来说,还要设法把行为对错与利益得失联系起来。功利主义倾向于对道德问题做这种理解,它作为一种道德理论有混淆范畴之过(把"做哪类事情"的问题混淆为"有什么东西"的问题),但作为道德教育理论,作为一种研究社会如何把道德规范从社会成员的外在约束变成他们的内心呼声的理论,功利主义却可以提供重要启发。道德教育不仅要让被教育对象知道什么是应该做的,什么是不应该做的,而且要让他们把有关行为对错的知识从理智层面深入到意志层面和情感层面,转化为习惯和爱好。在这个过程中,道德说教必须辅之以道德褒贬和道德奖惩:行为的对错应该通过一个有效机制转化为社会舆论的毁誉和个人利益的得失。

道德问题从其本身来说是行为对错问题,从社会的角度来看是一个利益得失问题,从个人或道德主体的角度来看,还是一个人格好坏的问题。行为对错与人格好坏并非直接对应:好人也会做错事,坏人也会做对事,但有些人我们比较愿意称为"好人",有些人我们比较愿意视作"坏人",对此我们可能都有切身体会。道德与法律、习俗等的区别在于,它说到底要依赖于每个人的自律。从这个角度来说,从"做什么样的人"这个角度来理解道德选择,有特殊的重要性。

德性论倾向于从这个角度来理解道德问题,它作为一种道德理论,像功利主义一样有混淆范畴之过(把"做哪类事情"的问题混淆于"成何种人格"的问题),但作为道德修养理论,作为一种研究道德主体如何把道德规范从外在约束变成内心自律的理论,德性论也可以提供重要启发。每个人的生命都只有一次,这个独一无二的生命有没有品质、有何种意义,归根结底取决于我们的选择。选择之所以为选择,是因为它总是多样的。现代社会变化快、联系广、诱惑多、禁忌少,我们每当准备做某一个选择的时候,总有许多理由或借口让我们去做另一个选择。在职业场所,在选择要恪守职业道德的时候,会想到既然同行都不守规矩我为什么要讲道德,或者既然我并不喜欢这份工作我为什么要全身心投入;在日常生活中,当准备抢救路面躺着的奄奄一息的幼童的时候,会担心这样可能带来许多麻烦;等等。在很多情况下,我们选择做这个还是做那个,并没有他人知道;或者说即使他人知道了,也并不会带来让我们觉得"不划算"的后果。但我们不妨想想,自己正要选择的,不是做此事还是做彼事,而是做这种人还是做那种人。"人之所以异于禽兽者几希",我们的选择甚至可能在人兽之间。

03　跟随书香回到半个世纪前[1]

我作为77级一员走进华东师大校门的时候,20岁还不到,所以告诉别人我那时已有三年农场工作经历时,神态总有得意之嫌。这"讲故事"的资本,来自我在乡下度过的童年,来自让我早两年上学的外公外婆。

外公外婆家在浙江萧山的一个村子,我母亲说起她的故乡时,一点不掩饰她的自豪:"那是一个大村坊!"她用来比较的对象,显然是我父亲的故乡,一个离杭州和萧山县城其实更近的小村子。

外公外婆家住一幢两层楼房,挺大气宽敞的,位置很好,应该算在"村中心"吧,不远处曾有过一个戏台,逢年过节,外婆家该是最佳的看戏位置。楼房的木窗其实很小,但从窗外望出去的世界很大;绝大多数时候,这个世界不是"戏文"演出,而是远处起伏的碧绿山峦。东边那座山我记不得名字了,外婆说翻过去就是绍兴了。

但我印象最深的,是门口不远处的那道小溪。溪水清澈见底,虽然很浅,但流得很急,而且日夜不息,该是由山泉汇聚而成的缘故吧。溪中鹅卵石下面,常躲着些小动物,比如透明的会跳得老高的小虾。外婆和舅母们像其他村民一样,在小溪里淘米洗衣,并不因为上游正有人在做同样的事情,而担心水被弄脏。

我出生的那年,父母正忙于"大跃进",只好把我送到乡下,请外公外婆照管。我5岁的时候,外公外婆终于找到了可以管束这个调皮外孙的办法:送我

---

[1] 本文刊于《东方早报》2014年6月1日。

进"书房",让我上学去。因为是一个大村子,所以学校就在村里。按那时的规矩,孩子上学要吃红鸡蛋的,我至今还记得那外壳染红的煮鸡蛋,还记得鸡蛋去壳后吃在嘴里的那种美妙滋味。但煮鸡蛋再好吃,对一个5岁孩子的说服力也不超过一个上午。吃了鸡蛋以后,我跑回家来了。外公外婆没办法,只好在第二年才把我又送进学校。与城里的同龄孩子相比,我依然早了两年上学。

那么多年过去,我对那个乡下小学的印象已经很单薄了。只记得与城里学校的孩子被要求坐正时把手放在背后不同,我们在教室里的正确姿势是双手交叠着放在桌子上。最深刻的印象,是坐在教室里拿到新书的那个时刻。记得书的首页是一幅彩图,是一面鲜艳的五星红旗。我把头埋在书页里用鼻子去闻那书香,那真是名符其实的书香啊,直到今天,拿到新书我还常常会嗅嗅、闻闻,那书香一下子就把我带回半个世纪前去。在人的五官感觉当中,大概除了音乐,唯有书香,才能有如此强烈的对悠远记忆的激活功能。

我的班主任老师是我外公的堂弟,也姓华。华老师班上的孩子大多数也姓华,与他们相比,我虽然在外公外婆那里蛮得宠的,虽然身上穿的都是父母用包裹寄来的城里衣服,而不像有些本村同学在学校里还穿着开裆裤,但是,我毕竟不是华家的人。所以,有一天,我私下叫"外公"的这位华老师到我外公家来,说:"三哥,好笋出在笆外头了!"意思是我这个"外孙"的成绩,比本村的华姓孩子们都要好不少。我长大后多次去看望华老师,但一直很惭愧,他在"文革"中受到冤屈,"文革"后虽然平反,但工作和生活都远未能补偿,申诉了多年,我这个学生没能帮上忙。那是后话。

一年级读完了,父母把我接回了上海,打算由虽然比我大一岁多但挺像哥哥的哥哥,带着一起上学。工人新村里有一所叫虎林小学的学校,那时刚建成不久。对我这个还讲着一口萧山话的孩子来说,那四层高的楼房,那窗明几净的教室,太有吸引力了。但报名处的老师不顾我父亲再三恳求,坚持说我还不到入学年龄,爱莫能助。后来,我父母从乡下拿来了一封信函,证明我已经在那里读过一年级了,终于说服了那位老师,不仅接受了我的报名,而且干脆让我读二年级,与哥哥同班。

那是1965年秋季,离"文革"爆发不到一年。

04 说说"我们这代人"的特点[1]

这里说的"我们这代人",并不是一个经验概念,覆盖"那三届"的每一个成员;而是一个理想概念,指的是我希望自己也能被包括在内的这样一群人:走进大学校门之前的人生他们没有虚度,高考恢复带来的人生转机他们没有滥用,中华民族过去所取得的伟大进步他们没有旁观。

这种意义上的"我们这代人"有一些共同特点,我想用三句话来概括这些特点:

知足感恩但又不满现状;

不满现状但又乐观向上;

乐观向上却又怀旧思乡。

形成这些特点的原因当然非常复杂,作为一个教育者,我觉得这些特点可能与我们对"劳动"和"科学"的理解有特殊关联。

我们大多"文革"前上过小学甚至中学,从小就接受"五爱"教育,从小就被教育既要"爱劳动",也要"爱科学"。但后来,我们却被教导说,"爱劳动"比"爱科学"更重要;不是劳动人民创造的东西,哪怕是科学知识,也不应该被敬若神明、系统学习。

但什么是劳动呢? 有时我们被告知,劳动是教育人的;有时我们又被提醒,劳动是惩罚人的。我们多数都有到工厂尤其是农村"接受再教育"的经历,那时

---

[1] 本文刊于《文汇报》2017 年 7 月 13 日。

的我们,虽然"知识青年"的身份要求我们能对作为教育的劳动与作为惩罚的劳动做出理性区分,但高强度劳动的体验以及"干校"等建制的性质,却使我们不仅对科学,而且对劳动,也越来越迷惑不解。

高考恢复,让我们走出了这种迷惑,或者说,一下子让我们不用再思考要不要继续"爱劳动",而齐刷刷都转向了"爱科学"。曾经流行多年的"读书无用论",逐渐被"不读书必无用论"所代替。

四十年后,当我们回顾自己成长经历的时候,当我们反思当代社会现象的时候,当我们在为发扬"创新精神"和"工匠精神"而大声疾呼的时候,实际上也可以说是为创新精神和工匠精神之普遍匮乏而痛心疾首的时候,我们意识到,不管劳动到底是教育人的还是惩罚人的,忽视劳动一定是非常糟糕的教育,鄙视劳动一定会受到严厉惩罚。我们也意识到,科学事业的核心是创造而不是模仿;只有把科学当作一种"改变世界"的劳动,而不仅仅是"解释世界"的静观,我们才算真正理解了科学——换句话说,只有我们同时是"爱劳动"的,我们才是真正"爱科学"的。

对于我们这代人的那种特点,那种知足感恩但又不满现状、不满现状但又乐观向上、乐观向上却又怀旧思乡的心理,不仅可以分析它的原因,而且可以谈论它的结果。在我看来,我们这代人的心理的最重要的结果,是对什么是人生之"成功",有一种独特的理解。

首先,衡量"成功"的,不应仅仅是现在所处的高度,而应是与过去相比现在达到了什么高度。对一个国家来说,"发展是硬道理";对一个人来说,成长是硬道理。与此类似的是,不同类型的高校有不同的"好大学"的标准,不同类型的教育也有不同的"让人民满意"的标准。这些标准不管有多少差别,有一条却是共同的:真正意义上的"好大学",首先是那种正在不断变得更好的大学;真正意义上的"让人民满意的教育",其首要体现应该是人民不愿意抛弃今天的教育而回到昨天的教育。对后面这点我想特别强调一下:要了解一个国家或一个地区的人民对教育的态度,我们或许不仅要测量他们面对当前教育的"满意度",而且要测量他们回到以往教育的"愿意度"。

其次,衡量"成功"的,不应是看你拥有多少东西,而应是看你是如何拥有这些东西的。坐享其成而不是奋斗有成,算不上什么成功;不劳而获的东西再多,不择手段得到的东西再多,伤天害理换来的东西再多,都是人生的败笔,甚至是人生的绝路。

第三,衡量"成功"的,也不应该仅仅是物质生活方面的幸福,而应该更多是——至少同时是社会生活和精神生活方面的幸福。物质生活上的身体健康、消费宽裕,当然重要,但社会生活中的与人为善、受人尊重,以及精神生活方面的心安理得、光明磊落,同样重要,甚至更加重要;对于走出贫困的"后小康社会"的中国人民来说,尤其如此。

05   共享音乐盛宴，追忆似水华年[1]

尊敬的各位来宾、各位校友：

晚上好！

值此77、78级校友毕业三十周年，又恰逢学校六十一周年校庆之际，我们欢聚一堂，共享音乐盛宴，追忆似水华年，祝福母校生日快乐。在此，请允许我代表学校向大家的到来表示热烈的欢迎和衷心的感谢！母校是我们共同的家园，欢迎大家回家！

三十多年前，历史转折的力量，把几乎封闭了十年的大学校门向我们打开。77、78级校友从千万人的角逐中脱颖而出，走出山村和农场，告别营房和车间，或者离开街道里弄工厂和代课老师岗位，从祖国的四面八方汇聚到丽娃河边，开始了坚韧不拔而又激动人心的追梦之旅。刚刚告别"生不逢时"的遗憾甚至绝望，就沉浸在"时不我待"的紧迫甚至焦虑之中；早上还在为订不到婴儿牛奶而愁眉不展，中午却可能为买到了一本世界名著、借到了一盒外语磁带而欢呼雀跃。虽然我们的一间宿舍要住下八位同学，虽然我们的教室连一台电风扇也没有，但百废待兴的国家、日新月异的世界，为我们提供了最强的学习动力；敬业而宽仁的老师、好胜而友爱的同学，为我们提供了最佳的学习条件。世界高教史上年龄差距最大、人生经历最丰富的这批学生，在母

---

[1] 本文是2012年10月13日在上海音乐厅纪念77、78级校友毕业三十周年主题音乐会上的致辞。

校学习的时候,是改革开放初期的幸运者;离开母校以后,则成了改革开放难关的突破者和改革开放成就的创造者。77、78级校友主要分布于教育、政教、中文、历史、地理、数学、物理、化学、生物、外语等十个系。在过去三十年中,这将近2600位校友,为国家发展和社会进步,做出了让母校感到欣慰和自豪的许多贡献。在这里,我作为77级的一员,与77、78级全体校友一起,向培育了我们的老师们表示崇高的敬意和衷心的感谢!作为77级"小同学"的代表,我与同龄学友们一起,向关心过也教训过我们的学姐学兄们,致以崇高的敬意和美好的祝愿!作为学校党政班子的一员,我代表全校师生,向书写了师大一段宝贵历史、为母校带来了无数荣誉的77、78级的校友们,表示最崇高的敬意和最美好的祝愿!

回顾学校六十一年的发展历程,或者上溯至1924年的大夏大学和1925年的光华大学,从硝烟弥漫的岁月到1951年华东师大的正式成立,从1959年学校被中共中央确定为全国十六所重点院校之一到2006年进入国家"985工程"重点建设行列,从2002年闵行校区建设的启动到去年的六十周年校庆,我们深切体会到,学校的每一个进步、每一次发展,都离不开广大校友的倾力支持与热情关注。你们的豪气、灵气和勇气凝聚成人气,是学校发展的重要动力;你们的同窗情、师生情、校友情汇聚成激情,是学校进步的重要源泉;你们的笑容、宽容、包容汇聚成从容,是学校不断突破和创新的重要依托!

作为77、78级的一员,我深知我们每位同学校友毕业后三十年的经历,都是一首充满酸甜苦辣的岁月之歌;而伴随着学习生涯的美妙歌声和迷人乐音,都可能是虽然无形无象但却刻骨铭心的校园胜景。单喇叭或双喇叭录音机放出的世界名曲,收音机传出的刚刚开播不久的调频节目,大礼堂里曹鹏老师边指挥边讲解的专业乐团演奏,对多数买不起或买不到上海音乐厅票子的同学来说,离这里不远的西藏路基督教青年会每周一次的"激光音乐会",都可能曾经使我们产生过"此曲只应天上有",此生从此不虚度的感觉……

今夜,不管我们是来自河东还是来自河西;也不管我们是学文科的还是学理科的,我们都有一个共同的名字——"师大人",都有一个共同的身份——华东师大音乐系师生的粉丝。愿美妙的音乐陪伴大家度过一个难忘的夜晚,愿各位校友乘着歌声的翅膀,与同窗好友一起,回到三十年前丽娃河边的美妙岁月,一起想象母校,我们亲爱的母校,三十年后的美好未来!

谢谢!

2012 年 10 月 13 日于上海音乐厅

06 让我们人生的"修改过程"更有收获[1]

欢迎大家来到华东师大,来到 East China Normal University,来到东中国正常大学。

我是东中国 normal 大学的党委书记和 77 级大学生。在这个大学我作为党委书记是否 normal 我不清楚,我作为 77 级学生我知道是不大 normal 的。

进校时我的年龄与应届生大致相当,但进校门前,我已在崇明农场工作了整整三年。

十七岁时我已在上海人民广播电台甚至上海电视台讲过哲学,但我的高考政治成绩,却是全班倒数第二。

拿到华东师大(当时叫上海师大中山北路校区)政教系本科的录取通知时,我曾很认真地提出能否跟拿到上海师大(当时叫上海师大桂林路校区)中文系专科录取通知的朋友调换入学通知,但进校四十一年以后,我今天还在一个经常要运用政教系童子功的岗位上工作。

读完韩少功写 77 级大学生生活的小说《修改过程》后,虽然它唤起我不少当年的回忆,但我总觉得,这书最"77 级"的,不是书里面的人物和故事,而是书的写法,书的写法蛮"77 级"的——有"文革"后四十年经历的 77 级大学生,才会这么去写 77 级,其中渗透着 77 级特有的那种理想主义。

---

[1] 本文是 2019 年 4 月 26 日在第五届思勉人文思想节期间参加中文系主办的韩少功小说《修改过程》研讨会的发言。

77 级特有的理想主义是什么呢?

前年 7 月,我曾在《文汇时评》上谈论 77 级还有 78 级大学生的特点:

知足感恩但又不满现状,不满现状但又乐观向上,乐观向上却又怀旧思乡。

但这个概括发表后,有同事不以为然,觉得我把 77、78 级的理想主义,说得太理想主义了。

用这样的眼光去评价《修改过程》这本写 77 级的小说,估计也是不那么 normal 的。

但后来我发现,关于 77、78 级的特点,或许可以用我小学时的一篇课文来更恰当地概括,它的题目是《金银盾》。

典型的 77、78 级,是在"文革"以前上学的。我的年龄是中学 76 届,76 届中学生读一年级时,"文革"已经爆发。但我因为童年在浙江萧山外婆家度过,那里的管理松,我在 1964 年秋季就上学了,读了一年级以后回上海读二年级;我记得二年级语文课本上有一篇课文叫《金银盾》,讲两位将军在争论一块盾是金盾,还是银盾,其实这块盾一面是金的,一面是银的。

我对这篇课文一直印象很深,但去年国庆时我们小学同学相隔五十五年以后聚会时,我说起这篇课文,没有一个同学记得。后来我用 310 元钱从网上买到了那本教材,但同学们说那是山西印的,不算;最后是班上一位同学从家里翻出了他自己用过的那本教材,我的记忆才得到了确证。

上述故事表明,人的记忆的选择性是很强的,77、78 级也不例外。

但是,我在这里想说的是,77、78 级的记忆的一致性,或许是不大容易有的,但我们 77、78 级同学们的记忆的片面性,却可能是比较小的。因为我们这个群体的成员多半具有的那种"文革"前后的生活经历、改革开放前后的生活经历,以及各种各样梦醒前后的生活经历,使我们对生活和历史所具有的各种意义上的两面,都可能知道得比较多一些。

当然,我们的复杂经历,或许也容易使我们自己的人生本身,成为比较两面,甚至相当两面的了。

人生过程的先前阶段已经发生,是无法修改的;但人生过程的先前阶段的意义,却是可以通过人生的后来阶段来修改的。就此而言,每个人的人生都是一个修改过程;但相比之下,我觉得作家比别人还是有更多优势的;作家不仅在书写着自己的人生故事,而且在书写着别人的人生故事;他不仅可以通过自己的人生来修改自己的人生,而且可以通过他书中人物的人生来修改自己的人生,通过自己的文学创作,让自己终于知道该让特别珍惜、特别用心守护的那一面,成为自己整个人生中比例尽可能大的那部分。

简单地说,每个人的人生都是一个修改过程,77级的修改过程,尤其是77级作家的修改过程,是比较可能更有收获的。

祝今天上午和下午的讨论也都收获满满!

2019 年 4 月 26 日

07 记一次与"乌托邦终结"有关的多国之旅[1]

每一个年度,我们都会有许多机会谈论许多"周年",但在 2018 年,我觉得这样的机会不仅数量特别多,而且对我个人特别有意义。今年是与我的专业、岗位甚至人生关系特别密切的马克思诞辰 200 周年,是马克思主笔的《共产党宣言》发表 170 周年,今年也是我全程经历的中国改革开放 40 周年,是"文革"后首批大学生进校 40 周年——我有幸也是其中的一员,我更有幸是其中直到今年才踏进"花甲之年"的一员。

花甲之年回顾人生,40 年前开始的改革开放和大学生涯,无疑是最重要的节点。但改革开放 40 周年之际回顾以往,我在 1988 年 8 月去挪威开始为期一年的访学(此后又攻读博士学位,直到 1994 年 8 月拿到学位),大概也可看作过去 40 年当中我最重要的人生节点。对我来说,改革开放不仅意味着走进大学,而且意味着走出国门;不仅意味着我可以放眼全球,而且意味着我可以周游列国。

关于我在挪威那几年的生活,我的导师奎纳尔·希尔贝克在他的一本书里有这样的描述:"回首过往,人生许多事看似预料之外,亦非有意安排,而是在特定情形下或与他人遭遇之际不期然而至。1988 年秋天发生的一件事正是这样一桩:一位年轻的中国哲学家突然出现在卑尔根大学研究所,他来自上海华东师范大学,在这里呆一年,研究哲学。这桩不期然的事件带来了我们之间的长

---

[1] 本文 2018 年 11 月 7 日发表于《探索与争鸣》微信公众号"一个人的 40 年"专栏。

期合作和终生友谊,我们的合作与友谊也延续到他的中国同事和我的挪威同事之间。他就是童世骏。"

从他在书里的描述看,我在1988年到1994年这五年当中,以卑尔根为据点,在挪威乃至整个欧洲,"玩"得是相当的high:

> 1988年,童世骏来到卑尔根大学停留一年。离别之前,他决定在我们哲学系攻读博士学位。我应邀成为他的导师。此后他累次来作短暂停留,及至1994年,为撰就博士论文而作长久停留。
>
> 在此期间,往返卑尔根大学与上海华东师范大学之际,童世骏完全融入卑尔根的学术与社会生活。他做讲演、开讨论班、听讲演、参加讨论班,积极参与各种活动,从公共活动到滑雪、徒涉至挪威山顶小屋。在学术研究之外,他也熟谙本地的社会文化规则。因此,他成为本地学术圈的红人。
>
> 以卑尔根为基地,他也四处游历,自北方的特罗姆瑟到南方的杜布劳维尼克,南下周游仍是共产政权的国家,北上游历西欧。此外,他也结识访问SVT(卑尔根大学科学论中心)的国际知名学者,诸如来自基辅的弗拉基米尔·库兹涅佐夫、来自芝加哥的托马斯·麦卡锡、尤尔根·哈贝马斯。童世骏最后一次留在卑尔根大学是在他完成博士论文之前,我们安排定期研讨班,SVT的成员——尼尔斯·吉列尔、哈拉德·格里门、我——就他的论文逐章探讨,从而在友好同行之间践行广博而严肃的论辩。

确实,挪威虽然是一个地处斯堪的纳维亚半岛的人口不到500万的国家,但要了解当代西方哲学,这个北欧小国却能提供其他欧美大国难以提供的条件。从"宏大叙事"的角度,我在《跨越边界的哲学——挪威哲学文集》的译后记中曾这样写道:

> 人们在把"西方哲学"分为"(欧洲)大陆哲学"和"英美哲学",又把"大陆哲学"分为"德国哲学传统"和"法国哲学传统"等的时候,往往忽视了北欧数国独具风格的哲学传统,而这个哲学传统的最大贡献之一,就是

致力于克服现代西方哲学中上述几大传统之间的严重隔阂和分裂……现象学和分析哲学,解释学和科学论,先验主义(客观主义)和情境主义(相对主义),逻辑经验主义、斯宾诺莎主义和皮浪主义(甚至印度哲学、中国哲学),自由主义和共同体主义,维特根斯坦和海德格尔,哈贝马斯、阿佩尔和德里达、罗蒂等等,这些似乎截然对立的哲学立场和哲学传统,在北欧土地上却进行着卓有成效的对话和合作。对二十世纪西方哲学作总体把握,有必要了解北欧哲学家已经完成的和正在从事的大量工作。

从个人叙事的角度说,"这个北欧小国却能提供其他欧美大国难以提供的条件",尤其表现在这一点上:柏林墙倒塌的几个月前,我在欧洲进行了一场为期33天的南北之旅。

这次旅行的主要目的,是去当时还属于南斯拉夫联邦的克罗地亚古城杜波若夫尼克(Dubrovnik),在设在那里的一个叫作"大学间研习中心"(Inter-University Center for Postgraduate Studies)的学术平台开两个会,一个是社会政治哲学方面的,一个是科学哲学方面的。科学哲学会议的主题我忘记了,在3月27日到4月7日召开的社会政治哲学会议的主题,我还记得很清楚——哲学和社会科学:乌托邦的终结?(Philosophy and Social Science: The End of Utopia?)

在这两个会上我遇到了不少哲学名人,如阿佩尔(Karl-Otto Apel)、马尔科维奇(Mihailo Marlcovic)、维尔默(Albrecht Wellmer)等(对创办这个学术平台以及举办相关学术活动具有关键意义的尤根·哈贝马斯那次倒没有来),会上的报告、讨论和会后的讨论收获不少,但与杜波若夫尼克的20天相比至少同样收获很大的,是到达该城之前和离开该城之后的20天旅行。

在1988年10月30日我给系里赵修义老师的信里,第一次提到这次欧洲之行:

> 另外,还有一件事情,现在还没有定,那就是:明年4月将在南斯拉夫召开一次以《实践》杂志(现在是一份国际性刊物,Skirbekk是编委之一)为

中心的国际会议,Skirbekk 已向校方提出申请,带我一起去参加。他可能向两个学院提出了申请,其中一个已经答应给我一半经费。看来,此行成功的可能性不小。这样,我就可以冲入西方马克思主义和东欧新马克思主义的老家去进行"侦察"了。我现在担心的是南斯拉夫明年不要打起内战或搞起政变来。我还从来没有替一个中国以外的国家的局势担过心呢。

在 1989 年 1 月 10 日的信中,我提到这次会议的经费落实了:

下午把那份稿子完成之后,觉得松了一口气,加上确实感到有些疲劳,就打算回住处睡上一觉再说。走到半路上,碰到 Skirbekk 教授,他告诉我:上面已口头通知他,我去南斯拉夫开会的钱已经批了。他因为 4 月份要接待两位法国教授,只能由我一个人去那儿。随后,他就和我一起商量,怎么去法。沿途经过哥本哈根、斯德哥尔摩、西德和奥地利各一个城市(我还未确定),我打算在这几个地方各呆一天(坐火车)。随后,他又往一个个国家的领事馆或大使馆打电话,了解申请 visa 的手续、时间、地点等等,每打完一个电话就写一张小条子交给我,办事利索极了,也周到极了。简直像一位挪威的赵老师。了解了这些情况之后,我明天上午将去丹麦、瑞典、西德和奥地利驻卑尔根领事馆申请签证。南斯拉夫在卑尔根没有领事馆,我得上奥斯陆去办理——下星期我恰好要去,据说可以在那里"立等可取"。Skirbekk 还将为我安排去挪威中部的 Trondheim 和最北部的 Tromso,我让他尽量安排得晚一些,这样我可以到那里看"白夜"。您看,我把国内的"公费旅游"的坏风气带到这里来了。不过,到挪威这两个城市,我可能得讲一两次课,以换取我的旅费。

在 1989 年 1 月 30 日的信中,提到为这次旅行做的准备工作:

我上周六刚回来。(1月)18 日晚上坐火车去奥斯陆,呆了三天,22 日上午去挪威中部山区 Vinstra in Wadhal 旅馆,过了 6 天既奢侈又激动人心的生活。学了一些滑雪的基本动作(由4名专业教练上课),摔了数不清的跤。27日回奥斯陆,28日回卑尔根。已经办了南斯拉夫和奥地利的签证,西德、丹麦和瑞典过几天可以办成。我刚才查了一下地图,发现回来的路上还可以经过捷克、东德和匈牙利。不知旅费够不够。要够的话,我也想去转一下。经费的具体数额也有了,一个地方是4 725克朗,另一个地方是1 000多克朗。这两笔钱加起来还没有我这次滑雪周用去的钱多,可见上一星期我过得多么奢侈。不过据说南斯拉夫的住和吃相当便宜,这点钱还是可以过像样的生活的。明天我将去旅行社办理订票(火车和旅馆)。

1989年3月26日,我终于到达了亚得里亚海边的这座古城。这是那天夜里给家人写的信:

现在是3月26日晚上9点半,我正在南斯拉夫的Dubrovnik Hotel Lero的Room 102里给你写信。这就是说,我已经顺利到达了这次旅行的最后目的地(名正言顺的"目的地")。

我是3月21日下午3点1刻的火车从卑尔根出发的。临行前,××和×× 与我共进午餐,还喝了点酒,算是给我送行。××同××算是言和了,所以那天又是嘻嘻哈哈的。××因做实验未能来。××和××两人送我上车。到晚上10点10分,火车到达奥斯陆。路上很长一段路还是跟上次一样,仍然风雪交加。但愿20天后回去时景观会有所不同。下车后很快就找到了去哥本哈根的火车。刚开始时火车较拥挤,但陆续下车者不少,后来每人可占2个位置,显得很空。第二天(22日)早晨醒来后不久,火车就被开进一艘大轮渡,前后用了1个多小时渡过对岸——丹麦。过岸后很快就到了哥本哈根(正点,8点24分)。在哥本哈根我住的旅馆离火车站不远,按中国的标准,这旅馆的收费简直吓人——260.00丹麦克朗(币值与挪威克朗相差不大),可房间十分简陋,最多只有中国的15元的房间水平(而且——这旅馆实际上是处于一个"风化区",周围有许多家"Sex Shop"之类的场所,其内容不便在此写,怕弄脏了我的信)。把行李放在旅馆后,我便出发游览,先到著名的 Tivoli 游乐场,见到人们在门口买票,我也去买票入场,可谁知里面只有一个自动机恐龙展览——游乐场 5 月 1 日以后才开放,十分扫兴。然后是穿过哥本哈根市内几条著名的行人专用街去看美人鱼雕像。因事先听人告诫过别抱太大希望,那只是一尊普通的雕像,到了那里后倒觉得感受颇美。随后,又去参观了一个美术馆,还专程去看了一个丹麦哲学家(索伦·克尔凯郭尔)的墓地。在丹麦的一天又下雨,又刮风,不太凑巧。好在哥本哈根可逛之处不多,没有太大的缺憾。第三天(23 日)早晨,在旅馆喝了点咖啡,吃了点自备的干粮(旅馆早餐 7 点后才供应,而我 6 点半之前就要离开),便去赶 7 点 15 分去汉堡的火车。这趟火车上最有趣的是 10 点半左右火车又上了轮渡,用了 1 个多小时渡过对岸——西德。这轮渡很大、很漂亮,轮渡上的免税商店很大、品种很多。我因为考虑到买东西机会尚多,未做比较不敢贸然行事,加上有一段晕船(那时我正好不容易挤进买食物的免税店里,经"再三考虑"后决定买一瓶可口可乐在车上喝,结果没买成——头晕得想吐,赶紧逃出店来,找个位置坐下),所以什么也没买。但愿回城时仍会经过这条线。12 点 24 分列车正点到达汉堡,离从汉堡到莫尼黑的火车开车时间还有一个小时,我便出去在汉堡市中心街上转了一圈。汉堡的街景你可以从明信片上看出,非常繁荣。到达慕尼黑的时间是晚上 8 点,我预定的旅馆也离火车站不远。房费比哥本哈根的要便宜,但要舒适、雅致得多。那天晚上对第二天的行程做了仔细研究,结果第二天确实玩得比较满意。以下便是我 24 日的活动:(1) 买一张 24 小时通用的车票;(2) 去 1972 年 20 届奥运会中心;(3) 回市中心,参观玛利安广场、圣彼得教堂、御所博物馆,以及慕尼黑一家最有名的酒馆 Hofbrauhaus;(4) 下午去近郊的一座王宫 Schloss Nymphenburg 参观。你一定还记得《茜茜公主》中女主人公的父亲爱喝啤酒、母亲叫"路德维希"吧!这些都同慕尼黑有关。慕尼黑是巴伐利亚的首都,盛产啤酒,而巴伐利亚有一名以风流著称的国王便叫路德维希。Schloss Nymphenburg 是巴伐利亚国王的夏季王宫,很有气派,城堡里有不少油画、壁画和文物,还有一个叫"Beauty Gallery",对历史和文化不感兴趣的人,对这个厅都感兴趣——路德维希二世请画师把王宫中所有美人都画一幅像,集中在一起,这便是那个大厅里的60多幅画。晚上先在旅馆房间啃了几块面包,然后出去重新逛了一圈慕尼黑市中心,其间还在一家啤酒馆喝了一大杯啤酒——真正的德国南部巴伐利亚的啤酒!(全世界四分之一的啤酒是在这里生产的!)在慕尼黑最遗憾的是:所有的店,除了要填饱肚子的快餐和要解渴的啤酒馆,全部关门。街上游客仍然不少,一是看慕尼黑许多中世纪建筑(其中心是玛利安广场,你可以从明信片上看出),一是看橱窗,我特意看了好多珠宝店……

昨天(25日)早晨8点14分离开慕尼黑,经过奥地利(沿途风光极佳,但一入南斯拉夫境内却是另一世界),晚上6点钟后到达南斯拉夫西南部城市Zagreb,我利用换车间隙去街上看了看,买了几张明信片,换了点南斯拉夫第纳尔(100克朗=124 148个第纳尔,简直是天文数字),晚上9点半上车,今天早晨6点40分左右到达Sarajevo(瓦尔特保卫的城市),又转乘7点半的车(实际8点半开),于11点半到达一个好像叫Kadeljevo的城市,然后又乘12点半的汽车,于2点半到达Dubrovnik——一个集海滨自然风光、历史文化遗产和现代化生活设施于一身的非常非常漂亮的城市。我的房子正对大海,与一保加利亚人合住,很舒适。下午洗了一个澡之后便去散步、闲逛,一路走,一路赞叹不已。我要在这里住好久,详情下几封信再告诉,你先看明信片再说。我在哥本哈根、慕尼黑都给你寄过明信片,不知收到了没有?这封信中我把我到过的另外两个城市——汉堡、Zagreb——加上Dubrovnik,一共三张明信片夹在信封中……

在杜波若夫尼克,我住在一个叫Hotel Lero的宾馆,与一位叫斯蒂芬的保加利亚青年住在同一个房间,见证了传说中的保加利亚人点头表示"不好"、摇头表示"好"的特点。我从网上查到这家旅馆现在还在;只要有机会,我一定会带着妻子一起去那里住几天,因为那时我急切地等待着怀着双胞胎、即将临产的妻子的国内来信,而旅馆大堂服务员每天听完我问"Any mail for me?"(有我的邮件吗?)后,总是笑眯眯地回答:"Maybe Tomorrow?"(也许明天会有信?)

在杜波若夫尼克的 20 天中,深感在学术活动当中,来自东西方国家的知识分子已经能很通畅地交流。会议的工作语言是英语,来自匈牙利、波兰、甚至保加利亚的学者与西方学者之间交流几乎没有任何障碍。一位匈牙利女社会学家虽然怀着身孕,也来参加会议,那时正在读德国学者奥斯卡·内格特(Oscar Negt)写的一本中国游记,读完后把它送给了我,让我能通过阅读有特别兴趣的读物来提高德语水平。苏联来了一个规模不小的代表团,为首的比较年长的学者用俄语发言,由人做翻译。罗马尼亚有人来,但不大与人交流。民主德国没有来人。

相比之下,学术活动之外的活动,东西方学者的差别就比较大了。晚上和周末的活动,基本上是社会主义国家的人凑在一起,直接原因是我们都不像西方学者有那么多 hard currency(硬通货)。记得有一个晚上,大家约好了一起去迪斯科舞厅,那是我第一次,也是迄今为止唯一的一次在"群魔乱舞"中体验震耳欲聋。在嘈杂的背景音乐中我们扯着嗓门讨论市场经济和计划经济的区别,一位俄罗斯学者的观点我到现在还记得很清楚:在市场经济中,商品是 supply(供应)的,而在计划经济中,商品是 deliver(投放)的,我说是的是的,我们那时的学校工会经常发通知说是"组织到"一批水果、水产、电风扇,等等。

在杜波若夫尼克期间印象很深的,是一个周末的亚得里亚海上游。主办方在黑板上出通知说,周末要有这个活动,资本主义国家来的与会者要出多少钱,社会主义国家来的与会者免费。我在 1989 年 4 月 8 日给家人写的信中这样描述这次海上游:"今天上午 9 点 1 刻,坐大巴士到一个码头,坐一艘仿古游艇,在亚得里亚海上游弋了大半天,其间还上两个小岛散步和野餐。其结果是:4 点半回到码头时,没有一个人觉得快活——人人都觉得遗憾,因为他们必须离开这艘船,必须上岸,必须结束这 marvelous day!"

在游船上,我与波兰华沙大学一位做数学哲学的青年聊得很多,发现虽然中国和波兰相差那么大,但我们都没有住房,都住在岳父母家里。但我们同时也都承认,与我们的大多数同胞相比,我们这一代人还是很幸运的。这位波兰朋友几个月后将去剑桥工作一段时期。在 1989 年 5 月 18 日写给系里一位老师的信中,我这样写道:"有一次我们谈到我们的父辈,都觉得,他们并没有偷懒,可到了老年，依然什么享受也没有；而我们，年纪轻轻，居然能在 Dubrovnik 这样的地方开会（这地方连那些来自西方国家的走遍世界的人都赞叹不绝，尤其在一个星期天我们坐一艘仿古游船在亚得里亚海中游弋了一天——您可以想象，不，您难以想象，这是怎样的一种享受），这简单太不公平了。"

在杜波若夫尼克呆了 20 天之后，我开始了由南到北的欧洲之行。记得我是坐汽车到萨格勒布，然后坐火车去布达佩斯。从布达佩斯火车站出来以后，我拖着行李在一条街上寻找旅馆，听到一位老太太在二楼的阳台上招呼我，邀请我住在她的家里。我上去以后，发现我和她的共同语言只有程度都很不高的德语，恰好足够用来谈论租房天数和房间价格。老太太怕上当，只收匈牙利货币，而那时可以很方便地在黑市上换到匈牙利弗林，因此我就以非常便宜的价格在她家里的一个小而舒适的小房间里住了下来，但说好第二天早上要与老太太一起去相当于我们里弄派出所的地方办理租房登记手续。

在布达佩斯住了两夜后，我起程去维也纳，坐的是著名的"东方快车"（Oriental Express）。车上与一位瑞典女士相邻，交谈得很投机。她说起她的丈夫是阿根廷人，于是我们谈起了天主教和新教之间的区别。记得这位瑞典女士说，天主教徒犯了过错以后，比较容易通过上教堂祈祷、忏悔等方式，而减轻心理负担；但他们在减轻心理负担以后，则往往更容易重犯同样的过错。正谈得很起劲的时候，火车到了匈牙利和奥地利之间的边境检查站，上来了几位匈牙利警察，他们查看了我的护照和签证，发现我的护照签证处已经盖了一个章：Ungueltig（作废）！这时我才意识到，我从西德到南斯拉夫的路上，是经过了奥地利的，虽然没有下车，但确实是有奥地利警察上来查看过护照，但我没注意警察当时是盖了章的。这样，我就只好乖乖地服从匈牙利警察的命令，立刻带着行李下车。在我结束了欧洲南北游回到卑尔根好几个星期以后，收到了那位瑞典女士的一封信，在这封信中她不仅表达了问候，希望我边境下车以后的行程都还顺利，而且表达了自己的歉意：当时她眼看着我被匈牙利警察恶声恶气地赶下火车，却完全无能为力，一点没能帮助我。

在边境站被迫下车以后，匈牙利边防警察给我两个选择：或者自己想办法现在就回布达佩斯，或者坐晚上从维也纳回布达佩斯的东方快车。这时有一位出租车司机走过来,问我是否愿意坐车回布达佩斯,200美元,我想了想,说还是等晚上的列车吧。于是我被送进了一个蛮大的会议室样的房间,里面已经关了十来个人,有波兰人、捷克人,我桌子对面坐着的是两个罗马尼亚女孩,英语很不错,整个下午就一直交谈。她们告诉我,她们是在夜色之下淌过一条边境小河从罗马尼亚跑到匈牙利来的,奔跑时还能听到身后的枪声。到了匈牙利以后,她们的目标就是经过奥地利与已经到了西德的男朋友相会。她们的策略很简单:仅用塑料袋带着几件替换衣服,不带任何证件,一趟趟坐上从布达佩斯到维也纳的这趟东方快车(其中一位女孩已经是第八次做这样的尝试了),以为总有一次能躲过边境警察的耳目,进入奥地利国境。我请两位罗马尼亚女孩中的一位为我拍了一张照片——那是我第一次拍失去自由时的照片,希望也是我一生中唯一的这种照片;为了感谢她们,我把随身带的这一本英语读物送给她们,她们很高兴地收下了。晚上,从维也纳到布达佩斯的列车来了,我和房间里的其他被关押者上车,到布达佩斯车站了,护照才被交还给我。下车后我又去找那位老太,告诉她碰到了什么事,她很热情地让我再住一夜。第二天早上,我去维也纳驻布达佩斯大使馆办签证,然后坐火车去维也纳,住了一夜、玩了一天后,坐火车去柏林。已经办了捷克斯洛伐克的签证,但因为在布达佩斯多呆了一天,就只能眼看着火车经过布拉格,直接去了东柏林。

从维也纳到柏林的火车很空,坐在我对面的是一位东德女大学生,她很健谈,说她丈夫正在莫斯科上大学;虽然是大学生结婚、生孩子,但都得到了政府的补贴。她显然很自豪,说在整个东欧,东德的生活条件是最好的,住房、医疗、休假、生儿育女等,政府都有补贴;她和她家人已经去过东欧许多国家。但我问她去过西柏林没有,她笑笑说,没有。从洗手间回来后,她很高兴地告诉我,这车条件不错,洗手间有手纸的。我给了她一盒维也纳买的巧克力,她非常高兴地收下了。

火车到了东柏林,下车后发现这车站与维也纳和慕尼黑的车站相比,明亮度和清洁度都要相差不少。但走出车站以后,当我停下脚步想弄清楚走的方向时,一对正在车站广场溜冰的男女青年,非常优雅地滑溜到我面前,非常友好愉快地用英语问我要什么帮助。

在东柏林的旅馆住下以后,就去街上走走,那时正是傍晚,百货店还没有关门,货架上东西并不丰富,像皮球这样的轻工产品往往都印着商品价格,就像书店里的书那样。从百货店走出来,夜幕已经降临。总的感觉是城市非常安静,街道上行人很少,包括马克思恩格斯广场也没有什么人。最醒目的是高高耸立的电视塔顶端那一闪一闪的灯光。

我在东柏林住的是一家五星级宾馆;记得当时在挪威订东柏林的旅馆,没有其他选择,只好以80美元之巨的价格预订了这家名叫"皇宫酒店"的宾馆。那是我平生第一次住五星级宾馆的客房,在那里是可以看在挪威也看不到的西方电视的。在社会主义的东柏林的五星级宾馆住还有另外一个好处,就是可以在旅馆办签证去资本主义的西柏林游玩。于是我第二天就基本上都花在西柏林了。我在西柏林转了不少地方,对东西柏林截然不同的市况和夜景有了比较,但居然一直没有找到把东西柏林分隔开来的那道墙。眼看天色已晚,我要坐夜车回挪威,就放弃了寻找,心想,以后这个地方我总会再来的。我完全没有想到,不到7个月之后,这座墙就倒塌了。

4月23日,我结束了为期33天的欧洲南北之行,坐火车回到了大西洋边的峡湾之都卑尔根。两天后,我在仍不清楚亚得里亚海边讨论的那个乌托邦是否终结的时候,从家里打来的报喜电话中得知,黄浦江畔两个美好的新生命诞生了。

2018 年 10 月 31 日

08 从333教室走出的追梦人[1]
——专访童世骏

拉开记忆的帷幕,脑海里浮现出这样一个地方:她位于华东师范大学的地理馆,安静地坐落在毛泽东像后方。记忆中,那里是大客车的站点,许多师大的老师和学子在这里上车、下车、起程、返回。走近她,从门口往里面环顾,整整齐齐地摆放的是二十排桌椅。目光一排一排往后移动,停留在倒数第二排,那里有一个奋笔疾书的少年。回首一看,讲台上老师拿着教棒指点着黑板上的大字,滔滔不绝地讲课。看向左边的墙报,岁月的钢刀在上面留下了斑驳的痕迹,纸边儿泛黄。拉开尘封已久的棕色窗帘,我们可以看到窗台上的尘土在阳光的照耀下,飞扬起来,氤氲出淡淡的岁月的味道。这里是333教室,记录着老四班的故事;这里是333教室,演绎着政教系的华丽转身;这里是333教室,一个梦开始的地方……

这是对于333教室的记忆,更是对于那个时代的记忆。我们非常荣幸采访到了华东师范大学党委书记童世骏老师,听他细数那些与333有关的点点滴滴,听他畅谈从333开始的属于他们这一代的"中国梦"……

同窗浓情:那些关于老四班的故事

"老四班,其实蛮有意思的。我们现在坐下来回想我们当时的生活,第一个蹦到脑海里的就是老四班。所以说,刚进大学的一二年对于我来说印象特别深

---

[1] 本文刊于《华东师范大学》校报2013年6月4日,由祝菲尔撰写。

刻。后来整个政教系又分成了哲学班、经济学班等等,也有很要好的同学,但是都及不上老四班时培养的感情。每次组织校友会,或者说我们自发相聚的时候,积极响应的也是老四班——政教系77级的老四班。"

"我是77级的,但扩招时才拿到录取通知,走进当时还挂着'上海师范大学'校名的华东师大校园。"童老师在采访一开始就这么说。进入师大政教系,对童老师来说有一种说不清的"缘分"在牵引。听说自己已被录取时,他正在崇明农场的开河工地上劳动;搭上拖拉机返回连队后,他的第一个想法却是把自己的本科录取通知书与一位朋友的专科通知书交换。现在想来那种想法是可笑的,但在当时,没有进入自己最理想的专业着实让童老师心有不忿。那个时候的他不知道,进入师大政教系之后他会在这里遇到冯契、陈彪如、徐怀启、石啸冲等著名老师,甚至遇到接下来伴随自己一生的哲学研究。

政教系77级的课大都是几个班级一起上,地点都在地理馆333教室。和现在的很多大学生一样,童老师也喜欢坐在整个教室的最后。25排的阶梯教室,童老师记得自己常常坐在倒数第二排的位置,因为那里能看到整个教室的情况,而自己则不受别人太多影响。现在回想起来,童老师还能清晰地记得坐在那个位置上的感觉,"那是一种333的感觉"。

333的感觉,与书籍难分难解。在童老师的叙述中,333教室是同学们交换读书和购书收获的地方。童老师的一位同学,每次书店开售世界文学名著都一定早早候在门口,文化"枯木逢春"时候养成的这个习惯,多年之后才发现已经无法坚持,也不必坚持了。童老师自己,则更看重图书馆的藏书,包括圣约翰大学留下来的丰富的外文藏书。进校的时候,童老师视力相当好,因此选择坐在教室最后仍然能一览无遗。只是从三年级开始,坐在同样位置上的他,鼻梁上才多了一副眼镜。"在333教室我大概不算是'抬头率'很高的学生,"童老师说,"但我不会坐在那里无所事事。"他甚至不无得意地回忆说,在333上课的时候,他曾经一边听课做笔记,一边把一本厚厚的英文哲学文选中每一章导论译成了中文,既练了英语,也学了知识。

333的感觉,与同学情谊难分难解。77级的同学年龄通常相差很大,扩招进来的政教系四班尤其如此。童老师与睡在他上铺的班长同样属狗,年龄却小了一轮。在那个特殊的年代里,同学间的关系或许反而更近。不同年龄同学发挥各自优势,集体备考;年少同学缺课少,常常向学长提供课堂笔记;年长同学外语基础好,为年少同学耐心辅导发音和语法。童老师作为"小兄弟"甚至还会享受由学长带着看病这样的特殊照顾。采访的过程中,童老师还与我们分享了许多具有"年代特色"的趣事儿。其中最有意思的,是买防脱发药水的故事。那时候,童老师家旁边有家著名的乡镇企业,企业主营的是市场上特别流行的治脱发的药水,于是乎,把老大哥们委托购买的脱发药水交给他们,就成为经常出现在333教室的一道独特风景。谈及此事,童老师眼里满是笑意。

333的感觉,与学生活动难分难解。当时学生会的活动也经常在333进行,包括学生会主席的选举。楼志豪是77、78年代的学生会的会长,后来当选全国学联的副主席。这位学生时代就崭露头角、走出校园之后曾担任中央统战部的副部长的学生会主席,就是从333走出来的。童老师还回忆说:"333教室的墙上有我们哲学兴趣小组的墙报。墙报的内容是我们自己想的哲学命题,或者介绍一些当时著名的哲学家轶事。一方面,我们满足自己的兴趣,另一方面,我们也希望更多人知道哲学的故事,传达一些新潮的哲学观点。"由于当时的条件限制,墙报都是由学生手写手画的。对于政教系墙报的记忆,童老师印象深刻的还有第五宿舍前的那片长廊:1979年中美建交,墙报上出现了很长的文章分析;萨特的存在主义,弗洛伊德对于性的阐释,让同学们看到了一个新的世界……

童老师在言谈间满怀着对于过去生活的怀念,怀念过去的时光。因为过去的时光里有那么一群人,那些一起追梦的青年,与他共同成长。三十多年前,历史转折的力量,把几乎封闭了十年的大学校门打开。77、78级校友从千万人的角逐中脱颖而出,走出山村和农场,告别营房和车间,或者离开街道里弄工厂和代课老师岗位,从祖国的四面八方汇聚到丽娃河边,开始了坚韧不拔而又激动人心的追梦之旅。追梦的过程中少不了酸甜苦辣,但也正是这各种滋味调味了生活,让同窗间的情谊更加深厚……

师生厚爱:那些难以忘怀的老师们

"在百废待兴的年代里,自学在我们的大学生涯里具有特别重要的地位,但是老师们的行为示范、学术鼓励和生活上的帮助,都对我们的人生起到了很大的作用。"

"在 333 上课的有很多著名的老师,其中包括冯契、石啸冲这样的著名教授。除了这些老前辈,承担教学任务更多的是中年老师,他们有的还只有讲师职称,甚至助教职称,但我们在课堂上享受他们的讲课风采,在图书馆里找到他们的科研论文,往往会开玩笑说,中国的助教大概是全世界水平最高的。"回忆起这些学术前辈们,童老师宛如回到了学生时代,对于老师的敬重之情不言而喻。老师们以引路人的角色带领年轻一代的学者经历学术成长。按照老师们谦虚的说法,大学里的很多课程都是在建设中的,大学里的老师们许多都是自己没有机会攻读学位的,但这并不影响老师们传授知识给学生们。尤其重要的是,老师们的宽容和鼓励给了学生们巨大的自由成长的空间。童老师说他最早的学术文字,就是在本科期间,在老师的指导下完成和发表的。"当初坐在 333 教室里的我们,现在早已过了当年的'中青年教师'的年龄;如何为学生的成长、年轻同事的成长创造更好的环境,是我们现在应该认真考虑的问题。"童老师神色认真地说道。

童老师对于老师们的记忆精确到每一个小细节,生动形象地将一位位教学上严谨认真、生活中和蔼的老教师形象展现在我们的面前。后来曾担任校党委副书记的吴铎老师,当时是政教系常务副主任;周日放假前一天下午,吴铎老师常常来 333 教室,讲的具体内容童老师说不记得了,只记得吴老师对男同学们的叮嘱:"同学们,明天礼拜天了,大家把头发理一理,把胡子刮一刮。"吴铎老师的江苏口音和幽默语气,童老师在回忆 333 教室时,觉得犹在耳旁。

在访谈中,童老师还回忆在 333 上课的一位老师,常常会在课前就讲课内容,有时甚至是讲稿本身,征求同学们的意见,并根据同学们的意见做修改,为提高讲课质量精益求精。在生活中,他对学生十分关心。"我记得那个时候我考研究生,住在宿舍里面,复习很多门科目,他会下午散步的时候跑到我宿舍里来。他老说学习是要有松紧的,聊天就是休息的一种形式,七扯八扯,跟我扯点别的事情。他故意来打断一下学习的进度,聊一会天就走了。那时候的师生关系就是这么近。"

陶行知先生曾经这样评价老师:"要有好的学校先要有好的教师。在教师手里操着幼年人的命运,便操着民族和人类的命运。教师的职务是'千教万教,教人求真';学生的职务是'千学万学,学做真人'。"政教系的老师们践行着"为人师表,求实创造"的校训,将教师这一职业最本质的责任感身体力行。老师们用最细小的动作和轻微的话语温暖了政教人。老师"教人求真",学生"学做真人",师生互动中凝聚起的那深厚的情谊,见证着年轻学子走出师大,走向社会,走向更高的舞台。但当他们站在高处回望的时候,难以忘怀的依旧是师大的老师们用他们的专业和细心铸就的那一片充满赤诚的土地,是师大政教系那份浓浓的师生情。

春风化雨:政教 30 年孕育中国梦

"大学课堂可以是一个抽象的概念,但如果一定要有一个具体的地点作为依托,我第一个想到的就是 333,因为在 333 我只是学生,333 对我是纯粹是一个学生心目中的课堂……"

"'文革'结束初期的学术繁荣。'文革'刚结束,'百废待兴''拨乱反正'这两个词很快在许多场合频频出现。因作为'文化'的核心领域而在'文革'中遭受特别严重摧残的人文社会科学,也可以用这两个词来描述当时的景象。"童老师曾在《中西对话的现代性问题》一书中这样说道。真理标准讨论和高考制度恢复,从不同侧面把我国的哲学社会科学事业推向一个新的阶段。而那时,华师大政教系成为了一个新时期理论工作的重要地点,也是新时代下哲学社会科学工作展开的先锋地。

作为亲历这一变迁的人,童老师显得感慨万分。在去年 10 月 13 日举行的我校纪念 77、78 级校友毕业三十周年主题音乐会上,以校党委书记和 77 级校友双重身份致辞的童老师这样描绘他的同学们:"刚刚告别'生不逢时'的遗憾甚至绝望,就沉浸在'时不我待'的紧迫甚至焦虑之中;早上还在为订不到婴儿牛奶而愁眉不展,中午却可能为买到了一本世界名著、借到了一盒外语磁带而欢呼雀跃。虽然我们的一间宿舍要住下八位同学,虽然我们的教室连一台电风扇也没有,但百废待兴的国家、日新月异的世界,为我们提供了最强的学习动力；敬业而宽仁的老师、好胜而友爱的同学，为我们提供了最佳的学习条件。"童老师在接受采访时，几次提到这样一种心情："终于可以理直气壮地学习知识了！"这是一种多么特别的心情啊，终于可以理直气壮地学习知识了……"很难用一种感受来形容终于可以理直气壮地学习是一种怎样的感觉，总觉得它是人类最美好的东西。我们都强烈地感受到，我们需要做些什么来祭奠逝去的年华，来实现我们曾经不敢说出的梦想。"童老师这样说道。

童老师描绘的这种梦想，可以说是整个这一代学子都有的。时下人们热议的"中国梦"，在这一代人心中具有特别沉重的分量。去年暑假，欧美同学会等单位在北京举行题为"'中国梦'回顾与展望——纪念77、78级毕业三十周年"的论坛。参加论坛的童老师说，论坛期间几次听人说起，1949年10月1日站在天安门城楼上的人，有一半以上与欧美同学会有关。一个特定的知识群体可以与民族命运有如此大的关系，这给了童老师以很多启发。曾经在333教室学习的那群人，进入华东师大校门的所有人，可能都曾经为"天下兴亡，匹夫有责"的民族古训和"团结起来振兴中华"的时代强音而深深地激动过。在童老师看来，最重要的是始终坚守这份关切，把幸运理解为责任，把责任转化为实际行动，在自豪于从前经历的同时，谦卑地但又责无旁贷地向更高的目标奋力前行。

在采访的最后，童老师对于我们青年学生语重心长："那份理想不要丢，还有那份勤奋也不要丢。当时我们就这两个最大的特点了。"今天，时代同样赋予了我们历史的使命，我们要握住时代的手，接起棒来捧起333教室承载的梦想和希望！

09 童世骏:"业余哲学家"的回忆和思考[1]

2011年7月,刚上任为华东师范大学党委书记的童世骏写信给尤根·哈贝马斯,在为他主编的《哲学分析》约稿的同时,他顺便向这位德国哲学家通报说:"我的职务最近变了,更靠近改变世界而不是解释世界了。"此言之后,已过6年,童世骏在"改变世界"的实践家岗位上,一直在"业余地"做一点"解释世界"的哲学家工作。

童世骏说他的为学并无宏大规划,更多是凭着兴趣和机缘。从认识论到科学哲学,从政治文化到精神世界;在挪威访学邂逅了哈贝马斯的交往理性学说,因为与兴趣高度吻合进而深入研究,那种巧合仿佛不是他追着哲学,而是哲学赶着他。30多年过去了,一回头,却是由"问题"和"规则"、"理性"和"记忆"等概念完成的"连点成线",或乔布斯所说的"connecting the dots"。

童世骏的入世秉承师风。从导师冯契先生对现实问题的投入到挪威导师希尔贝克的跨学科融合,到研究对象法兰福克学派第二代掌门人哈贝马斯对社会问题的自觉关怀,他领衔的当代中国人的精神文化的系列调查,既有导师和研究对象的为学影子,更有他自己对后形而上学时代哲学实践的理解。

童世骏的学习能力很强。自小就有的强烈好奇心让他1989年就有了东芝(Toshiba)笔记本电脑,这种IT的弄潮者优势始终伴随着他,常常在几小时内,

---

[1] 本文是文汇报记者、《文汇讲堂》主编李念为《文汇讲堂》主讲嘉宾采写的"学术人生"专稿,发表于文汇网2017年8月。

回复邮件就会从他的 iPad 发出;而大学毕业就能对答如流的英语能力更让他"身在上海沟通全球";自觉向其他学科取经的积累使他视野开阔,这些也道出了他边做事边出书的秘密。

于是,记者试图走近这位"业余哲学家"的视野和内心世界。

17 岁的两次光荣

1975 年春天中学毕业,他只有 16 足岁。童世骏被分配到拥有 1 万职工的崇明国营跃进农场,虽然是让人羡慕的拿工资、有医保的"农场工人",不过所有高难度的农活一件也没落下,包括被称为"水匠"的水稻管理员工作,每回雷电风暴骤雨交加时,他就要冲出宿舍,抓紧开渠放水。

在电视台做哲学直播演讲

那年夏天,他被抽调 20 天去程家桥参加"无产阶级专政下继续革命理论"的学习,许是有了这个基础,下半年,市委写作班组织第 8 期"工人理论写作班",请来自全市各系统的工人骨干分子闭门 4 个半月学习哲学,童世骏又被推荐了。"学习的地点就在现在的社科院所在的淮海中路 622 弄。"童世骏 2004 年去社科院担任党委副书记时,时常会和国外学者谈起这段历史——学习期间,学员们的最重要任务是到位于南京路上七重天的电视台和位于北京东路 2 号的电台主讲哲学讲座。"我是第三讲,演讲题目是'共产党的哲学是斗争的哲学'。"刚过 17 岁的他便在电视台做直播演讲,无论如何是件骄傲的事情。至于演讲的题目,也被他在国际交流中用来解释中国社会的巨大变化,那时宣扬"斗争哲学",现在则建设"和谐社会"。

在毛泽东做主席时入了党

1976 年 8 月 28 日,他入党了。十多天后的 9 月 9 日,毛泽东去世。"要是农场党委坚持我必须在 9 月中旬满 18 岁时才能宣誓的话,我就无法在毛泽东担任主席时入党了。"童世骏说,口气里有些骄傲。很快,他被任命为连队副指导员,这意味着,他已向组织做出了承诺:从此扎根农场,放弃上调进城的机会。

尽管成了全连300多人的领导,童世骏那时严格地说来还只是一个teenager(少年)。一次连夜抢救被台风吹塌的猪棚,实在太困了的他,不小心让老虎钳柄刺破了右眼的角膜。后来说起这事,他总不忘记提到第二天在崇明县医院为他缝针的那位中年女医生:"那医生很冷静,手术做得很清爽。"

扎根跃进农场的契约因为高考的恢复而自动中断了,童世骏参加了1977年底的全国高考,1978年春天进入了当时还叫"上海师大"的华东师大。

冯契的认识论弟子

进华东师范大学前,童世骏并不知道冯契的大名,这座有条丽娃河的大学总是给他一些"惊喜",师从冯契这样的哲学丰碑前,进入政教系老四班是惊喜的预演。

政教系老四班的扩招生们

准确地说,老四班的学生都是扩招进来的,他们入校时,其他三个班级都上了一个月的课程。童世骏在农场已经准备重新复习改考理科时,喜讯传来,自己被录取了。但令他沮丧的是,他的前四个志愿——复旦国政系、复旦哲学系、华师大中文系、华师大历史系都没有垂青他,他被录取在华师大政教系。然而,命运女神时常是一位戏剧高手。在华师大校园毛主席像背后的地理馆333教室,爱坐在阶梯教室倒数第二排的他,在那里认识了如今在华师大的几位最优秀学者,俄苏研究专家冯绍雷、中国哲学专家杨国荣,还有思想史专家许纪霖。

那时的政教系几乎包含了全校"哲学社会科学"的所有专业,经济系、哲学系、社会学系、政治系等都是后来从中分化出来的。在大三分班时,他与同学们组建起了外国哲学兴趣小组,组员有7人。"如今只剩下1.5个人在从事哲学研究了。黄勇从美国转到香港中文大学,内地剩下的就是我这半个人了。"

那时,他们在老师的带领下编写《哲学原理发展概述》,"已有科研的雏形"。但更难忘的是,同学们相约去美琪大剧院观看萨特的话剧《肮脏的手》后一路讨论的兴奋,分享第五宿舍走廊里和333教室墙壁上的壁报上有关弗洛伊德、中美关系和自私是否可能合理的各种各样讨论。而在最应该全神贯注的某门主课上,童世骏持续的乐趣是将一本厚厚的英文版哲学文选中每章的长篇导论翻成中文,似乎是为他后来在全国较早开设《哲学概论》课做着准备。

"问题意识"的思维方式

考研时,他的目标自然认准了冯契先生。冯契只招马克思主义哲学专业和中国哲学专业,而马哲专业中是第一次招收认识论方向,事实上,这个专业由冯契先生挂名招生的也就这么一次。所以,某种程度上,童世骏和马建模(很早就去了企业工作)是冯契先生的认识论方向研究生的开门弟子和关门弟子。具体指导的多是张天飞教授,但是,冯门弟子们常有机会一起聆听冯先生的讲座,感受他的思想和治学风范。

谈到冯先生,童世骏心怀敬意。承蒙金岳霖、冯友兰、汤用彤三位哲学大家的庭训,冯契对中哲、马哲、西哲无所不精,童世骏对此一直有"虽不能至,然心向往之"的感觉。在治学特点上,童世骏尤其受冯先生的"问题意识"的影响。1957年,冯契先生出版了小册子《怎样认识世界》,毛泽东在1960年时向他身边的工作人员推荐此书,童世骏说这说明毛的哲学眼光毕竟不俗。在那本书中,有一节将"疑问"作为认识论问题之一加以讨论,童世骏的硕士论文就是《问题在认识论过程中的地位和作用》,在同时代学子中,这样的意识算是有点新意的。

回忆这点时,童世骏坦陈,不少西方哲学家如波普尔、杜威,以及伽达默尔都曾对"问题"做过深刻的研究,但那时他读的其实相当不够,尽管他还特意去上海图书馆借德语书了解东德哲学家对此的评述。直面问题这种思维方式一直伴随着日后的为学。1994年,他与赵修义教授一起撰写的《马克思恩格斯同时代的西方哲学》出版,并没有按照传统哲学家或哲学派别为中心来撰写,而是列出五大重要的哲学问题,文末的小结中将各派的观点与马恩做了比较。此书日后多次获奖,与它的"问题史"写法有不少关联。

与公众交流中扮演"诠释者"

然而,最让童世骏折服的是冯契先生把抽象玄思与社会关怀密切结合的努力和能力。他曾撰文"像冯契那样创造价值、追求理想、履行责任",高度赞扬冯契在"文革"后,从63岁到80岁,写下独立思考的200万字著作。"先生很擅长把当代政治文化所习惯的素材运用到哲学研究的问题中去,无论是孙中山还是毛泽东,他们的问题和命题,会被先生融会贯通地创造性理解,而且,先生愿意写一些小册子,比如上世纪五十年代初期的《谈谈革命的乐观主义精神》。"

这样的特点,都能在童世骏身上看到。"解释世界从来就是改造世界的重要途径。"在繁忙的行政工作之余,他会被动地接到一些约稿任务,包括为全国和上海党报撰文,以及像《文化软实力》(2008年)、《论规则》(2016年)和《当代中国的精神挑战》(2017年)这样的书册。即便是命题作文,他也会修改到编辑截稿的最后一刻。在这种被童世骏自嘲为强迫症的认真背后,不仅有他从冯契那里学到的中国哲学家的入世精神,而且有他从哈贝马斯那里得来的这个认识:在当今社会,哲学工作者与其说是颁布人生意义的精神导师,不如说是在科学和常识之间充当中介的"翻译者"或"诠释者"。

因缘际会拜希尔贝克为师

1988年,刚刚独立两年的华师大哲学系的领导们非常注重青年教师的培养。系里争取到了一个去英国、一个去挪威的交流学者名额。童世骏得到的机会是去挪威。他心中的目标是维也纳学派的成员阿恩·奈斯,当他拿着北大洪谦教授的推荐信去联系时,得到的回复是:"我已经从奥斯陆大学退休,但可以推荐你去找任何挪威哲学家。"于是他自己选择了曾与维特根斯坦有较多来往的特伦诺伊教授,这位教授的一篇题为"作为规范体系的科学方法论"的论文曾给他留下深刻印象,但童世骏到了特伦诺伊所在的卑尔根大学以后才得知,他已经去了奥斯陆大学。于是,他的学生,以研究海德格尔为博士论文、曾经担任过法兰福克学派重员马尔库塞助手的希尔贝克,就成了童世骏的访问学者指导教师。

于是,童世骏又承接了另一场学术接力。他清楚地记得,1988年9月的一天,希尔贝克兴冲冲地跑来递给他一本书:"世骏,这本书你估计会有兴趣。"童世骏翻开一看,是哈贝马斯1981年出版的《交往行动理论》的英译本上册。读着读着,这位他本来相当陌生的当代德国哲学家把他深深吸引住了,十天里,他脑海里都是书中那些非常费解但似乎又显露着重要秩序的概念,牵引出之前下过功夫的批判理性主义和美国实用主义的种种关联。一年访学结束前,童世骏凭着题为"波普尔与哈贝马斯的合理性观比较"的论文和讲演,获得读博资格。

对哈贝马斯的理论一见钟情

经过在中国和挪威之间的几年跨国学术穿梭以后,1994年上半年,他重返卑尔根大学做博士论文答辩,同时也是为了和在卑尔根大学停留一周的哈贝马斯做深度交流。童世骏从他比较熟悉的英美哲学角度去理解哈贝马斯的思想,还在论文中让哈贝马斯与李大钊、梁漱溟、冯契等中国思想家进行对话,估计是出乎这位德国哲学家的意料之外的。但童世骏感兴趣的不仅是学习哈贝马斯的思想整合能力和概念分析能力,不仅是用尽可能平白的现代汉语表达这位德国哲学家的晦涩观点,而且是要更好地理解中国现代化过程中的"体用之争""科玄之争""德赛之争"及其各种当代翻版。这是童世骏第一次和自己的研究对象、当代最有声望的西方哲学家的面对面交流。因为哈贝马斯对规则问题、现代性问题和马克思主义理论传统的研究与自己的研究兴趣高度吻合,从此,继北师大的曹卫东之后,他也成了因"研究哈贝马斯"而小有名气的中国学者。

2001年4月,72岁的哈贝马斯终于实践了中国之行。不巧的是,哈贝马斯访问中国,甚至在华东师大做报告的时候,童世骏却正在美国哥伦比亚大学做富布莱特学者。但巧合的是,哈贝马斯赴中国之前和之后都到北美参加学术会议,而这两次会议童世骏也都参加了。因此,在哈贝马斯去中国前,童世骏有机会在美国肯塔基州的列克星敦城向他介绍中国的学界情况;在哈贝马斯去中国之后,童世骏有机会在芝加哥旁的埃文斯顿向他了解他对中国学界的亲身印象。这位法兰克福学派第二代掌门人告诉童世骏,中国之行,印证了童世骏所说的后现代主义在中国的热潮。

给哈贝马斯80岁的礼物

而那一年在美国,童世骏说他自己只做了一件事——用他的东道主托马斯·博格教授的话说,是"一个中国学者在一个英语国家翻译一本德文书",这本德文书就是哈贝马斯的《在事实与规范之间》。

2003年,童世骏把这本书的中译本寄给哈贝马斯,没有得到回复。但2009年11月18日,哈贝马斯80岁生日的时候,作为特殊的生日礼物,童世骏把他应曹卫东之约写的一篇讨论哈贝马斯学术生涯的论文的英文摘要发给哈贝马斯。"几乎是5分钟后,我就收到了哈贝马斯的邮件回复……"

这篇论文的题目是"'学习'与'批判'";童世骏试图通过分析"学习"概念在哈贝马斯的"批判理论"中的重要作用,来表明他自己的这个心愿:"从我们各自的学习过程当中,尤其是从我们大家共同参与的融建设性与批判性于一体的学习过程当中,从这些过程的成就和失误当中,学到更多的东西。"

对话罗蒂、桑德尔、福山

不同国家和地区的学者之间的学术交流,就是童世骏感兴趣的这种"共同参与的融建设性与批判性于一体的学习过程"的重要形式。童世骏认为,在全球化时代,西方学者和中国学者所讨论的诸多问题和所提的诸多观点,存在着"同时代性",这种"同时代性"使得面对面的交流变得格外重要。

主办罗蒂参与的国际研讨会

2004年1月,在他的发起下,"罗蒂、美国实用主义和中国哲学"国际研讨会在华东师大举办,晚年在斯坦福大学任教的理查德·罗蒂应邀出席做主旨演讲。为了让讨论更有效率,童世骏自称"发明"了主讲者用英文做演讲、中文译文同步以PPT方式呈现的"同步翻译"方式,并且请罗蒂讲完以后就在酒店房间里仔细阅读厚厚的会议论文,尽可能做出他的回应。罗蒂果然在会议的最后一个单元对每位与会者所提出的问题一一作答,美国一家著名的出版社后来还出版了该次会议的论文集。

对桑德尔观点的质疑

与美国哈佛大学政府系讲座教授、美国人文艺术与科学学院院士迈克尔·

桑德尔的交流也是颇有意味的。"2007年，华师大哲学系曾邀请过桑德尔前来演讲，但是当时大家并没有感觉到桑德尔的分量。"童世骏回忆。2010年3月19日晚上，桑德尔受邀来到复旦大学主讲"什么是正义(What's Justice)？"时，已是全球炙手可热的哈佛《正义》公开课的超级明星了。时为上海社会科学院研究员、哲学研究所所长的童世骏应邀担任点评之一。童世骏做了5点评论，"我特意拉开观点的差异"，从优酷上长达20分钟的视频回看，此时的童教授绝对"high"，肢体语言是少有的丰富，语调少有的抑扬顿挫，让记者仿佛进入选举的演讲场。

童世骏后来在接受媒体采访时说，桑德尔热是一种文化现象而非学术现象，撇去追星热的现状，童世骏依然欣赏桑德尔，他觉得桑德尔与一些非常成功的中国老师一样告诉我们一个道理：让抽象理论与生活实际相结合，课堂就会充满生机。

与福山、泰勒、贝克、博格切磋

与斯坦福大学教授、历史终结论提出者弗朗西斯·福山，与加拿大社群主义代表查尔斯·泰勒，与德国社会学家、慕尼黑大学社会学教授乌尔里希·贝克，童世骏都有过一些交流，做过精彩的点评。作为哲学教师的童世骏最赞赏的是比他稍长几岁的托马斯·博格，他说这位罗尔斯的高足"是我见过的最好的老师，思路异常清晰，论证极为专业，与社会现实结合相当完美，讲课时对听众可以说是到了体贴入微的程度"。

童世骏也受邀在各类国际研讨会上发表中国学者的观点，包括在汉城举办的第20届世界哲学大会上做全体会议发言。由于其学术成绩，他在2011年入选挪威科学院外籍院士。

"同时代性"中的"重叠共识"

在与这些当代同行对"同时代性"问题的思考和交流中，童世骏深刻地体会到，在我们这个时代，哲学已经不再居于高高的精神导师之位，期待通过先验前提引出结果是无效的，凭借经验功夫做出归纳论证也是无果的，全世界的哲学家其实都面临相同的困境,唯有不同思想体系和文化传统之间达成的"重叠共识"还能给我们以支撑。而中国从1980年代的文化类型之争、1990年代的发展模式之争,到21世纪的国家治理、协商民主等新概念,如何从哲学层面找到更好的诠释,在这些对话中都能得到启发。

虽然自嘲为"业余哲学家",在校党委书记任上,童世骏认为从事大学管理要协调不同学科,要沟通不同主体,要处理杜威所说的"诸善的冲突",每一项都需要思辨能力和实践智慧,而规则、意义、回忆、认同等哲学概念,甚至能从中获得更丰富的资源;在将华东师大办成具有国际影响力的综合性研究型高校的事业中,哲学专业应该让他略有优势。尽管他自己说不知道这种优势是否真的有所发挥,但在最近出版的童世骏讲演录《当代中国的精神挑战》当中,最后一篇题为"Why'ECNU'?——谈谈我对大学精神的理解"的文章,却让我们看到,童世骏是在力求把他的"业余哲学家"的工作不仅仅做成一种同事们开玩笑时所说的"私活"。

但或许,他其实从来没有放弃从"业余哲学家"转回"专业哲学家"的念头?或许,重返哲学工作这个他曾称为"知其不可为而为之"的事业,重返这个不得不用暂时体系回答永恒问题的工作,就是他常说的"成事在天,成人在己"的一个含义?

10 我的职务变了,离解释世界更远,离改造世界更近了[1]

华东师范大学在校园网挂出的最新一期校报头版上,只放着两张照片,一张是比利时布鲁塞尔自由大学校长来访时的现场照,一张是古籍文献整理工程《子藏》的典籍照片。

报纸头版怎么编辑,文章怎么写,有童世骏的想法在其中。

刚开始的时候,校报编辑觉得有点"崩溃",这个党委书记管得也太细了吧。写到有他发言的新闻稿,被密密麻麻地改写;放他特写的会场照片,被拉掉;甚至,"党委书记童世骏作了重要讲话"这句话上,"重要"两字被狠狠地划掉。

他到底想干什么?

"我一直提醒自己,要在书记的职务行为与大学的内在精神之间找到结合点。"童世骏做过多年大学哲学老师,在"解释世界"的问题上,有他的特长,而在他这么解释的背后,他想表达什么?

党委要听听年轻人的困惑

205办公室的门一直关着。

"怎么还没出来?"等在对面会议室内的行政人员王蓉(化名)有点着急,她手上拿着两份文件,临时要找205办公室的主人,华东师范大学党委书记童世

---

[1] 本文刊于《新闻晨报》2014年5月25日,由星期日周刊记者顾筝撰写。

骏签字。此时是周五(5月16日)下午6点左右。

校办公室副主任赵健挺无奈:"现在是书记校长碰头会,我不好敲门进去打扰。你很着急吧,我发个短信和书记说一声。"

童世骏在做什么,赵健非常清楚。他的手机里,列着童世骏每天的日程安排:上午9:00,在闵行校区和青年教师座谈;下午1:00,在中北校区和××谈话;下午1:30,和××谈话……"差不多半小时安排一档谈话,一天排七八档谈话,是很正常的事。"赵健一边发短信,一边解释说。

过了一会,205办公室的门打开了,童世骏走了出来。他笑着为耽误了时间而向王蓉和记者道歉,然后看了下文件,在上面签上自己的名字。王蓉是前几个月刚进华师大的工作人员,童世骏和她寒暄了两句,然后转头对记者说:"你看到我的工作状态了?很没有效率吧。"

在办公室内进行一档又一档的谈话,是他一项重要的工作。学校办公室的同事试着简单解释一个大学党委书记的工作:"中国的大学是党委领导下的校长负责制,党委书记承担很大职责,学校方方面面的事都要管,都要关心。"

他关心什么呢?

在华师大,童世骏这个党委书记的手机号码不是什么秘密。在人数不少的教师座谈会后,他会留下自己的电话和电邮。这可能沿袭自他做哲学老师时的习惯。第一堂概论课结束时,在黑板上写下自己的联系方式,让学生在有问题的时候联系自己,是很多愿意和学生交流的大学老师惯用的方法。

青年教师会通过这个渠道,直接向"一把手"发去邮件,述说自己的困惑。

星期日周刊记者(以下简称"星期日"):在青年教师给你的信中,你看到了什么样的困惑?

童世骏:有的会说自己在院系或团队中受到了委屈,自己的成长机会没有得到公平对待;有的会说自己从国外学习回来,有些好的想法找不到人倾诉。

星期日:看到这些,你的感受是什么?

童世骏:我觉得蛮荣幸,他们愿意和我谈这些,我也把这种谈话作为我学习的机会。不同专业的老师和我说,那我就可以了解很多不同的东西。

星期日:你会回信吗?还是转给办公室或者相关部门?

童世骏:他们给我写信我一定回,但是我并不会因为他找我个人谈了,而给予他特别的关照。我会把他所反映的问题和有关部门谈,有关部门可能会因为我提了而更为重视,这是有可能的,但不是说因为和我谈了而去违反规则。

星期日:所以,你这个党委书记是鼓励青年老师和你沟通,表达自己的想法和困惑?

童世骏:尊重人很重要,他们有困难,我就真的去想想办法,或请相关同事予以关心。尊重表现在愿意去倾听,用心去理解,理解他们的困惑,考虑他们的成长,能提供帮助的地方尽量提供帮助,不是用施舍的态度,而是尽自己的义务。我们也是这样年轻过来的,我们的长辈当时给了我们很大的帮助,我们现在也要发自内心地去帮助和关心同事,尤其是年轻同事。

童世骏的学生时期,青年教师时期,都是在华师大度过的。

1977年,分配在崇明国营跃进农场的农场工人童世骏参加了全国高考,等到发放录取通知书的时候,他左等右等,一直没有收到。他以为自己落榜了。就在他在农场准备重新复习,改考理科时,录取通知书却来了,华师大政教系录取了他。

政教系的课大多被安排在华师大校园毛主席像背后的地理馆333教室内,在这间阶梯教室中,童世骏遇到了很多好老师。"在333上课的有很多著名的老师,其中包括冯契这样的著名教授。除了这些老前辈,承担教学任务更多的是中年老师,他们有的还只有讲师职称,甚至助教职称,但我们在课堂上享受他们的讲课风采,在图书馆里找到他们的科研论文,往往会开玩笑说,中国的助教大概是全世界水平最高的。"

星期日:你说在自己年轻的时候,也得到了长辈很多帮助,那是怎么样的帮助?

童世骏:在经历了"文化大革命",荒废掉很多时间后,我们的老师重新走上讲台,他们对于教学非常有热情,有一些课,他们自己都是边学边教,自己出教材。他们发自内心地希望自己的学生超过他们,他们看到学生优秀的地方,一定会让他发挥出来。我们那个时候得到的鼓励对我们的成长很有利,给了我们很大的空间。我记得有位老师在上课之前把自己的讲稿给我看,向我征求意见;也有老师写书的时候让我们一起参与,在书上署上我们的名字;我大学里在期刊上发表的第一篇文章就是和一位老师合作的……他们很有气度,甘当人梯。看到学生中好学、有潜力的人就会给予机会,给予鼓励。

星期日:在那样的氛围下,你的感受是什么?

童世骏:那给了我很大的信心。记得我刚留校不久,一位前辈老师对我说,你的认识论讲得不错,能不能印出来给大家参考?那是多大的鼓励啊。我到现在还留着这份题为"认识论讲稿"的油印资料呢。

星期日:在你留校做青年教师的时候,你有困惑吗?

童世骏:我还蛮幸运的,困惑不多。1984年,我刚留校做老师的时候,一位前辈老师坦率地对我说:"你做科研我一点都不担心,但是否能站得住讲堂,我有点担心。"所以我蛮用功的,课堂上所要讲的内容,我都写下来,但是真正在课堂上讲,我是不看讲稿的。什么样的老师是好老师,我做学生的时候有自己的视角,是不是照本宣科的,是不是本身对知识没多少热情的?我就按自己喜欢的老师的样子去做。这样的用功确实也得到了学生的肯定,1987年,我在当时学校两年一度的优秀教学奖评选中获得一等奖。另外在职称方面,我的副教授、教授都是通过"打擂台"的方式得来的,破格评上的。

星期日:什么是打擂台?

童世骏:比如说学校里有5个正教授的名额,50个不同系的老师向学术委员会汇报工作,由学术委员会打分来评定是否要给你这个职称。我去打擂台,并不是我觉得自己有多优秀,主动去打,而是我的前辈、领导来鼓励我,建议我到学校去争这个机会,当然争得一个不占系里名额的职称指标,对系里也有利。

星期日:我们也可以很坦率地说,你所经历的大学氛围,在今天是有缺损的。作为一个在高教领域的管理者,你觉得,这个变化是怎么发生的?

童世骏:原因有多方面,最大的原因是发展太快,准备不足,出现了不少目的和手段本末倒置、短期任务遮蔽长期目标的情况,再加上在改革开放的大背景下,在不同行业和领域争夺优秀人才的竞争中,高校的优势不像以前那么突出。但我认为这个局面会因为我们离开普遍贫困越来越远、人们对综合国力和体面人生的认识越来越全面而改变。

星期日:除了电邮的渠道,作为一个党委书记,你是否还有一些制度建设,让年轻人的想法、困惑、活力可以得到比较畅通的表达?

童世骏:我们有校领导联系院系制度、接待信访制度、听课制度,等等。还经常举行校领导与青年教职工的恳谈会,或者就某个问题邀请青年教师进行专题研讨,还有定期组织的青年骨干培训等,书记和校长都会参加这些活动,经常会为发现某些以前不那么熟悉的青年才俊而兴奋不已。

我是"无证上岗"的

党委书记是做什么的,童世骏一开始也不是很清楚,他说:"我是'无证上岗'的。"

"2011年,来华师大上任前,我内心有点忐忑,这是我第一次主持党委工作。不过幸好有之前在上海社科院做党委副书记的经验,我了解了党委会是怎么召开的,如何确定议题,如何归纳讨论,如何进行表决,总算是有一点点上岗经验。不过,做述职报告的时候我发现自己没做什么事,因为具体的一件件事情都是某个部门,某些同事,某位分管领导完成的,我总不能说我主持了几次校党委常委会吧。"

这些话,"半真半假"。真的是,和此前从事学术工作相比,行政工作容易有种"忙忙碌碌却什么也没有做"的感觉。而"假"的是,"无证上岗"的童世骏对于自己在这个职位上要做什么,内心其实很清楚,或者说,他对自己是有期待的。

每天络绎不绝的谈话,是童世骏在执行党委书记的另外一项重要工作:人事安排。

星期日:人事可是一个高难度的敏感工作,你选人、用人的标准是什么?

童世骏:我首先当然会看这个岗位需要什么样的专业能力,这个人适合不适合。

星期日:比如说,一个学院院长,需要什么专业能力?什么样的人合适?

童世骏:院长(或实体系的系主任)要对一个学科的发展负责,对一个较大群体的师生的成长负责,所以最好是专业上拔尖的,同时又必须是认同学校发展目标的,具有为同事服务的意愿,并具有基本的管理经验和管理能力。对于一些较年轻的干部来说,管理经验和管理能力往往是要在岗位上积累和培养的,所以对年轻干部来说,最重要的是在具备基本的素质的同时,要有协商共事的意愿和能力,要有不断学习、自我提高的意愿和能力。

星期日:当任命出现分歧时,怎么办?投票表决?还是党委书记有决定权?

童世骏:我们所说的办学的政治优势之一,就是重视在基本原则前提下的沟通和协商。任命干部的程序很复杂,其核心是充分听取相关方面的意见,在表决之前就已经把分歧澄清了、消除了。投票表决是表达沟通和协商结果的一种方式;在投票时党委书记只有一票,但在沟通协商时要发挥很重要的作用。

星期日:你每天有那么多谈话,任命之前,会和当事人谈话吗?

童世骏:会。在工作的过程中,我会尽量让大家知道我的工作要求是什么,我是不苟且的,该努力就要努力。如果你该做的努力没有做,那是可以批评的。但是每个人都会受能力的局限,工作不够好有时就是能力问题,能力是没有办法苛求的,不能因为能力差而责怪别人。我们自己也不是全能的,也有很多弱点。但能力并不是一成不变的,在很大程度上是可以通过努力来改进的。但话说回来,时间长了,经过努力了,还是不行,那这个时候就不是有关同事的问题,而是组织部门的问题了。

星期日:组织部门出了什么问题?

童世骏:在用人上,要坚持德才兼备,以德为先,但这并不意味着把选干部等同于选劳模、评先进。特别是在一些专业要求高的岗位上,尤其要强调好人加能人,甚至是"只需达到道德底线的好人"加上"尽量接近顶端的能人"。这并不是忽视德的重要性,而恰恰是重视德的重要性。

星期日:我应该怎么理解这句话?

童世骏:因为,在专业要求高的岗位上,如果才不够,是很容易影响德的。才不够,做的事总是不够好,出的主意总是被否定,就很难维护自己的尊严和基本利益,那么就很有可能通过付出某种道德代价去加以弥补。出现了问题之后,这些人固然要负责任,但把这些人放到这个位置上的人也要负责任。

星期日:在你的人事任命上,有这样的问题出现了吗?

童世骏:有时候,我会想,我们自己大概也是被放错了位置的人,我们自己能力也不够。有时学校要申报一个项目,或者要做成某件事情,我们自认为尽了最大的努力,但最后还是未能如愿,我有时就会认为这不仅是努力问题,而更多的是能力问题,也会宽慰自己,我们大概是被放错了位置呢。

星期日:实现一个目标,尤其是像申报一个项目这样的事情,可能有时还不仅仅是能力问题,会不会和一些环境问题也有关系,你会懊恼于此吗?

童世骏:当然会懊恼,甚至会愤怒。但最重要的,是利用每一次这样的机会来反省自己的不足。再怎么说环境不公平,还是有自己弱的地方,如果真正做强了,总会得到承认;环境的约束再大,也总有靠自己的努力和能力能做得更好的空间。

大部分时间,童世骏是个温和的党委书记。他常常微笑,倾听,以商量的语气和他人讨论问题,鼓励对方无保留地说出自己的观点。走在校园路上或在会场上,他最开心的是能与老同事们直呼其名打个招呼,开句玩笑,谈谈共同关心的教学科研问题。

"做领导之后我变得更为谦卑,我去要求人家办事,我不好发脾气,对每一位同事都必须客客气气。我以前做老师、做教授的时候,也是不错的,我是可以摆架子,和领导发脾气的,但现在不可以,现在更多的时候我要去理解和欣赏我大大小小的'伙伴们',尤其是学科带头人们。"

他从自己的经历中体验到,管理的一个秘密,就是除了把事情做好,还要把人关心好,不仅要用人家,还要让他有成长的空间。

不过有时候,童世骏的尖锐和严厉会有点让人难以接受。有一次,几位老师找童世骏汇报工作,听了报告后童世骏指出:"你刚才所用的概念其实是个逻辑矛盾,在这个概念前提下的方案因此可能是不能成立的。"他的哲学训练让他在指出问题的时候一针见血。

"一件事做得认不认真,我会很苛刻,有时难免会让我的同事们感到沮丧。我自己也会想,我是不是太严厉了,但我想让大家知道的是,我对工作的要求是怎么样的。"

2011年中,正式任职书还未下达,但都在风传童世骏将要去担任华师大的党委书记。有相熟的人向他确认此事,他笑着说:"你听说了?我也听说了这事哎。"

"那个时候大概在走程序,我还没被正式通知,等到我被找去做任前谈话时,这事才算是确定了下来。"

正式任职前,童世骏在挪威进行学术访问。挪威对他来说是一个特殊的地方。1988年,他作为哲学系的青年教师获得了去挪威卑尔根大学交流的机会,后来还在这里攻读在职博士学位,并于1994年获得博士学位。2011年到卑尔根来为一个国际暑期班讲课,他是故土重游,并利用空闲时间去爬山。

爬到山顶的时候,他找了张椅子坐下,打开随身携带的电脑,开始撰写一篇工作手记:《2011年7月1日星期五上午,卑尔根山顶上思考华东师大工作》。

"电脑里我已经预先存放了一些资料,其中有华师大的历史和现状;几次党代会的报告,我的前任张书记所做的报告等等。我想从一个党委书记的角度来思考一下,找找感觉。"

在所有资料中,童世骏着重阅读了华师大老校长孟宪承的大学教育思想。

孟宪承,著名教育家,就读于圣约翰大学,1918年留学美国,入华盛顿大学专攻教育学,后又赴英国伦敦大学研究生院深造。回国后,在多所知名高校任教,后专任华东师范大学校长。他对文、史、哲等学科具有很深的造诣,通晓英语、法语,晚年还刻苦学习俄语。

"大学是最高的学府……在人类运用他的智慧于真善美的探求上,在以这探求所获来谋文化和社会的向上发展上,它代表了人们最高的努力了。大学的理想,实在就含孕着人们关于文化和社会的最高的理想。"1930年代,孟宪承如此写道。

从挪威回来,童世骏在为他主编的期刊《哲学分析》向德国哲学家哈贝马斯约稿时写道:"顺便说一句,我的职务变了,离解释世界更远,离改造世界更近了。"

星期日:"离解释世界更远,离改造世界更近",用这句话来解释你要去当党委书记,是什么意思?

童世骏:马克思在《关于费尔巴哈的提纲》中说过这样的话,这也是刻在他墓志铭上的:"哲学家们只是用不同的方式解释世界,而问题在于改变世界。"哈贝马斯是搞哲学的,我这样引用,他就知道我的意思。

星期日:在你看来,党委书记是改造世界的工作?

童世骏:我大部分的时间都在做和哲学相关的工作,以前是哲学老师,做哲学研究,这更多的是解释世界。在现代大学的形成过程中,一直有哲学家热衷于讨论"大学"这个"理念"。当我在大学从事管理工作后,就能把之前的理论用于实践,这是很幸运的事。大学是培养人的地方,华东师大更特殊,是"培养培养人的人的地方",这句话说来有点拗口,简单来说就是,华师大培养的学生,很多出去是要成为老师的,要为人师表。这是根本上的改造世界啊。

星期日:你虽然是服务于一所大学做党委书记,但你的服务几乎和我们每个人都有关系,华师大的学生毕业出来,可能就会成为我们孩子的老师,我们的孩子会得到怎么样的教育,如何成长,和这些老师会有很大的关系。而这些老师是怎么成长的,和你也有一定关系。

童世骏:之前和青年教师座谈,有老师提出过一个问题:现在的社会环境那么糟糕,我们大学教育能行吗?这话有其一定道理,要就业,要争取社会资源,都有一定无奈之处。但是从另一个方面来看,那么多贪官污吏,谁不是从大学毕业的?所以我们也可以这么问:大学教育这样,我们的社会环境能好吗?

星期日:好问题。

童世骏:这两方面都有道理,但你在大学从事教育,从事管理,最能掌控的是你自己的行为。你不能对环境的要求高于对你自己的要求,环境的要求你可以提,但是最能造成实际效果的是你对自己的要求。在我们自己手里把大学搞好了,那么社会也会变好,而社会变好了,大学教育会更好。人和环境就是一个这样相互作用的关系,要靠我们的努力来走出恶性循环。

星期日:走出恶性循环,这是很好的目标。当你有时候变得严厉、尖锐,是期待每个个体可以在自己层面做得更好些?

童世骏:是的。大学教育怎么样会出问题?校风、学风不行。如果我们管理人员对老师学生不尊重、冷漠、疏于职守,学生就经过了四年很糟糕的成长,可能比他进来的时候更糟糕,毕业出去之后他就会成为很糟糕的职员、基层干部、专业人员……这就是很糟糕的局面。但每个人,是可以从个人能掌控的部分做起,突破一些恶性循环的。做普通教师的时候,学风不好,那就通过自己的教学来影响。现在做管理工作了,就把我珍视的那些价值体现在我的岗位工作上,不要造成那些糟糕的局面。

11 哲学人的理想世界：成事在天，成人在己[1]

> **题记**：把必须做的事情变成想做的事情，享受人生之旅的每一个阶段，用你自己的努力追逐属于你自己的未来。成事在天，成人在己。
>
> ——童世骏

阴云密布，淫雨霏霏，梅雨季节氤氲着潮湿的气息久久不能散去。这种天气总会让人背负很多负能量，但是哲学人总是如一阵清风一样传递给人正能量。顶着风雨，童老师在完成了学校的一项活动之后匆匆赶到了约定好的地点，接受我们的采访。他的笑容和亲切让我们的忐忑褪去，如同久违的朋友一样，他向我们讲述那段属于他的哲学记忆。

随缘的相遇　遂愿的相随

77级的他是在扩招时拿到录取通知书的，但却不是他心心念念的国际政治和中文系，而是当时还称为"上海师范大学"的华东师范大学的政教系。令他没有想到的是，这样的意外竟造就了他这一生的"挚爱"。回顾那次"命中注定"的偶遇，他感叹道：正是进入师大政教系才让他遇到了冯契先生、张天飞教授等著名的老师，也写下了他和哲学的故事。

---

[1] 本文由温演医撰稿，收于《智慧的回望——纪念冯契先生百年诞辰访谈录》，杨海燕、方金奇编，广西师范大学出版社，2015年。

17岁就入党的他已经拥有了在电台和电视台讲授哲学的经验,这样的经历无论在当时还是在现在看来都是一种奇妙的际遇。回想起来,这些或许也是他日后将哲学作为毕生致力的专业的冥冥之中的牵系和指引吧!

　　谈及在华师大政教系的学习,童老师又将记忆拉回了那段属于他的象牙塔时光。"当时政教系的几个班级都是一起在地理馆333教室上课的,我也和现在的很多大学生一样喜欢坐在教室后面。"倒数第二排的那个可以看到整个教室情景的专属位置还深深地烙刻在他的记忆中。同样历久弥新的还有他曾一边听课一边做笔记,同时还把一本厚厚的英文哲学文选中的每一章导论都译成了中文,英语水平和哲学知识的双重提升的满足感是无可比拟的。尤其是当他到了挪威卑尔根大学之初被导师夸奖他的英文水平好,并询问他:"你的英文是在哪里学的?"童老师说,这是他最为得意的时刻之一。

　　"文革"时期特殊的时代背景让他丧失了很多机会,但也给予他很多特殊的记忆。在"文革"后进入大学以后,童老师作为班级里面年纪最小的同学之一,享受了不同年纪、不同阅历的人聚集在一起学习交流的独特乐趣。他们集体备考,共享课堂笔记,共同织就哲学兴趣小组独特的墙报,那些关于哲学的故事,四面八方的人带着梦想和希望,告别农场和营房,从现实中找寻他们的理想,再将理想变成现实!

难见的冯先生,难舍的冯老师

　　和大多数同学一样,童老师在正式进入师大之前对冯契先生也不是很了解。用他自己的话来讲,"是在日常的学习和兴趣的延伸之中逐渐开始认识并了解冯契先生的"。冯契先生是童老师硕士研究生期间的导师,被问及学生和导师之间的交往时,童老师笑言"现在回想起来那时正是冯契先生学术创作的紧张时期,所以平时指导更多的是张天飞教授。我们过一段时间会在张老师的带领下去拜见冯契先生",而除此以外,如他和学长们调侃的,"我们只看得到穆罕默德,看不到真主"。虽说在硕士论文撰写阶段,童老师和他的同学马建模直接向冯契先生求教的机会不算太少,但求学期间的童老师与冯契先生的接触,很大程度上是通过阅读冯契先生讲稿整理出来的油印本,以及聆听冯先生的讲座。"他的讲座每次都能给我们一种豁然开朗、醍醐灌顶的感觉。"冯契先生是那种问题意识特别强的人,而且他的问题往往都是一些大问题:古今中西之争、尊德性和道问学的关系、辩证法与诡辩论的区别,等等。"他会有一些相当宏观但又非常清晰的思路,摆出问题,在自己的框架中融合中国哲学和西方哲学的观点。"在这过程之中,冯契先生的人格魅力和学术造诣给童老师留下了深刻印象。

"虽然外面很多人将冯契先生看作是中国哲学史的研究专家,他在'文革'后的最早公开发表的著作中最具有影响力的是《中国古代哲学的逻辑发展》,但实际上我们系里的老师都知道冯契先生感兴趣的是做一个哲学家而非一个哲学史家。"作为哲学家的冯契先生秉承着他的严谨治学理念,很长一段时间都坚持只设中国哲学一个博士点,他要将他有限的精力集中在一件事上,精益求精。对于冯先生的坚持,童老师有着学生对于导师的崇拜,但是华东师大哲学学科只设了中国哲学博士点,这一点却让对哲学理论更感兴趣的童老师的博士的求学之路,不像其他同学一样顺遂。

从前追随大师,现在服务师大

被问及"留在华师大任教有过矛盾与纠结吗"时,童书记自豪地回应说:"当然没有,我们那个时候被留校当老师都感到蛮荣幸的。"当年的青涩早已褪去,不知不觉,童老师已经在华东师范大学度过了三十七载,他在这里告别了青春,走向了属于他的成长。

从当年的哲学系老师到现在的华师大党委书记,身份的转变让他愈发地忙碌。每天排满的行程,奔波的身影,让他丢失了安静地治学的环境,他甚至自嘲道:"我现在只是业余哲学家。"但是即便面对如此繁忙的日程,童老师还是会抓住空隙读书和写文章。他的好多文章都是在搭乘飞机的途中,在平流层上创作出来的。"我的思想是有高度的。"童老师幽默地笑着和我说。

当你打开网页,输入"童世骏"三个字时,会被他的各种采访和演讲信息震惊。不论是作为教师的他或是现为书记的他,都在用他的"童氏哲学"演绎着人生的精彩。作为一名教师,他用他认识世界和认识自己的收获带领同学们走进哲学的世界;作为一位书记,他以"解释世界"的哲学人气质做着"改造世界"的管理者工作。"离解释世界更远,离改造世界更近了。"在童老师看来,这样的转变是好的。可以将他之前在农场那片广阔天地中找寻到的理想转化成现实,完成一个哲学人的追梦路。"我大部分的时间都在做和哲学相关的工作,以前是哲学老师,做哲学研究,这更多的是解释世界。在现代大学的形成过程之中,一直有哲学家热衷于讨论'大学'这个'理念'。当我在大学从事管理工作后,就能把之前的理论用于实践,这是很幸运的事。大学是培养人的地方,华东师大更特殊,是'培养培养人的人的地方',这句话说来有点拗口,简单来说就是,华师大培养出来的学生,很多出去是要成为老师的,要为人师表,他们又会去影响和改造下一代,这是根本上的改造世界啊。"

哲学对于童老师来讲,是一生的事业,也是挚爱的东西。华师大哲学系给予他的不仅是知识,还有梦想。说到对现在的哲学学子有什么寄语时,童老师也从他大学管理者的身份上道出了心声:"学习上的提升要靠双方的努力,不仅是老师,还有同学本身。要把必须做的事情变成喜欢做的事情。做成哪些事情你未必都能做主,但成就何种人格你要充满自信。常言道'谋事在人,成事在天',我想补充的是:成事在天,成人在己。"

其实,采访童书记之前心中充满了不安和忐忑,不知道该用什么样的口吻和书记展开对话,但是童老师亲切的笑容,以及让我们称他为"童老师"的话语打消了我的顾虑。在他的世界里,我嗅到了理想的痕迹,我看到了希望的脚步。或许这正是在大大的绝望充斥着的小小的世界里,哲学人带来的感动与温暖。

12 感谢让我回到母校学习一门新专业、研究一门新课题
——被任命为华东师大党委书记时的任职感言

各位领导、各位老师、各位同事：

感谢教育部、市委和市教卫党委领导的信任，感谢母校老师们同事们的厚爱。我2004年7月调离学校，2011年7月重回学校，在华东师大当了二十六年的学生和学者，现在以新的身份回到母校，看样子非但学生早就当不了，就连学者也终于做不成了。但在某种意义上仍然需要学者甚至学生的态度：把华师大党委书记这份工作当作一门新专业来学习，当作一个新课题来研究。

在我离开华东师大的这七年当中，学校在改善办学条件、提高办学层次、深化国际合作、加强学科建设和队伍建设等方面，都取得了许多里程碑式的进步。这是教育部和上海市委市政府领导关心支持的结果，是全校老师们同学们共同努力的结果，也是张书记、俞校长和他们领导下的校党委、校行政、各个职能部门和全校各级干部百折不挠、艰辛开拓的结果。在这样的时候来到华东师大工作，我感到非常幸运。

今年是华东师大的六十周年校庆。1951年和1952年，学校在十多所大学的全部或部分系科的基础上创建而成；从那以后，又有一些高校或其中的系科加盟师大。因此，多样性和包容性从一开始就是华东师大的鲜明特征。最近几年来，大量优秀学者和优秀干部从外校、外地甚至外国来到师大校园，极大地充实和加强了学校的教师队伍和干部队伍。与这样一批同事们共事，我感到非常

自豪。

师大六十年校庆与建党九十周年和辛亥一百周年恰好同处一年。进入近代以来,"教育救国"一直是我国许多先进人士的美好愿望。历史证明,实现民族解放、走向民族复兴的关键,是中国共产党领导的人民革命和改革开放。但党中央、国务院提出"科教兴国"战略,与"教育救国"愿望是一脉相承的;华东师大目前的建设世界知名的高水平研究型大学的努力,是在新历史条件下对孟宪承老校长的"智慧的创获、品性的陶镕、民族和社会的发展"之理念的实践。有机会亲身参与这个实践,我感到非常荣幸。

在建党九十周年的纪念大会上,胡锦涛同志做了重要讲话,对我们做好党的工作提出了新的要求。在华东师大实现党的领导,就是使党所领导的中国社会发展进步,一方面体现于学校的教学科研的方向、水平,另一方面从学校的教学科研工作那里获得智力支持。办好中国特色社会主义大学,推进高等教育事业的科学发展,对中国社会发展进步具有不可替代而日渐增长的重要意义,在这项事业中担任角色,我感到责任重大。

担任高校的领导工作,尤其是担任高校党委的工作,对我的工作能力是一个全新挑战,为不辜负组织上的信任和同志们的厚爱,我一定竭尽全力,勤奋工作。在这里向领导和同志们做以下承诺。

第一是认真学习,学习党和国家关于高等教育和教师教育的法律法规和方针政策,学习高校管理和高校党务的专门知识和工作规律,尤其是向在教学第一线传道授业、在各个学科中创造知识的同志们学习,向在管理和服务岗位上任劳任怨、默默奉献的同志们学习,向在党务工作和思政教育岗位上辛勤工作的同志们学习,向所有为学校赢得荣誉、赢得敬意的同志们学习。

第二是努力探索,探索如何在学校的新一轮发展中更好地发挥党组织的思想保证、政治保证和组织保证作用,探索如何通过继续加强学校党组织的思想建设、组织建设、作风建设、制度建设和反腐倡廉建设,使我们的学生得到尽可能优质的教育,使我们的老师创造尽可能精致的成果,使我们的学校更好地应对高等教育自身面临的大众化、市场化和国际化的挑战,更好地履行著名大学对全社会的文化传承、智力推引和精神辐射的职能。

第三是严格自律,遵守《高等教育法》《中国共产党普通高等学校基层组织工作条例》等有关规定,执行党委领导下的校长负责制的具体要求,恪守每个党员和党员干部都必须遵守的行为准则和工作规范,用"求实创造,为人师表"衡量自己的言行,以实际行动与学校班子成员一起克服精神懈怠的危险、能力不足的危险、脱离群众的危险和消极腐败的危险。

今天是本学期最后一天,离六十年校庆恰好还有整整百日。我谨祝愿老师们同事们假期里尽可能休息身体、调养精神,准备以更加旺盛的精力投身新学期工作,包括做好校庆活动。相当一部分同志假期里还要放弃休息,为师生服务,为校庆忙碌,有的还要被我的调研工作打搅,在这里向这些同志表示敬意和歉意,但我保证,会尽力把这种打搅降到最低水平。

2011 年 7 月 8 日于科学会堂

13 为几万师生服务是我的特殊荣幸！
——宣布免去华东师大党委书记职务时的离职感言

刚才吕杰同志宣读了教育部党组的任免决定，田部长代表部党组做了重要讲话。我完全拥护部党组的决定，衷心感谢部党组对我校党的建设、领导班子建设和整个事业的可持续发展的支持和指导，也衷心感谢部领导对学校工作的肯定，尤其是对我个人的鼓励和厚爱。

我在2011年7月8日被宣布任命为华东师大党委书记；在任命大会上我说，我要把华东师大党委书记这份工作当作一门新专业来学习，当作一个新课题来研究。今天对我来说或许可算是专业学习的正式结业、课题研究的正式结项。我不知道自己的成绩能得几分，但我知道，哪怕我因为"特岗研习"成绩太差而必须留级，今天我的课堂座位也是一定要让给新同学的。

这位"新同学"其实是华东师大的"老兵"，1985年进校学习以后，梅兵同志就一直在学校工作，除了以访问学者身份在国外工作一年半、以高校领导干部身份在中央党校学习一年之外，大部分时间在学校院系和机关从事教学科研和管理工作，其中八年在生物系，九年在脑功能基因组学教育部重点实验室。梅兵同志党性强、干劲足，对学校有感情，对事业有担当，是一位非常合适的校党委书记人选。在过去几年中，我跟有关同事谈话，做思想工作，往往是最后我说了"具体问题梅校长会跟你商量"，这场谈话才算真正结束。这次党委书记新老更替正好发生在"不忘初心、牢记使命"主题教育活动接近尾声的阶段，我在与梅兵同志进行民主生活会前的谈心谈话时，讲了学校存在的不少问题，然后我跟她说,以前往往是我提出问题,你解决问题;从现在开始,你也要善于提出问题了,但我希望,你善于解决问题的特点能继续保持。

校领导班子的专题民主生活会在前天举行了;对我来说,这次民主生活会就像是我在华东师大担任校党委书记将近八年半工作的毕业答辩或结项答辩。我在会上对自己的工作做了全面反省,并希望在我卸任以后,接替我的同志,能和钱校长以及班子其他同志一起,把因为我的因素而出现于校领导班子的工作内容和工作方式中的问题,尽可能都给解决了。

当然,正像田部长刚才用鼓励方式所介绍的那样,过去八年多时间里,我和我的同事们一起还是做了一些工作,取得了一些成绩的。但用我们这三个月来重温的初心和进一步承诺的使命来衡量,用过去八年多我们在两次党代会、两次五年发展规划以及其他各种规划如综合改革规划、双一流建设规划等确定的目标来比较,在许多方面我们不但是有差距的,而且是差距不小的。目标导向必须与问题导向相结合才能真正起作用,所以在过去的八年多时间里,我们不仅讨论制定了不少工作目标,而且接受了许多巡视和检查,进行了不少学习教育活动,无论是已经经历的"创先争优活动"、"群众路线教育实践活动"、"三严三实"专题教育、"两学一做"学习教育,还是即将完成的"不忘初心、牢记使命"主题教育,都是为了更加有效地坚持党对高校的全面领导,在习近平新时代中国特色社会主义思想指导下,更加步履坚实、方向明确地扎根中国大地办世界一流大学。

说实在的,在华东师大这所新中国创建的第一所社会主义师范大学做党委工作,在美丽的丽娃河边、樱桃河边为几万师生服务,是我至今仍感到有点不可思议的特殊荣幸。今天早上我哥哥提醒我,今天是我在崇明农场参加 77 级高考 42 周年。也就是说,42 年前的今天,我开始了向华东师大的进军;42 年后的今天,我启动了从师大校园的撤退。

这校园实在是一个奇妙的地方。在这里,一年四季,不仅外校来的客人,而且自己学校的师生,往往走着走着就会拍几张照片晒到网上去,for no reasons(却并无明显理由)。

对华师大学子来说,爱这所学校是不需要理由的,相反,不爱这所学校是需要理由的。我深知自己作为校党委书记的最重要责任,是尽可能不让师生校友们有理由不爱这所学校。当然,我今天也想对师生校友们说:万一你们有那么一点点不爱这所学校,我希望其理由仅仅与我的工作有关;我希望从今天开始,你们会继续无保留地"爱在师大",会愿意(如这几天一首网红歌曲所唱的那样)"把金沙江路走一遍"——不仅走一遍,而且走好多遍;会不仅愿意经常来丽娃河边泡泡书吧,而且向往每年去樱桃河畔跑跑半马。

感谢学校各级党组织、各职能部门和各学部院系的同志们、同事们和同学们,感谢你们为把学校办得"更实、更优、更强"[1] 做出的每一份努力,感谢你们"为实现学校在新时代的新使命"而尽心尽力地"立德树人、攀高行远"[2];过去八年中你们为学校赢得的每个荣誉,你们在工作中排解的每个难题,你们为学校改革稳定发展做出的每个努力,我都觉得是对党委工作的宝贵支持,是对我个人的热情鼓励。

感谢校党政班子的全体同志们,感谢你们的配合和支持,感谢你们的优秀和勤奋,也感谢你们有时会带着坏笑的理解和宽容。

感谢我的搭档俞立中校长、陈群校长和钱旭红校长,感谢他们的长者风范、君子品格和战友情义;能与这样三位师兄弟般的同事并肩工作,实在是一种难得的荣幸。

我也想借这个机会感谢离退休老同志们,你们让我更好地理解了我校的《文脉》和《师魂》,也让我相信,因为我们的"智慧的创获、品性的陶镕、民族和社会的发展"的"文脉",是有"求实创造,为人师表"的"师魂"贯穿其中的,所以,我们在处理好教学与科研、育人与育才、求知与致用、个人与集体、指标与目标等重要关系的时候,是拥有令人自豪的宝贵的本土资源的。

我也想借这个机会感谢关心支持华东师大的各界人士,感谢远在天涯却常常通过网络直播和微信交流,第一时间与母校分享快乐、分担焦虑的全球校

---

[1] 2012 年 12 月 26 日开幕的中共华东师大第十二次代表大会的党委报告的题目是"更实更优更强:学校在新起点上的使命与挑战"。
[2] 2018 年 3 月 28 日开幕的中共华东师大第十三次代表大会的党委报告的题目是"立德树人 攀高行远 为实现学校在新时代的新使命而努力奋斗"。

友们。

这几天有不少同事和校友问我在这八年多"特岗研习"结束以后会做什么,我在这里说一下我的心愿:尽快全面恢复学术状态,力争做一个合格的教学科研人员。

最后,再一次向领导和同志们表示衷心感谢,向在座的老师们和同学们表示美好祝愿,祝大家个人和家庭都幸福,工作和学习都成功,祝梅兵同志不仅工作顺利而且工作快乐,祝学校在梅书记和钱校长带领下不断前行,捷报频传。

谢谢大家!

2019 年 12 月 11 日

附录

Ideas of University in China: A Critical Review [1]

In last decades Chinese universities have been developing tremendously in material, technical and professional terms. During this period there has been another change that is perhaps more important, though less prominent, one I would like to call a "cultural turn" of Chinese universities, which is expressed most clearly in the fact that many people, especially university leaders, are talking about the idea of the university in general and the ideas guiding particular universities. In this chapter I try to describe this phenomenon and explain its backgrounds and implications.

1. Scholar, Space and Spirit: Growing Interests in "the Idea of the University" in China

Although in 1983 a book in Chinese with the title of *The Idea of the University* [2] was already published by Jin Yaoji, then the vice chancellor of the Chinese University of Hong Kong, and similar discourse was started in Taiwan slightly later, [3] when I proposed to a young editor of a journal in Shanghai towards the end of 1999 that it might be interesting to write something on the idea of the university, the phrase "the idea of the university" seemed to impress her very much as something quite new in the Mainland. I was too busy to write on it after I proposed this title, so the young editor pushed me again and again, and the strongest argument was that she had invited several scholars to write on this topic and Professor Xie Xide, the former President of Fudan University, was one of them, and although she was too ill to write herself, she had agreed to publish her interviews with that editor in which she

---

1 This paper was originally read at Harvard University Asia Center, on March 20, 2012, which was afterwards published online in HARVARD-YENCHING INSTITUTE WORKING PAPER SERIES, and then published as a chapter in *Politics in Education*, edited by Peter Kemp, Asger Soerensen, *Philosophy of Education* Bd. 2, LIT Verlag, Muenster, 2012.
2 Jin Yaoji (1983) *The Idea of the University* [da xue zhi li lian.] Taibei: Times Cultural Publishing Company [shi bao wen hua chu ban gong si.] This book was later reprinted many times in Hong Kong and Beijing.
3 See for example Huang Junjie (1997) *The Idea of the University and the Selection of the University President*. Tabei: Tabei General Education Association.

expressed her last views on the university. Xie died one month before that issue of the journal [1] was published in April 2000.

Just a dozen of years later, the expression "the idea of the university," or *da xue de li nian*, is not only frequently used in writings by scholars and journalists on college education, [2] but also frequently talked about by university leaders. This cannot be better illustrated by a book published earlier this year with the title of *Voices from Universities*. This book is composed of interviews with leaders of 24 best universities in China, conducted by Huang Daren, the former president of Sun Yat-sen University. In his Introduction to this book, Huang said that the most important lesson he got both from his own personal experience as a university president and from his interviews with other university leaders is that "As a university president you must have your own idea [*li nian*] of your university." (Huang *et al.*: 7) "In my interviews," he said, "I was most impressed by the fact that everybody I talked to emphasized the spiritual dimension of a university. Many university presidents regarded 'forming an idea that is widely accepted by the staff on the campus' as the most important work that he or she had done to give a print on his university." (Huang *et al.*: 7)

How should we understand this phenomenon, the phenomenon that university leaders in China show growing interest in talking about the idea of the university?

In Xie Xide's last talk on the university mentioned above, she discussed four phenomena that characterized the situation of higher education in China at that time, and I think it is at least partly as a reaction to these phenomena that university leaders have more or less reached the consensus on the importance of the idea of the university. These phenomena are: the expansion of enrollment of college students, the merging of several colleges even universities into larger ones, the reform of the way how college students are enrolled, and the tendency that the higher education could be turned into an profitable industry. (Xie Xide: 15 – 19) Yang Wei, the president of Zhejiang University, said in his interview with Huang Daren that "the three most important things about a university are '3ss' in English: Scholar, Space, Spirit." (Huang *et al.*: 295) The growing interest in the idea of the university in China, therefore, can be explained with regard to the relation between the "spirit" and the "space" on the one hand, and with regard to the relation between the "spirit" and the "scholar" on the other.

In the past ten years or so, the "space" of Chinese universities has been tremendously expanded. In 1979 there were only 633 higher education institutions. In 2010, however, there are altogether 2723 higher education institutions. The "space" of Chinese universities in the literal sense also greatly expanded. There are approximately 60 "university cities" in China,

---

1 *New Knowledge of the Ocean of Words* [ci hai xin zhi,] NO 5, April 2000, Shanghai. On this issue my paper is titled "The Idea of the University," and Xie Xide's interview is titled "Last Talk on Education."
2 See, for example, Gan Yang (1999) *Civilization, Nation and University* [wen ming, guo jia, da xue.] Beijing: sdx Joint Press.

home of many new universities or new campuses of existing universities. My university, East China Normal University in Shanghai, for example, got a new campus in suburb area in 2004, which is two times as large as the original one in downtown.

At the same time when the number of universities and university campuses were increased, the number of students has also grown tremendously. In 1979 there were only 1,002,000 registered students, in 2010 the number is 31,050,000, with 6,000,000 graduates, and the gross rate of enrollment to higher education is 26.5%. China surpassed the usa around 2005 as the country that ranks first in this respect.

The space of universities not only grew domestically, but also internationally. From 1978 to 2011 there were 2,245,100 overseas students and scholars, and 818,400 of them came back home to work. At the same time in 2011 we have 292,611 students from 194 countries and regions all over the world. And we have established 350 Confucius institutes in 105 countries and regions in the world. In addition to these, more substantial progresses have been made in sharing of courses, mutually recognizing of student credits between Chinese universities and their overseas counterparts, and even in jointly running higher education institutions. ecnu, for example, is building up a brand new university in Shanghai together with New York University, and this new university is going to enrol its first students in 2013.

In terms of "scholar," there have also been great improvements. First I should mention the "Project 211," a project initiated in 1995 by the Ministry of Education of China with the aim of raising the standards of research and teaching of a group of selected universities. The name for the project comes from an abbreviation of the 21st century and approximately 100 participating universities. Then I should mention the "Project 985," a project aimed to promote the development and reputation of an even more selective group of Chinese universities. This project was announced by the then Chinese President Jiang Zemin at the 100th anniversary of Peking University on May 4, 1998, and hence its codenaming. In addition to these large scale projects supporting universities, there have been many projects aimed to attract talents from abroad and support scientists and professors at home, such as the "Changjiang Scholars Program" and "China National Funds for Distinguished Young Scientists," both involving billions of funding.

Against these developments of "space" and "scholar" universities, many problems have occurred that suggest the lack of "spirit" of the university might be a possible key cause of them.

First is the problem of the imbalance between the quality and the quantity of scientific research. According to an article published on *Science and Development Network* on November 25, 2005, Chinese research "is plentiful but not original," for although the number of the papers published by Chinese scientists continues to grow, they are rarely cited in later studies.[1] The situation has been gradually improved since then, but compared with

---

1　See the website: http://www.scidev.net/en/news/chinese-research-is-plentiful-but-not-original.html.

our achievements in the economic field, the situation in the scientific field is far from being satisfactory.

Second is the problem of the imbalance between the mission of research and the mission of teaching. Many students and their parents complained that professors, especially those leading ones, are busy in conducting scientific research and lobbying for funding, but neglect teaching and tutoring students, especially undergraduate students.

Third is the problem of the imbalance between the growth of higher education and the growth of the people's expectation for higher education. According to the plan of the State Council, by 2020 the total number of registered college students will be 35,500,000, with a gross rate of enrolment of 40%, and the percentage of those who have received higher education among the labour population from 20 to 50 years old will be 20%. So "going to colleges" will less and less be a problem in China. The central government has decided in its budget that government spending on education will account for 4 per cent of the country's GDP this year, and this does not only mean larger government budget for universities, but also means higher expectation of the ordinary families for "going to good colleges" or for better quality of higher education.

In order to solve these problems and to compete with each other for better students and better scholars, university leaders in China are eager to improve their universities' public images and to increase their appeal to prospective students and their parents by talking about the "idea" of the university in general and about the ideas of their own universities in particular on occasions like commencements and freshmen greetings. Their speeches on these occasions, especially those by presidents of prestigious universities, frequently attract wide attentions and incur various comments on mass media and websites.

The growing interest in the idea of the university has both contributed to and been encouraged by the anniversary celebrations widely held by universities all over the country in the last decades. On the occasions when Peking University celebrated its 100th anniversary in 1998, and Tsinghua University celebrated its 100th anniversary in 2011, for example, the ideas and efforts of Cai Yuanpei, the most famous one of presidents of Peking University, and Mei Yiqi, the most famous one of presidents of Tsinghua University, were recalled with great interests and admirations both by university leaders and education officials, on the one hand, and by university professors and education commentators on the other. Most frequently quoted are Cai's remark that "what is called a university is an institution for higher and deeper learning" (See Yang: 324), and Mei's remark that "a university is an institution of great learning not for great buildings in it but for great scholars in it." (See Yang: 353)

During these anniversary celebrations university leaders tend to emphasize the importance of the "mottos" of their universities. For Peking University, for example, the motto is "Patriotism, Advancement, Democracy and Science;" for Tsinghua University, the motto is "Self-discipline and Social Commitment." For Fudan University, the motto is "Rich in Knowledge and Tenacious of Purpose; Inquiring with Earnestness and Reflecting with Self-practice," and for East China Normal University, the motto is "Seek Truth and Creativity, Live up to the Name of Teacher." All these mottos are regarded as expressions of the "spirit" of these universities.

2. Creativity, Character and Community: Major Elements in the Idea of the University

The "spirit" of a particular university is related to, but not the same thing as, the "idea of the university." We should differentiate the constitutive idea of the modern institution of higher education called "university" from the distinctive idea guiding the practices of a particular university such as ECNU. The idea of the university in general, in my view, provides a standard by which we judge the value of the guiding ideas of particular universities. These two types of "ideas" are very often mixed up; when Huang Daren said that in the 12 years in sysu when he was its president, he was most proud of the fact that together with his colleagues he had developed some core ideas of the university, and these ideas in my view are important especially because of their relevance to sysu. These ideas are: "a university is an academic community," "a university is nothing but its professors," and "taking good care of our students." (Huang et al.: 7)

The best presentation of the idea of the university, in my view, was given by Meng Xiancheng, the founding president of East China Normal University. In 1932 he published a book with the title of *University Education*, in which he gave a presentation of the idea of a university that is still very valuable even now in my view: "The university is an academic institution of highest level, and this is so not only because as an institution of education it reaches the highest level of them; it is so especially because in the university human beings show their upmost efforts in searching for the true, the good and the beautiful by means of their wisdom, and in promoting the upward development of culture and society by means of what they have achieved thereby." (Meng: 1)

University is important, according to Meng, because of three ideals embodied in it.

First is the ideal of "creation of knowledge:" "Conservation of knowledge is important, and the scholars in medieval times have done their best in fulfilling their mission in preserving and sticking to ancient classics. But the totality of the systematic knowledge of modern mankind has suddenly enlarged and grown purely as a result of the scholars' efforts in discovering and inventing, rather than their conservative and perfunctory efforts. The establishment of the University of Berlin in 1809 is the earliest manifestation of this new ideal." (Meng: 2)

Second is the ideal of "cultivation of characters:" "A university is a school, and teachers and their students there should have their school-like group life. Teachers and their students are traditionally regarded as the intellectual elites of the society, they are supposed to embody the most beautiful ideal of morality in the society." (Meng: 3) It is noteworthy that here Meng refers to the tradition of education in China: "Just as what was said by the ancient educator of our nation: 'In the system of teaching at the Great college, every season had its appropriate subject; and when the pupils withdrew and gave up their lessons (for the day), they were required to continue their study at home […] Therefore a student of talents and virtue pursues his studies withdrawn in college from all besides, and devoted to their cultivation, or occupied with them when retired from it, and enjoying himself. Having attained to this he rests quietly in his studies and seeks the company of his teachers; he finds pleasure in his friends, and has all confidence in their course'." (Meng: 3)

The third is the ideal of contribution to the "development of the nation and the community:" "A university's contribution to the society lies in its research and teaching. But there has also been a movement of 'university for the people' in which universities, following the demands of democracy, make efforts to extend their knowledge to the world outside the ivy tower." (Meng: 7)

During the celebration of the 60th anniversary of East China Normal University, these three ideals were summarized into "3cs": Creativity, Character and Community. Yu Lizhong, ECNU's current president, quoted Meng's words in his keynote speech at the celebration assembly and said that they expressed "not only a commission from our predecessors, but also a call from our times." (Yu 2011)

The discourse of the idea of university in contemporary China can be discussed in more detail with regards to these three "ideals of university."

With regards to the ideal of "creativity," I should mention the debate triggered by a question posed by Qian Xuesen, the founding scientist of China's Space industry, to Wen Jiabao, when the Premier paid a visit to the national scientific hero in 2005: "Why does China produce so many clever people, but so few geniuses?" Shortly after Qian died on October 31, 2009 at the age of 98, 11 professors in Anhui Province published an open letter to the Minister of Education Yuan Guireng and the professional educators in general, in which they are appealed to seriously think over the "Qian Xuesen Question." This appeal received wide and enthusiastic responses, including from the Ministry of Education in Beijing. [1]

With regard to the ideal of "character," I should mention the recent efforts in providing a general education in Chinese universities. Since early 1990s there has been a growing movement critical of what is called a "test-oriented education" and in favor of "personality-oriented education," and the efforts from the above and those from the below were then converged into what I would call a "movement of general education" or a "movement of liberal arts education" on university campuses in China. In Fudan University, for example, the curriculum of general education is composed of six categories of courses, 300 in total

---

1 See http://news.xinhuanet.com/politics/2010-05/05/c_1273985.htm.

according to the plan: literature and history classics and cultural heritage, philosophical wisdom and critical thinking, dialogues among civilizations and the world-wide vision, scientific progresses and the scientific spirit, ecology, environment and the concern for life. Almost all the general education programs would include a course called "Introduction to Philosophy." When I started to teach this course in 1991, I was probably among the first ones to teach this kind of course in the mainland China after 1949, when Marxist philosophy started to be regarded as the only possibly true form of philosophy. But now this course is not only part of the standard curriculum at every department of philosophy, but also a popular course provided to non-major students in all major universities.

With regard to the ideal of "community," I want not only to mention the continuity between the past call to "rescue the nation with science and education" in the first half of the 20th century and the current mission of "reviving the nation with science and education" widely publicized since mid 1990s, but also to emphasize the social and cultural mission of universities and their professors and students. Since the New Culture Movement started in 1915 and resulted in the May 4 Movement in 1919, university professors and students are typically expected both by themselves and by the society at large to become forerunners of the general public, and the university campus is very often regarded as a place for experiments of societal progress at large. In the words of the "motto" of Renmin University, a major part of the university education in China is to produce "Examples to the Citizens and Pillars of the Society." Considering this dimension of the idea of the university in China, the following remark made by Xie Heping, the president of Sichuan University in his interview with Huang Daren, is of special significance: "I'm always of the view that the most important condition for a school's deserving the name of a university is it has the spirit of the university and the culture of the university, and the core value of the culture and spirit of the university is the unlimited pursuit for freedom, truth, democracy and justice." (Huang *et al.*: 254)

It is because of the social and political mission of Chinese universities in this sense that the issue discussed in the next and last section of this paper deserves special attention.

3. Party, President and Professor: Pursuit for an Institutional Framework Consistent with the Idea of University

When people are talking about the "spirit" or the "idea" of the university, especially when people are reflecting upon the history of prestigious universities like Peking University, Tsinghua University, Nankai University and the university composed of these three universities during the war time, the Southwest United University [xi nan lian da], many of them, especially higher education scholars, journalists and public intellectuals, tend to be highly critical of the current practices and achievements of the Chinese universities not only after 1949 in general, but also Chinese universities at present in particular. But many university leaders expressed their disagreement. Gong Ke, the president of Nankai University, for example, said in his interview with Huang Daren: "When you think of the opportunities that the ordinary people now have got to send their kids to colleges, when you think of the contributions that universities have made to the economic and social progresses of China, when you think of the level of the teaching and scientific research as well as their contributions to the progress of science in the world, and when you think of the national projects of higher education and the conditions for the development of universities themselves, it is hard to understand that some people would say that the universities now are inferior to those in the period of the Republic of China." (Huang et al.: 309) Huang Daren echoed by saying that "in the field of higher education, we do not need 'to speak nothing without Greek,' because in today's China we do not lack great educators, and they have contributed their best to the development of their universities, and to the higher education in China in general. Engaged in a great cause, they represent the main stream of the higher education in China, and they have deep understanding of the development of the higher education." (Huang et al.: 309)

The fact that Chinese university leaders are self-confident about the Chinese higher education, especially about its future if not its current situation, shows that they do not accept the frequently-heard complaining that there is a fundamental contradiction between the idea of the university on the one hand, and the Chinese university system "under which the presidents take over-all responsibility under the leadership of the primary committees of the Communist Party of China (ccp) in higher education institutions," as prescribed by Article 39 of the Law of Higher Education of the People's Republic of China, on the other. [1]

I do not think there is no tension between the idea of the university that is basically dated back to Western educators and thinkers like W. Humboldt, Cardinal John Newman, K. Jaspers and J. Habermas, on the one hand, and the law-guaranteed leadership of the ccp in contemporary China, on the other, and neither do I think this tension can be easily resolved. But I want to clear three possible misunderstandings concerning the governance structure of Chinese universities.

Firstly, we should not mistake the system of the "President-Responsibility under the Leadership of the Party Committee" as the system of "President-Responsibility under the Leadership of the Secretary of the Party Committee." The dual leadership system in Chinese universities is not composed of the president of the university and the party secretary of the university, but composed of the university's president and its party committee, and the party committee can well function in the way the board of trustees functions in universities in other parts of the world, i.e. as an agent of collective leadership.

Secondly, we should not mistake the system of "President-Responsibility under the

---

1 http://www.lawinfochina.com/display.aspx? lib=law&id=987.

Leadership of the Party Committee" as the system of "President-Responsibility under the Leadership of the Standing Commission of the Party Committee." I emphasize this point because of the importance of the representative leadership as well as the importance of collective leadership in Chinese universities. The leadership of the party committee in Chinese universities embodies the principle of the collective leadership, which means that the party committee, of which the president is almost always one of the most important members, makes any decision on the basis of collective deliberation, and by voting if necessary. But for the sake of efficiency, in most sizable universities the everyday decision-making activities are commissioned by the party committee, whose members are usually around 20 or even more, to a standing commission under it, whose members are usually no more than 10. Since the standing commission is usually composed of the party secretary, two or three deputy secretaries, the president, and four to five of his deputies, its functioning is not based on the principle of representative leadership. That is why in recent years some universities are making experiments to make it possible for the plenary of their party committees not only to supervise more substantially the function of their standing commissions, but also to function by themselves on a more routine basis.

Thirdly, we should not mistake the system of the "President-Responsibility under the Leadership of the Party Committee" as the system of the "President-Responsibility under the Leadership of a Party Committee that is against the 'idea of the university'." It is quite possible, and in many cases it is a reality, that the party committee of a particular university is very serious about realizing in China an idea of the university that is widely acceptable across national boundaries. This can be clearly seen in the fact that almost all the party secretaries interviewed by Huang Daren agreed that we should give a much more important role to the academic part of the university leadership in Chinese universities. It is because of this consensus that the otherwise politically sensitive call for the so-called "de-administrativization" of higher education management is quite popular in recent years in China.

In addition to pointing out the three possible misunderstandings concerning the Chinese university system of the "President-Responsibility under the Leadership of the Party Committee," I want to refer to a remark by Li Yanbao, the former party secretary of Sun Yat-sen University, which explains quite well the rationale behind this system. "The system under which the presidents take over-all responsibility under the leadership of the Party committees is adopted," said Li, "because it is suitable to the organizational structure of the modern universities with Chinese characteristics, characterized on the one hand by its 'huge size' and on the other hand by its double management function of 'school plus community'." (Huang et al.: 348) Then he explained: "School and community as social groups or organizations belong to two different categories. A 'school' is oriented to academic growth, with the higher quality of student education as its goal, therefore it is run mainly by 'favoring what is best,' or the so-called 'policy in favor of elites,' according to which you have to prefer something to something else, whereas to a community the most important consideration is its stability, with a harmonious community as the goal, so the policy is to pay attention to 'disadvantaged' groups, and adhere to the principles of equity, justice and fairness, taking equal accounts of everybody." (Huang *et al.*: 348) Put in another way, universities in China should pursue both the value of "excellence" and that of "harmony," and the best institutional arrangement in Chinese universities should make it possible to have an positive interaction between the efforts for both values, rather than to pursue one value at the cost of the other.

Seen from the perspective of a top-down institutional design, according to Li, two problems should be addressed with great efforts. On the one hand, we should appropriately deal with the relation among the three "power systems:" the political power (responsible for what kind of university we want to have), the administrative power (responsible for by what means we run our universities), and the academic power (responsible for by whom our universities are to be operated). On the other hand, we should appropriately deal with the relation between the two "decision-making systems," i. e. the system of administrative decision-making and the system of the academic decision-making. Li admits that many problems remain to be solved, such as problems concerning the relationships between the government and the university, between the party committee and the administration, between the president and the party secretary, problems concerning the way the party secretary is elected and appointed, including the way that administrative roles that a party secretary is commissioned by the government such as the university council chairperson, chairperson of the board of trustees or of the board of directors of a university, the way a university president is searched for and appointed, the way the academic committee is constituted and its rights are defined, and problems concerning those affairs that are related to the university charter, especially the specification of the tenet of a university and its basic idea, and so on. But the existence of these problems does not mean that we should definitely in principle give up the system of the "President-Responsibility under the Leadership of the Party Committee."

It should be noted that a university governance structure that is both in agreement with the idea of the university and applicable to the reality of Chinese society is a goal encouraged by the central government of China as well. In the "Outline of China's National Plan for Medium and Long-term Education Reform and Development (2010 – 2020)" promulgated in 2010, for example, it is stated that "All kinds of higher educational institutions should draft their constitutions according to law, act on such constitutions in governance and operation, respect academic freedom and furnish a friendly and relaxed academic environment, and carry out systems for appointment, teaching and work post management in an all-round way. They should establish scientifically assessment frameworks and incentive mechanisms." [1] The Ministry of Education in Beijing then encourages individual universities to make experiments

---

1 https://www.aei.gov.au/news/newsarchive/2010/documents/china_education_reform_pdf.pdf.

in this general direction, and my university is one of the universities that are making experiments in reforming the internal governance structure in order to endow it with a higher level of legitimacy and efficiency.

In conclusion I want to make three points in this paper.

Firstly, in the growing interest in the idea of the university among university leaders and other people we can see that there has been a "cultural turn" in Chinese universities during a period in which they were (and still are) undergoing a tremendous growth in material, technical and professional terms. This cultural turn can be regarded as part of what Fei Xiaotong, the most important Chinese sociologist in the 20th century, called "cultural self-awareness" in his last days. And in a sense this turn can also be evidenced by a widely quoted remark by Hu Jintao on the 100th anniversary celebration of Tsinghua University in last April: "In order to raise the quality of higher education, we must energetically advance the work of cultural transition and cultural creation, and let the higher education play the role of an important vehicle to carry forward the fine traditions of the Chinese culture and important sources of ideals and thoughts."

Secondly, within this cultural turn there have been several versions of "two cultures" debates, concerning not only the relation between the scientific culture and the humanistic culture, but also the relation between the academic culture and the utilitarian (economic and administrative) culture, and the relation between the national culture and the international culture. Considering the fact the whole discourse on the "idea of a university" or "die Idee der Universitaet" was introduced from the West when China entered the modern epoch in the world history under the pressure of the Western powers, the relation between the national or the local dimension and the international or the global dimension of the idea of the university in China deserves special attention.

Thirdly, the idea of the university is important not only because it helps university leaders to run their schools in a more self-reflective way, but also because it makes it possible for all those who care about the higher education of China both to have an immanent critique and to have an immanent justification of it. To those who criticize Chinese universities without proper respect for their historical and cultural conditions, we should pay special attention to the role of the idea of the university in the immanent justification of Chinese universities, and to those who defend Chinese universities without sufficient self-reflection, we should pay special attention to the role of the idea of the university in the immanent critique of Chinese universities.

References

Huang Daren *et al.* (2012) *Voices from Universities* [da xue de sheng yin]. Beijing:

  Commercial Press.

Meng Xiancheng (2010) *University Education* [da xue jiao yu]. Shanghai: East China Normal University Press.

Xie Xide (2000) "Last Talk on Education," in *New Knowledge of the Ocean of Words* [ci hai xin zhi], NO 5, April 2000.

Yang Dongping (ed.) (2000) *The Spirit of the University*. Shenyang: Liaohai Press.

Yu Lizhong (2011) "A Speech at the Celebration of the 60th Anniversary of East China Normal University," in *East China Normal University Weekly*, NO 1504, published on November 1, 2011.

中西人名对照表
（按汉语拼音顺序排列）

艾森斯塔特	Shmuel Noah Eisenstadt
爱因斯坦	Albert Einstein
奥古斯丁	Aurelius Augustinus
贝克	Ulrich Beck
博格	Thomas W. Pogge
杜威	John Dewey
恩格斯	Friedrich Engels
费希特	Johann Gottlieb Fichte
弗洛姆	Erich Fromm
弗洛伊德	Sigmund Freud
福山	Francis Fukuyama
福斯特	Drew Gilpin Faust
格里门	Harald Grimen
哈贝马斯	Jürgen Habermas
海德格尔	Martin Heidegger
洪堡	Wilhelm von Humboldt
怀特海	Alfred North Whitehead
吉列尔	Nils Gilje
卡尼曼	Daniel Kahneman
卡西尔	Ernst Cassirer
克尔凯郭尔	Soren A. Kierkegaard
克莱瓦	Jean-Franois Clervoy
库格曼	Ludwig Kugelmann

卢梭	Jean-Jacques Rousseau
罗蒂	Richard Rorty
罗尔斯	John Rawls
罗素	Bertrand A. W. Russell
马尔库塞	Herbert Marcuse
马克思	Karl Marx
麦卡锡	Thomas McCarthy
麦克莱伦	David McLellan
米德	George Herbert Mead
穆勒	John Stuart Mill
奈斯	Arne Naess
纽曼	John Henry Newman
帕森斯	Talcott Parsons
皮尔斯	Charles Sanders Peirce
乔布斯	Steve Jobs
桑德尔	Michael J. Sandel
史傅德	Fred Schrader
泰勒	Charles Taylor
特伦诺伊	Knut Trik Tranøy
图西林	Burkhard Tuschling
韦伯	Max Weber
维特根斯坦	Ludwig Wittgenstein
希尔贝克	Gunnar Skirbekk

图书在版编目(CIP)数据

学以成己:论大学、教育和人生 / 童世骏著. —
上海:华东师范大学出版社,2020
ISBN 978 - 7 - 5760 - 0213 - 3

Ⅰ.①学… Ⅱ.①童… Ⅲ.①高等教育-研究-中国
Ⅳ.①G649.2

中国版本图书馆 CIP 数据核字(2020)第 090289 号

学以成己
—— 论大学、教育和人生

著　　者　童世骏
策划编辑　王　焰
责任编辑　朱华华　李玮慧
责任校对　王丽平　时东明
装帧设计　卢晓红

出版发行　华东师范大学出版社
社　　址　上海市中山北路 3663 号　邮编 200062
网　　址　www.ecnupress.com.cn
电　　话　021 - 60821666　行政传真 021 - 62572105
客服电话　021 - 62865537　门市(邮购)电话 021 - 62869887
地　　址　上海市中山北路 3663 号华东师范大学校内先锋路口
网　　店　http://hdsdcbs.tmall.com/

印 刷 者　上海中华商务联合印刷有限公司
开　　本　787×1092　16 开
印　　张　19.75
字　　数　239 千字
版　　次　2020 年 7 月第 1 版
印　　次　2020 年 7 月第 1 次
书　　号　ISBN 978 - 7 - 5760 - 0213 - 3
定　　价　89.80 元

出 版 人　王　焰

(如发现本版图书有印订质量问题,请寄回本社客服中心调换或电话 021 - 62865537 联系)